General Introduction to Civil Law

民法
总论
概要

李世刚 著

復旦大學出版社

自　　序

我任教第一年给本科生讲授的课程便是"民法总论"。面向大一学生讲授一门充满抽象概念与理论的课程，还是挺有难度的。那时便构思写一本教材，以从具体规范推向抽象层面的思路来解析民法规则与理论，希望在教材体系上切入一种全新的视角，甚至最初以"民法引论"为题开始写作。不过，渐次我放弃了这种尝试。一方面，中国民法学经过长时间的历练已形成了自己的范式，"民法总论"与其他民法部门法教学的分工已经形成，尤其是《民法典》与之"相辅相成"地设立了"民法总则"单元。我们的教学配合既有的范式、分工和法典，有利于学生掌握，而全新的教材体例可能会产生一些不必要的误解。另一方面，基础内容的分析与理论思考的深度展开分阶段推进，可能更有利于民法研习。为此，我们计划分别编写两本民法总论相关的教材：一本为概要，还有一本为进阶。

本书是根据中国民事法律规则的新发展进行的体系化梳理，以《民法典》"总则"编规范解析为主要内容，同时涉及整个民法的体系观察。全书分为三篇（民事法律关系的"构成要素""变动"与"规范"）共十一讲，从微观进入，以民事主体规则为起点，逐渐推进到客体、权利与义务及其变动，最后对民事法律规范进行整体观察。同时，为了更好地将法律规则与理论观点相互区别，本书在涉及规范时特别注重标示规范的来源。此外，为了提供一些学习上的拓展路径，在脚注中，我们选择了一些较适合读者补充阅读的文献和实务个案；在附录中，我们罗列了本书写作中参考的一些重要文献。

本书写作过程中得到了同事们的持续支持和帮助。尤其感谢一同讲授民法总论课程的刘士国、孙晓屏、班天可、林暖暖、施鸿鹏等几位老师，诸位同事长期不断分享教学科研经验并给予宝贵的建议和意见。十分感谢施业祥、邹妍、王宸宇、李睿琦、李明皓、赵昊楠、林宸宇等同学，他们参与了本书的文字校对工作，避免了很多文字上的错误。本书的出版还要特别感谢复旦大学出版社的张炼编辑,她的认真、勤勉与辛苦工作才使得书中的文字没有仅仅停留在书稿上。

教材写作实际上是一个非常巨大的工作,由于自己的能力和视野有限,研究也远未进入那种可以纵横驰骋的境地,这本书在我看来更多是一个与读者一起共享和分析的资料。里面有很多个人不成熟的想法,论证也比较简单,囿于时间限制,错误难免产生,望各位同仁不吝赐教。

李世刚

2021 年 5 月

于复旦大学江湾校区

目 录

导读 ··· 1

上篇 民事法律关系的构成要素

第一讲 自然人 ··· 7
- 第一节 自然人的民事权利能力 ··· 8
- 第二节 自然人的民事行为能力 ··· 13
- 第三节 监护与亲权 ·· 19
- 第四节 失踪 ·· 25
- 第五节 商自然人 ·· 30

第二讲 法人 ·· 35
- 第一节 法人的意义 ·· 35
- 第二节 法人的种类 ·· 39
- 第三节 法人的组织机构 ·· 51
- 第四节 法人的设立、变更和终止 ······································ 55
- 第五节 法人的民事能力 ·· 61

第三讲 非法人组织 ·· 66
- 第一节 非法人组织 ·· 66
- 第二节 合伙 ·· 69

第四讲 权利的客体 ·· 80
- 第一节 权利的客体与"财产" ·· 80
- 第二节 物 ·· 81

第三节　物以外的权利客体 ·· 92

第五讲　民事权利与民事义务 ··· 93
第一节　民事权利的概念 ·· 93
第二节　民事权利体系与分类：依据实体法 ···························· 94
第三节　民事权利体系与分类：依据学理 ······························ 102
第四节　民事义务与民事责任 ·· 107
第五节　民事权利的行使 ·· 110
第六节　民事权利的救济 ·· 112

中篇　民事法律关系的变动（取得、变更、丧失）

第六讲　民事法律关系的变动 ·· 119
第一节　民事权利的变动的具体样态：发生、变更、消灭 ········· 119
第二节　变动的原因：法律事实 ··· 120

第七讲　法律行为 ·· 125
第一节　法律行为的概述 ·· 125
第二节　法律行为的类型 ·· 127
第三节　法律行为的成立要件与有效要件 ······························ 133
第四节　法律行为的核心要素：意思表示 ······························ 136
第五节　法律行为的标的 ·· 151
第六节　法律行为的附款：附条件、附期限 ··························· 153
第七节　法律行为欠缺有效要件的法律评价与后果：无效、可撤销
　　　　与效力待定 ·· 157

第八讲　法律行为的代理 ··· 167
第一节　代理制度概述 ··· 167
第二节　有权代理：代理权 ··· 177
第三节　无权代理：表见代理与狭义无权代理 ······················· 185

第九讲　民法上的时间 · 193
第一节　期限：期日与期间 · 193
第二节　时效 · 195
第三节　诉讼时效 · 198
第四节　除斥期间 · 209

下篇　民事法律关系的规范：民法

第十讲　中国现行民法之全貌 · 215
第一节　什么是民法 · 215
第二节　民法的基本原则 · 221
第三节　民法的解释 · 227

第十一讲　中国民法发展之回顾 · 231

参考文献 · 238

导　　读

民法是调整平等主体之间的财产关系和人身关系的法律规则之全部(《民法典》"总则"编第 2 条)。

民法学的内容和目的是循序渐进地学习和掌握民法规则,尤其是如下两个方面:民法规则有哪些? 这些规则是如何调整或者说如何安排上述利益关系的?

民法规则有哪些?

民法学帮助我们掌握民法规则的来源或曰渊源,例如法律、行政法规、地方性法规、规章、司法解释以及学理等。

法律,即国家立法机关制定的规范性文件。在此层面,2020 年 5 月 28 日由全国人民代表大会审议通过的《民法典》汇聚了基本且核心的民法规则。《民法典》除"附则"外,共包括七编:第一编"总则"、第二编"物权"、第三编"合同"、第四编"人格权"、第五编"婚姻家庭"、第六编"继承"、第七编"侵权责任"。除此以外,各种单行法律也包含民法规则,例如《著作权法》《商标法》《专利法》等。

在《民法典》于 2021 年 1 月 1 日正式生效后,原有的民事单行法如《民法通则》《合同法》《物权法》《担保法》《侵权责任法》《继承法》《婚姻法》同时废止。

在中国,司法解释也是非常重要的民法渊源。需要说明的是,虽然《民法典》生效以后,许多单行法律被废止,相应的司法解释(如原《民通意见》等①)似乎也应一并失效(皮之不存,毛将焉附),但由于大量既有民法规则被吸收到《民法典》中,司法解释本是对相关规则的实践经验的凝练,因此不宜一概否认。

---

① 《最高人民法院关于贯彻执行〈中华人民共和国民法通则〉若干问题的意见(试行)》[法(办)发〔1988〕6 号],已于《民法典》生效后废止。

除了法律、司法解释,行政法规、地方性法规、规章等也是非常重要的民法渊源,学理也被认为是重要的民法渊源。

民法是如何调整平等主体之间的人身与财产利益关系的?

民法学帮助我们掌握民法规则在调整或者说安排上述利益关系中的机制。

由于内容庞杂,民法学对民法规则需要进行分类。

依据规则所确认以及保护的权利,民法被分成如下几个分支或者部门:人格权法、物权法、债法(具体涉及合同之债、侵权之债、不当得利之债、无因管理之债等)、亲属家庭法、继承法以及民法总论。

如果从当事人法律关系的视角切入,民法规则的体系还可以分为民事法律关系的构成要素规则以及变动规则。前者包含了民事主体制度、权利与义务制度(含客体);后者主要围绕各种法律事实(尤其是法律行为)展开。见下表。

民法规则的体系

民事法律关系				民　法
变动原因	构　成　要　素			各部门法
法律事实	主体	权利(与义务)	客体	民法总论(引论)
法律行为;其他法律事实	自然人、法人与非法人组织	债权	给付(行为)	债法
		物权	物、权利	物权法
		知识产权	智慧成果	知识产权法
		人格权	人格利益	人格权法
	自然人	身份权	身份利益	婚姻家庭法
		继承权	人身利益与财产利益	继承法

民法总论与本书的内容的关系是什么?

"民法总论"或曰"民法引论",作为民法学的一个部分,首先会分析民法各个分支都可能涉及的"通用"规则(如民事主体的类型与能力、法律行为的成立与效力、权利的类型与救济等)。

除了"通用"规则以外,民法总(引)论还可以帮助我们宏观地认识民法(民法的体系、演变、地位、法律渊源)及其各个部门之间的共通之处(原则、调整对象),以及了解学习民法的方法。

本书从"通用"的规则切入,即从"主体"的法律资格规则入手,然后观察主体对"客体"可以拥有的"权利"和承担的"义务",并了解"主体"是如何通过"法律事实"尤其是"法律行为"拥有或者承担上述内容。这些利益关系及其形成过程其实就是所谓的"民事法律关系"的构成(上篇)与变动(中篇),这也是民法的调整对象,而有关的规则即为民法(下篇)。

上 篇

民事法律关系的构成要素

平等主体之间的人身关系与财产关系被概括为民事法律关系,它由主体、客体和内容构成。

就主体而言,民法上最为典型、基本、传统的类型当属"自然人"(本书第一讲);近现代以来,"法人"也成了非常重要的主体类型(第二讲)。此外,非法人组织在社会生活中表现活跃,民法对此也予以特别的关注(第三讲)。

客体是民事主体权利与义务指向的对象,以"物"最为典型和传统,此外还有其他形式,如权利、行为、智慧成果等(第四讲)。

内容是指民事主体对客体享有的"权利"与承担的"义务",乃是民事法律关系最为核心的构成要素,表征着民事主体利益的多少与行为的边界(第五讲)。

第一讲 自 然 人

自然人是依自然规律出生的人。在人类历史上,并非所有的自然人都能成为民事主体,甚至自然人还曾被当成法律关系的客体。但在现代文明社会中,自然人皆具有民事主体资格,是民事主体。因此,现代民法意义上的自然人,既具有自然属性,也具有法律属性。

一、自然人、法人与人

自然人是与法人、团体、组织相对的概念。早期,民法上所谓"人"的概念指的仅是自然人。后来团体的法律地位提升,进一步产生了"法人"的概念并为民法所确认。为了区别于法人,才有了自然人的称谓。

现代民法意义上的"人"有两种可能,一是广义上的"人",就是指民事主体,包括自然人、法人以及其他法律认可的民事主体;二是狭义上的"人",仅指自然人。

二、自然人与公民

"公民"乃宪法概念,指具有一国国籍并享有宪法权利、承担宪法义务的自然人。外国人或者无国籍人,不能享有本国公民享有的政治权利,但这并不妨碍他们可以成为私法上的主体。

民法作为私法,调整的法律关系具有平等性,并不强调主体的国籍,因此更倾向于使用"自然人"的表述。

由于历史原因,1987年颁布的《民法通则》曾使用"公民"的称谓来描述有关"自然人"的规则,其第二章题目定为"公民(自然人)"。不过,其第8条第2款明确指出,"本法关于公民的规定,适用于在中华人民共和国领域内的外国人、无国籍人,法律另有规定的除外。"这实际上已经突破了公民与非公民的区分,消除了国籍的壁垒,使得民法规则可统一适用于本国人、外国人和无国籍人。①

2020年5月颁布的《民法典》"总则"编只使用了"自然人"的表述,没有使用"公民"的称谓。

第一节 自然人的民事权利能力

自然人具有法律上的主体资格,即享有权利能力。

一、自然人权利能力的意义

"权利能力"有不同称谓,也可谓之"人格"或"私权之享有"。

(一)自然人权利能力的概念

自然人的权利能力,即自然人享有民事权利、承担民事义务的能力或资格,始于自然人的出生,止于死亡(《民法典》"总则"编第13条)。它是自然人具有人格、成为民事主体的标志,是自然人参与民事活动的前提和基础。设置权利能力制度的目的在于肯定自然人的社会价值。②

(二)自然人权利能力的特性

(1)抽象性。自然人的权利能力是一种抽象的资格,宣示了人人机会平等与生而平等的法治理念,系近代私法的重要进步之一,被视为具有伟大意义的概念。不过较之行为能力概念,权利能力在司法实践中的意义常被忽略。

(2)平等性。根据《民法典》"总则"编第14条的规定,自然人的民事权利能力一律平等。换言之,自然人的权利能力不论年龄、精神状态、性别、职业、民族、国籍等,一律平等。权利能力平等依赖于具体的制度设计与规则执行。

(3)专属性与永续性。自然人的权利能力不可转让,不可抛弃。不得纳妾、卖身为奴皆为示例。

---

① 参见刘士国主编:《民法总论》,上海人民出版社2001年版,第3—5页;王春梅:《走过历史:"公民"与"自然人"的博弈与启示》,《华东政法大学学报》2015年第4期,第133—140页。
② 参见杨立新:《〈民法总则〉中部分民事权利能力的概念界定及理论基础》,《法学》2017年第5期,第50—59页。

二、自然人权利能力的开始：出生

《民法典》"总则"编第 13 条规定："自然人从出生时起到死亡时止，具有民事权利能力，依法享有民事权利，承担民事义务。"由此可见，权利能力的取得为当然取得。出生标志着民事主体资格的获得，因此，"出生"的时间点就尤为重要。但与此相关的学说众多，如一部露出说、全部露出说、断脐带说、初啼说、独立呼吸说、最早出生说等。通说认为，"出"与"生"二者必须兼备：胎儿脱离母体，独立存活，方为出生。借助医学手段（如试管婴儿、剖腹产等）自母体出生的人，并不违背自然规律，为自然人。权利能力的取得只需出生这一自然事实，不需要任何行政或司法手续。户籍登记为行政行为，系行政管理所需，虽有证明效力，但非权利能力取得之要件。我国在此问题上对户籍证明力的态度出现了变化：早期司法实践曾强调户籍的证明力优先，[①]现在立法则要求比较不同证据的证明力。《民法典》第 15 条明确规定："自然人的出生时间和死亡时间，以出生证明、死亡证明记载的时间为准；没有出生证明、死亡证明的，以户籍登记或者其他有效身份登记记载的时间为准。有其他证据足以推翻以上记载时间的，以该证据证明的时间为准。"

自然人出生以后，彼此之间无差异地享有权利能力，成为法律意义上的"人"，自不待言。问题在于，出生以前存于母体之内的胎儿尚不是法律主体，不是"人"，如何处理与其相关之利益？若严格遵循"权利能力始于出生"，则过于苛刻，法律应当允许例外，以求保护胎儿之利益。[②] 尤其涉及财产继承和受到伤害，这是胎儿保护涉及的两个重要方面。

胎儿可否继承其父母的遗产？

胎儿受到伤害，如何救济？这一问题涉及不同的情况。一种情况如胎儿父亲被害，其母亲又因难产而死亡，胎儿出生以后，可否对导致其父死亡之加害人主张损害赔偿？再比如，胎儿本身受到侵害，即在出生前，胎体形成过程中，胎儿因他人的侵害而受损害，胎儿出生后，可否向加害人主张损害赔偿？

---

① 例如，原《民通意见》第 1 条曾规定："公民的民事权利能力自出生时开始。出生的时间以户籍为准；没有户籍证明的，以医院出具的出生证明为准，没有医院证明的，参照其他有关证明认定。"

② 参见河南省内乡县人民法院(2006)内法民初字第 270 号"王国富诉仝学刚道路交通事故人身损害赔偿纠纷案"。自然人权利能力始于出生，胎儿本身不具有权利能力，但在"延伸保护"的情况下为胎儿将来出生预留出合理的利益空间，便于依法保护胎儿的合法权益。

对此,有学者指出,"从什么时候起受到法律保护"与"什么时候人具有权利能力"是两个完全无关的问题。① 损害事实的发生与对损害主张赔偿请求权可以是不同步的,因而也就没有必要将胎儿的权利能力说成是开始于出生之前。②

我国立法为总括式的立法模式。③《民法典》"总则"编第16条作出了一般性的规定:"涉及遗产继承、接受赠与等胎儿利益保护的,胎儿视为具有民事权利能力;但是,胎儿娩出时为死体的,其民事权利能力自始不存在。""婚姻家庭"编第1155条规定:"遗产分割时,应当保留胎儿的继承份额。胎儿出生时是死体的,保留的份额按照法定继承办理。"④

三、自然人权利能力的终止:死亡

根据《民法典》"总则"编第13条的规定,自然人的权利能力到死亡时止。由此可见,死亡是自然人权利能力终止的唯一原因。自然人的死亡分为两种情形,一是自然死亡(也称"生理死亡");二是拟制死亡(也称"宣告死亡"或"推定死亡")。

自然死亡导致自然人的权利能力消灭。对于自然死亡,需要注意的问题是如何确定死亡时间和死亡的顺序。

关于自然死亡时间的认定:随着医学的发展,理论上对何为死亡有不同的观点,如心搏终止说(即心脏搏动不可逆转的终止)、脑电波消失说、呼吸停止说、保护人的价值说(即选择最晚的死亡时间)。在我国,死亡证明多由医院出具,故法律上对死亡时间的认定采取医学上的死亡标准。

自然死亡顺序的推定,即当数个相互有继承关系的人共同遇难而又不能确定死亡先后顺序时,法律对其死亡先后顺序进行推定。⑤ "相互有继承关系

---

① 参见[德]卡尔·拉伦茨:《德国民法通论》(上册),王晓晔等译,法律出版社2003年版,第127—128页。
② 参见[德]迪特尔·梅迪库斯:《德国民法总论》,邵建东译,法律出版社2000年版,第786页。
③ 总括保护主义拟制胎儿具有民事权利能力,当其遭受损害时,对加害人享有损害赔偿请求权。参见杨显滨:《论胎儿利益的民事立法保护》,《法学杂志》2011年第11期,第118—120页。
④ 参见最高人民法院指导案例50号"李某、郭某阳诉郭某和、童某某继承纠纷案":夫妻关系存续期间,双方一致同意利用他人的精子进行人工授精并使女方受孕后,男方反悔,而女方坚持生出该子女的,不论该子女是否在夫妻关系存续期间出生,都应视为夫妻双方的婚生子女。如果夫妻一方所订立的遗嘱中没有为胎儿保留遗产份额,因违反原《继承法》第19条规定,该部分遗嘱内容无效;分割遗产时,应当依照其第28条规定,为胎儿保留继承份额。
⑤ 参见广东省深圳市罗湖区人民法院(2019)粤0303民初700号"何长明、杨利君等与中国人民财产保险股份有限公司深圳市分公司意外伤害保险合同纠纷案":相互有继承关系的数人在(转下页)

的数人在同一事件中死亡,难以确定死亡时间的,推定没有其他继承人的人先死亡。都有其他继承人,辈份不同的,推定长辈先死亡;辈份相同的,推定同时死亡,相互不发生继承。"(《民法典》"继承"编第1121条第2款)

拟制死亡是否导致自然人权利能力消灭是一个有争议的话题。有持肯定立场者,但多数民法学者认为,拟制死亡主要解决的不是权利能力消灭的问题,而是如何处理自然人失踪以后留下的各种利益关系的问题。

自然人死亡还关系到死者人格利益的保护。我国对死者人格利益的保护经历了一个发展过程。初期表现为个案形式,如1987年的"荷花女"案,该案为我国司法实践中保护死者名誉的首例案件。该案之后,最高人民法院在1993年发布的《关于审理名誉权案件若干问题的解答》(法发〔1993〕15号,《民法典》生效后废止)第5条中确认,死者名誉受到损害的,其近亲属有权向人民法院起诉。在2001年发布的《最高人民法院关于确定民事侵权精神损害赔偿责任若干问题的解释》(法释〔2001〕7号,2020年修订,以下简称《民事侵权精神损害赔偿责任若干问题的解释》)第3条中,死者人格利益保护的范围获得了更为广泛的确认:自然人死亡后,其人格或遗体遭受侵害的,其近亲属可向人民法院起诉,请求精神损害赔偿。①

在总结经验的基础上,《民法典》"人格权"编第994条规定:死者的姓名、肖像、名誉、荣誉、隐私、遗体等受到侵害的,其配偶、子女、父母有权依法请求行为人承担民事责任;死者没有配偶、子女且父母已经死亡的,其他近亲属有权依法请求行为人承担民事责任。②《民法典》"总则"编第185条还对英雄烈士的人格利益保护作出了特别规定:侵害英雄烈士等的姓名、肖像、名誉、荣誉,损害社会公共利益的,应当承担民事责任。③

(接上页)同一事件中死亡还存在被保险人与受益人这一特殊法律关系的情况,对此,《保险法》作出了推定受益人死亡在先的特殊规定。根据特别法优于普通法的原则,《保险法》的规定应当予以优先适用。本案中,被保险人刘全均与其女儿刘紫萱现场宣布死亡,两人死亡时间不详,不能确定死亡先后顺序,推定受益人刘紫萱先于被保险人刘全均死亡。

① 参见程啸:《中国侵权法四十年》,《法学评论》2019年第2期,第28—41页。
② 死亡赔偿金是对死者近亲属未来供养利益和身份利益丧失的赔偿。参见田韶华:《论死亡赔偿所得的分配——兼谈我国死亡赔偿制度的完善》,《法律科学》2015年第1期,第118—127页。
③ 参见江苏省淮安市中级人民法院(2018)苏08民公初1号:"江苏淮安中院判决淮安市检察院诉曾某侵害烈士名誉公益诉讼案":曾某利用成员众多、易于传播的微信群,故意发表带有侮辱性质的不实言论,歪曲烈士谢勇牺牲的事实,诋毁烈士形象,对谢勇烈士不畏艰难、不惧牺牲、无私奉献的精神造成了负面影响,已经超出了言论自由的范畴,侵害了谢勇烈士的名誉、荣誉等人格权益,同时其行为也是对社会公德的严重挑战,侵犯了社会公共利益,构成民事侵权,应当承担民事责任。

四、自然人的姓名、户籍与住所

自然人的数量众多,对各个自然人加以区别和辨认的依据主要有三:姓名、户籍信息与住所。

(一)自然人的姓名

根据《民法典》"人格权"编第 1015 条的规定,①自然人应当随父姓或者母姓。但有若干例外,如随其他直系长辈血亲的姓氏、扶养人的姓氏,或有不违背公序良俗的其他正当理由而在父姓和母姓之外选取姓氏。

(二)自然人的户籍(户口登记簿)

户籍,指对自然人按户登记并出证的法定文件。户籍记载自然人最基本的个人信息(如姓名、出生年月日、婚姻状况、亲属关系、住址等),具有法律上的证明力,可以作为确认自然人民事权利能力和行为能力开始的时间、确定继承人资格与范围等的依据,具有重要的法律意义。②

居民身份证系从原来的户口登记簿中分化而来,是按个体记载并证明自然人基本有效信息的法定证件。它方便了自然人在民事活动中证明自己的身份。1985 年 9 月全国人大常委会通过的《居民身份证条例》第 2 条规定:居住在中华人民共和国领域内的年满 16 周岁的中国公民,应当申领居民身份证。身份证在公法③和私法领域都具有重要的作用。

(三)自然人的住所

住所,指自然人以长期居住为目的且经常居住的处所,是个人生活的主要

---

① 《民法典》"人格权"编第 1015 条规定:"自然人应当随父姓或者母姓,但是有下列情形之一的,可以在父姓和母姓之外选取姓氏:(一)选取其他直系长辈血亲的姓氏;(二)因由法定扶养人以外的人扶养而选取扶养人姓氏;(三)有不违背公序良俗的其他正当理由。""少数民族自然人的姓氏可以遵从本民族的文化传统和风俗习惯。"

② 户籍所在地在公法领域也有重要作用。例如行使选举权,无论是人大代表还是村委会的选举与被选举,都是以户籍所在地为准登记参加。义务教育、参加高考及录取、兵役登记等亦然。

③ 例如,《居民身份证条例》第 13 条规定:"公安机关在执行任务时,有权查验居民身份证,被查验的公民不得拒绝。执行任务的公安人员在查验公民的居民身份证时,应当出示自己的工作证件。公安机关除对于依照《中华人民共和国刑事诉讼法》被执行强制措施的人以外,不得扣留公民的居民身份证。"《居民身份证条例实施细则》第 33 条规定:公民应当随身携带并妥善保管居民身份证。第 34 条规定:"公安机关在下列情况下,有权查验公民的居民身份证:(一)追捕逃犯、侦破案件中,遇有形迹可疑或被指控有违法犯罪行为的人需要查明身份时;(二)维护铁路、公路、水运、民航等公共场所治安秩序以及巡逻执勤中,对有违反治安管理行为的人需要查明身份时;(三)对各种灾害事故和突发性事件进行现场调查时;(四)办理户口登记手续和核查户口时。"

基地和中心场所。一个自然人只能有一个住所。①

那么,具体应如何判断自然人住所呢？主要有三种路径。第一,依据有效身份登记记载的居所判定,如户籍登记的居所(《民法典》"总则"编第25条)。第二,依据经常居住地判定。"经常居所与住所不一致的,经常居所视为住所。"(《民法典》"总则"编第25条)当然,这又涉及如何判断经常居住地。理论上讲,经常居住地的判断也必须满足前述两个条件：主观上久居之目的和客观上经常居住之事实。② 第三,依据监护人住所判定。被监护人的住所由监护人设定,一般以监护人的住所为住所。

住所在私法上具有重要意义。例如,可以作为确定自然人失踪的空间标准(自然人离开住所后,若干年杳无音信,可认定为失踪);确定婚姻登记地、个体工商户的登记管辖、涉外民事关系的法律适用(尤其婚姻、收养、继承、侵权责任等皆可涉及当事人住所地的法律)③、民事诉讼的地域管辖(根据"原告就被告"的地域管辖原则,对于被告是自然人的案件由被告住所地法院管辖)以及法律文书的送达地址等。

第二节　自然人的民事行为能力

任何一个自然人从出生到死亡都具有权利能力,且一律平等,不得转让,也不得放弃。因此,权利能力的概念与制度对处理具体的利益冲突、法律关系而言,并不具有很强的技术性和操作性,其主要功能在于肯定自然人在法律上的主体地位：只有具有权利能力,才能成为法律主体,成为法律上的"人"。而在现代法治社会,任何一个自然人都是法律主体,已经没有奴隶,也不歧视外国人或者无国籍人,法律承认人人平等,因此人人都具有一模一样的权利能

---

① 参见杜焕芳:《自然人属人法与经常居所的中国式选择、判准和适用——兼评〈涉外民事关系法律适用法司法解释(一)〉第15条》,《法学家》2015年第3期,第152—163页。
② 原《民通意见》第9条规定:"公民离开住所地最后连续居住一年以上的地方,为经常居住地。但住医院治病的除外。公民由其户籍所在地迁出后至迁入另一地之前,无经常居住地的,仍以其原户籍所在地为住所。"
③ 住所是国际私法上的重要连接点,建立关于住所的完善的民事法律制度有利于涉外案件中对于外国人住所的认定。参见李旺:《国际私法中国籍和住所的确定——兼论〈涉外民事关系的法律适用法(草案)〉第6条和第18条的相互关系》,《法学杂志》2010年第3期,第62—65页。

力,权利能力的法律价值表现得非常有限。

对权利能力进行上述回顾之后,可以发现,相较权利能力而言,行为能力是比较具体和有操作性的制度,也体现了人在通过独立意志参与社会交往"能力"上的差异。

一、行为能力的概念

行为能力是民事主体独立实施民事法律行为,享有民事权利、承担民事义务的资格。通俗地讲,只有具有行为能力的人创设法律效果的行为才能获得法律的认可,不具有行为能力的人,法律不承认其旨在创设法律效果的行为。一个具有权利能力的自然人,即便什么也不做,也可以因法律的规定而被动得到权利或者承担义务(如继承),但更多的情况是民事主体必须通过自己的独立判断和自己的行为去积极地获得权利或承担义务。①

行为能力制度要解答的核心问题,就是民事主体是否可以通过自己的行为或自己独立的意志去创设、变更或者消灭权利义务关系。

二、行为能力的区分方法

行为受意志支配,意志是一种主观心理活动,它要求行为人能够对自己行为的性质、法律效果等进行认知和判断,这种对自己行为所发生何种效果的预见能力在民法上称为"意思能力"。自然人有无意思能力属于事实问题,因人而异,因情况而异,因此对每个人的认识与判断能力进行个案审查是最可靠和最精准的方式。但这样做,费时费力,缺乏可操作性。于是立法者会舍弃完全个案审查的方式,采用抽象审查与个案审查结合的方式。

1. 抽象审查

所谓抽象审查,即根据划分出的年龄段,对心智正常(即没有精神障碍)的人分别赋予相应的行为能力。

具体来说,即对成年人赋予完全行为能力;对未达到一定年龄之孩童不赋予行为能力;对二者之间的未成年人,赋予部分行为能力,这称为"年龄阶段主

---

① 行为能力不宜包括责任能力。参见郑晓剑:《广义行为能力在我国民法典中的定位》,《现代法学》2016年第5期,第57—66页;杨代雄:《重思民事责任能力与民事行为能力的关系——兼评我国〈侵权责任法〉第32条》,《法学论坛》2012年第2期,第56—63页。

义"。之所以如此,是因为人们发现,人的判断能力是随着年龄的增加、社会经验的增长而同步增长的。年龄阶段主义是一刀切的划分方式,不考虑个体的特殊性如智力发达早熟者。这种客观、抽象的方式有利于交易相对人的判断,维护交易安全,提高交易效率。① 对于不具有完全行为能力的人,法律还设计了法定代理人制度,满足他们参与民事生活的需要。年龄阶段主义是一个相对科学的标准。实践中可能出现一个无行为能力人到限制行为能力人,或从限制行为能力人到完全行为能力人只间隔一天的情形,因此英国学者阿蒂亚称之为"愚蠢的规则"。不过除此以外,似乎也没有更合适的替代方式。

在年龄阶段主义的设计上,我国以18周岁、8周岁为界,区分三档(《民法典》"总则"编第17—20条)。

2. 个案审查

对于不能辨认或者不能完全辨认自己行为的自然人,进行个案审查。② 个案审查通常情况下由当事人自行审查;当利害关系人或有关组织向法院申请认定时,法院可以就其行为能力状况加以认定(《民法典》"总则"编第24条)。个案审查的对象在原《民通意见》中被表述为"精神病人",即因经常性心理障碍所导致不具备意思能力的人。《民法典》"总则"编修改了这一表述,将相关规则扩展至"不能辨认或者不能完全辨认自己行为的成年人"。

三、完全行为能力人

根据《民法典》"总则"编第18条的规定,完全行为能力人分为两类。

一是除不能辨认或者不能完全辨认自己行为的成年人之外的成年人,即意思能力正常且18周岁以上的自然人。

二是虽不满18周岁,但意思能力正常,16周岁以上,且以自己劳动收入作为主要生活来源的自然人。此即理论上所谓之"拟制成年制"。③

---

① 意思能力存在个体差异是民事行为能力制度界分的难点。参见朱广新:《民事行为能力制度的体系性解读》,《中外法学》2017年第3期,第590—608页。

② 有关自然人行为能力审查模式的探讨,可参见彭诚信、李贝:《民法典编纂中自然人行为能力认定模式的立法选择——基于个案审查与形式审查的比较分析》,《法学》2019年第2期,第137—149页。

③ 有关拟制成年制存废的集中讨论,参见崔建远主编的《民法九人行(第6卷)》(法律出版社2012年版)相关主题报告与评论(朱广新:《拟制成年制之存废》;崔建远:《关于拟制成年制研讨的视野》;宋鱼水:《拟制成年人存废的实证考量》;申卫星:《拟制成年制存废的基点与对策》;王成:(转下页)

四、无行为能力人

无行为能力人,指不被法律赋予行为能力的人。根据《民法典》"总则"编第 20 条、第 21 条的规定,无行为能力人分为两类:一是不满 8 周岁的未成年人;二是 8 周岁以上但不能辨认自己行为的自然人,如患有严重精神障碍的自然人。对于后者,通过对其意思能力进行个案审查加以认定,其行为能力相当于不满 8 周岁的未成年人。

(1) 无行为能力人行为的法律效果。无行为能力人实施的民事法律行为原则上无效。无行为能力人必须由其法定代理人代理民事活动(《民法典》"总则"编第 21 条第 1 款)。所谓代理,就是代替或同意无行为能力人为民事行为。其代理权因法律规定的身份而获得,因此被称为"法定代理"。

(2) 无行为能力人的年龄界线。原《民法通则》曾将无行为能力人的年龄规定为 10 周岁。普遍观点认为,其规定的无行为能力人的年龄过高,与现实生活不符。① 在《民法典》"总则"编中,这一年龄调整为 8 周岁。

(3) 无行为能力人的纯获利行为。纯获利行为之有效规则是否适用于无行为能力人?就这一问题,原《合同法》②与原《民通意见》③的立法表述并不一致。原《合同法》第 47 条仅提及纯获利行为对限制行为能力人适用。

《民法典》"总则"编似乎也没有回到原《民通意见》的立场上。它首先强调,"无民事行为能力人实施的民事法律行为无效。"(《民法典》第 144 条)紧接着的规定与此形成对比:"限制民事行为能力人实施的纯获利益的民事法律行为""有效"(第 145 条)。由此可以得出:无行为能力人不可独立实施纯获利益的法律行为。

(接上页)《关于〈民法通则〉第 11 条第 2 款的解释》;许德风:《拟制成年制与未成年人保护》)。案例可参见山东省聊城市中级人民法院(2020)鲁 15 民辖终 141 号"李敏睿、山东吴迪文化传媒有限公司合同纠纷案":上诉人签订《签约艺人演艺经纪合同》时已年满 16 周岁,且其收入能够满足其主要生活,故应视其为完全民事行为能力人。

① 比较法上,《德国民法典》第 104 条规定为 7 周岁。
② 原《合同法》第 47 条规定:"限制民事行为能力人订立的合同,经法定代理人追认后,该合同有效,但纯获利益的合同或者与其年龄、智力、精神健康状况相适应而订立的合同,不必经法定代理人追认。""相对人可以催告法定代理人在一个月内予以追认。法定代理人未作表示的,视为拒绝追认。合同被追认之前,善意相对人有撤销的权利。撤销应当以通知的方式作出。"
③ 原《民通意见》第 6 条规定:"无民事行为能力人、限制民事行为能力人接受奖励、赠与、报酬,他人不得以行为人无民事行为能力、限制民事行为能力为由,主张以上行为无效。"

不过，学界的主流观点认为，纯获利行为之有效规则可以适用到无行为能力人。① 原因在于，纯获利行为对无行为能力人没有什么不利，没有必要坚持逻辑的一致性得出无效的结论，应从价值判断的立场出发，肯定其行为的效力。②

五、限制行为能力

限制行为能力，即只能进行与其年龄、智力、精神状态相适应的法律行为或者纯获利益的法律行为的能力。限制行为能力人包括两种情形：一是8周岁以上，不满18周岁的未成年人；二是18周岁以上、具有部分意思能力但不能完全辨认自己行为的未成年人。对于后者，通过对其意思能力的个案审查加以认定，其行为能力相当于8周岁以上而不满18周岁的未成年人。

根据《民法典》"总则"编第19条、第22条、第145条的规定，限制行为能力人可以独立完成的行为有两类：一是纯获利益（无论数额大小）的法律行为；③二是与其年龄、智力、精神状态相适应的法律行为。限制行为能力人不可以独立完成的行为，可以通过如下两种途径完成：一是由其法定代理人完全代为行使；二是经由法定代理人事先同意或者事后追认。

在追认前，限制行为能力人的法律行为处于效力待定状态，一经追认，行为自始有效。追认时，限制行为能力人已经成为完全行为能力人的，则由他自己追认。追认后的法律效果由限制行为能力人本人承担。根据《民法典》"合同"编第145条第2款的规定，追认的发起，可能是法定代理人启动的，也可能是交易相对人通过催告行使的。相对人可以催告法定代理人在30日内予以追认；法定代理人可以追认也可以拒绝或不作表示；法定代理人未作表示的，视为拒绝追认。被追认前，善意相对人有撤销的权利。

---

① 参见崔建远主编：《合同法》，法律出版社2003年版，第70页；李永军：《民法总论》（第四版），中国政法大学出版社2018年版，第79页。

② 有观点指出，将无行为能力的未成年人纳入纯获利益主体的范畴可增加股份转移的有效概率，有利于保持经济生活秩序的稳定。参见沈贵明：《未成年人取得股东资格路径的正当性分析》，《法学》2010年第7期，第58—67页。

③ 有学者认为应当对"纯获利益"在解释上进行目的性扩张，以涵盖限制民事行为能力人的中性行为(当事人从中既不得益、也不受损的行为)。参见于程远：《论限制民事行为能力人之中性行为》，《清华法学》2017年第1期，第86—99页。

六、不能辨认或者不能完全辨认自己行为的行为能力认定

不能辨认或者不能完全辨认自己行为的成年人,以及不能辨认自己行为的未成年人,需个案认定其行为能力。只有当利害关系人或者有关组织申请,①法院才予以审查并就其行为能力状况加以认定(《民法典》"总则"编第24条②)。

被人民法院认定为无民事行为能力人或者限制民事行为能力人的,经本人、利害关系人或者有关组织申请,人民法院可以根据其智力、精神健康恢复的状况,认定该自然人恢复为限制民事行为能力人或者完全民事行为能力人。

这里的有关组织包括:居民委员会、村民委员会、学校、医疗机构、妇女联合会、残疾人联合会、依法设立的老年人组织、民政部门等。

七、行为能力与责任能力

行为能力制度能够保护未成年人与精神病人等交易能力欠缺之人在参与交易的过程中不因理性能力欠缺遭遇到不利,同时,该制度也是保障意思自治顺利进行的前提。

此外,另有一个与行为能力近似但功能不同的概念——"责任能力",即民事主体对自己行为的加害后果承担责任的辨识能力。理论上讲,就侵权责任而言,自然人因其过错侵害他人权益,是否需要承担民事责任,还应取决于该主体是否具有辨识能力(责任能力),而非意思能力(行为能力)。例如,限制行为能力人有责任能力,而不存在所谓的"限制责任能力"的概念。③

完全行为能力人在对自己的行为暂时没有意识或者失去控制时造成的他人损害,不被认为应当承担民事责任(原因就在于法律认为其处于没有责任能

---

① 参见甘肃省兰州市中级人民法院(2020)甘01民终2559号"赵某某、胡某房屋买卖合同纠纷案":不能辨认或者不能完全辨认自己行为的成年人,其利害关系人或者有关组织,可以向人民法院申请认定该成年人为无民事行为能力人或者限制民事行为能力。一审法院未经法定程序,自行以被上诉人"丁某某系无民事行为能力人,其不能独立实施民事法律行为,欠缺诉讼行为能力,不是本案适格其主体的被告"为由作出判决,属适用法律不当。

② 不同于原《民通意见》第8条的规定。

③ 参见王利明:《自然人民事责任能力制度探讨》,《法学家》2011年第2期,第50—61页;杨震:《民法总则"自然人"立法研究》,《法学家》2016年第5期,第20—33页;余延满、吴德桥:《自然人民事责任能力的若干问题——与刘保玉、秦伟同志商榷》,《法学研究》2001年第6期,第109页;刘保玉:《监护人责任若干争议问题探讨》,《法学论坛》2012年第3期,第38—47页。

力的状态①),只需根据行为人的经济状况对受害人适当补偿(《民法典》第1190条第1款)。

第三节 监护与亲权

一、监护制度的价值

未成年人、精神病人等限制民事行为能力人、无民事行为能力人的意思能力有限,客观上需要他人辅助其生活以及参与社会交往,于是法律确立了监护制度。

二、监护的概念

监护是对限制民事行为能力人、无民事行为能力人设定专人保护其利益、管理其财产、监督其行为的民事制度。监护关系多在亲属间发生,在性质上也被认为属于身份关系。因此,有两种立法体例:一是放置在亲属篇,二是放置在总则篇自然人章节之下。我国采取了后一种做法。②

中国法下"监护"概念的内涵与外延与许多法域的监护制度不同。如传统大陆法系中的监护是指,对不能得到"亲权"保护的限制民事行为能力、无民事行为能力人,设定专人保护其利益的制度。而我国的监护制度本身包含了传统大陆法系"亲权"的内容。不过《民法典》"总则"编在"监护"单元的规范也注意区分了父母担任未成年人监护人时的特殊法律地位。

三、监护的分类

以被监护对象为标准,监护可分为对未成年人(含不能辨认自己行为的未

---

① 如果当事人因自己的过错而丧失辨别能力,则需要承担民事责任。例如,第1190条第2款规定:完全民事行为能力人因醉酒、滥用麻醉药品或者精神药品对自己的行为暂时没有意识或者失去控制造成他人损害的,应当承担侵权责任。
② 参见李永军:《我国未来民法典中主体制度的设计思考》,《法学论坛》2016年第2期,第74—92页;李贝:《统一规则模式下监护制度的不足与完善——立基于〈民法总则〉的评议》,《法律科学》2019年第2期,第107—116页。

成年人)的监护和对成年人的监护。① 以监护产生(设立)的方式为标准,监护可分为法定监护、指定监护、委托监护、自愿监护和补充监护。民法典体现的是后一种分类。

(一) 法定监护

法定监护,指由法律直接规定监护人范围和顺序的监护。

根据我国《民法典》的相关规定,未成年人的法定监护人按以下顺序确定:父母,祖父母、外祖父母,兄、姐及自愿监护(第27条第1款、第2款)。② 无民事行为能力或者限制民事行为能力的成年人的法定监护顺序依次为:配偶,父母,成年子女,其他近亲属③及自愿监护(第28条)。其中,父母为未成年人的当然监护人,且是全体作为监护人(第27条第1款)。

依法定监护顺序,在先的人优于在后的人。但是,这不排除有监护资格的人之间协议确定监护人,从而改变监护顺序(第30条)。顺序地位相同的,法定监护人可以是一人,或者同一顺序中的多人(原《民通意见》第14条第2款)。此外,被监护人的父母担任监护人的,可以通过遗嘱指定监护人(《民法典》第29条)。

法定监护顺序有着重要的制度价值。一方面,按照亲疏远近与能力排序,既有利于维护被监护人的利益,也照顾到监护人的身份利益;另一方面,明晰顺序也有助于及时确立监护人,防止监护人位置空缺给被监护人及其社会交往带来不利益。

法定监护人可能发生变更。变更的原因,包括监护人丧失监护能力,或者死亡,或被撤销监护,或原无监护能力的人取得或者恢复完全民事行为能力,或遗嘱指定。监护人变更的程序分为两种:一是在后顺序人当然继任;二是

---

① 参见孙犀铭:《民法典语境下成年监护改革的拐点与转进》,《法学家》2018年第4期,第16—34页。

② 参见上海市闵行区人民法院(2015)闵少民初字第2号"罗某某、谢某某诉陈某监护权纠纷案":根据该案,代孕子女的亲子关系,应根据"分娩说"认定代孕母亲为生母,有血缘关系的委托父亲认领的,应认定为生父,所生子女为非婚生子女。根据《婚姻法》关于"有抚养关系的继父母子女关系"这一条款的立法目的及意图,其子女范围可扩大解释至包括夫妻一方婚前、婚后的非婚生子女,其形成要件为同时具备父母子女相待的主观意愿和抚养教育的事实行为。故与代孕子女生父有合法婚姻关系的养育母亲可基于其抚养了丈夫之非婚生子女的事实行为以及父母子女相待的主观意愿,而与代孕子女形成有抚养关系的继父母子女关系。代孕行为的违法性并不影响对代孕子女在法律上给予同等保护,在确定其监护权归属问题上应秉承儿童最大利益原则。

③ 关于"其他近亲属"的含义,《民法典》"婚姻家庭"编第1045条第2款规定:"配偶、父母、子女、兄弟姐妹、祖父母、外祖父母、孙子女、外孙子女为近亲属。"

在后顺序人依据合同、遗嘱继任。

夫妻离婚后,如何确定监护人?对此,《民法典》第1084条规定:父母与子女间的关系,不因父母离婚而消除。离婚后,子女无论由父或者母直接抚养,仍是父母双方的子女。离婚后,父母对于子女仍有抚养、教育、保护的权利和义务。①

子女被收养后,如何确定监护人?原《民通意见》第23条规定:"夫妻一方死亡后,另一方将子女送给他人收养,如收养对子女的健康成长并无不利,又办了合法收养手续的,认定收养关系成立。其他有监护资格的人不得以收养未经其同意而主张收养关系无效。"

(二)指定监护

指定监护,即有法定监护资格的人之间对担任监护人有争议时,由法律规定的有权机关指定监护人的制度。从《民法典》来看,指定监护是法定监护的延续,是对法定监护产生争议的解决方式,仍属于法定监护的范畴。

这里的争议分为两种情形,争抢担任监护人,或者相互推诿都不愿意担任监护人。

指定监护的权力机关涉及被监护人住所地的居民委员会、村民委员会或者民政部门,以及人民法院。《民法典》第31条规定:②对监护人的确定有争议的,由被监护人住所地的居民委员会、村民委员会或者民政部门指定监护人,有关当事人对指定不服的,可以向人民法院申请指定监护人;有关当事人也可以直接向人民法院申请指定监护人。③

居民委员会、村民委员会、民政部门或者人民法院应当尊重被监护人的真实意愿,按照最有利于被监护人的原则在依法具有监护资格的人中指定监

---

① 原《民通意见》第21条规定:"夫妻离婚后,与子女共同生活的一方无权取消对方对该子女的监护权。但是未与该子女共同生活的一方,对该子女有犯罪行为、虐待行为或者对子女明显不利的,人民法院认为可以取消的除外。"

② 原《民通意见》第17条规定:指定监护的通知,以口头或者书面形式作出均可。通知到达被指定人时,指定即成立。被指定人不服指定的,可以在接到通知次日起30日向人民法院起诉,由人民法院裁决。

③ 参见江苏省镇江经济开发区人民法院(2014)镇经民特字第0002号"张琴诉镇江市姚桥镇迎北村村民委员会撤销监护人资格纠纷案":认定监护人的监护能力,应当根据监护人的身体健康状况、经济条件,以及与被监护人在生活上的联系状况等综合因素确定。未成年人的近亲属没有监护能力,亦无关系密切的其他亲属、朋友愿意承担监护责任的,人民法院可以根据对被监护人有利的原则,直接指定具有承担社会救助和福利职能的民政部门担任未成年人的监护人,履行监护职责。

护人。

指定监护人前,被监护人的人身权利、财产权利以及其他合法权益处于无人保护状态的,由被监护人住所地的居民委员会、村民委员会、法律规定的有关组织或者民政部门担任临时监护人。

监护人被指定后,不得擅自变更;擅自变更的,不免除被指定的监护人的责任。

(三)自愿监护

当被监护人无法定监护人时,不负有法定监护义务的人经被监护人住所地的居民委员会、村民委员会或者民政部门同意后,可以自愿担任监护人(《民法典》"总则"编第 27 条第 3 项、第 28 条第 4 项)。

具有完全民事行为能力的成年人,可以与其近亲属、其他愿意担任监护人的个人或者组织事先协商,以书面形式确定自己的监护人,在自己丧失或者部分丧失民事行为能力时,由该监护人履行监护职责(《民法典》"总则"编第 33 条)。①

(四)委托监护

委托监护,亦称"意定监护",指监护人通过合同确定他人为"监护人"。委托监护既可以是全权委托,也可以是限权委托。② 前者如父母将子女委托给祖父母照料,配偶将精神病人委托给精神病院照料;后者如将子女委托给寄宿学校、幼儿园等照料。③

无民事行为能力人、限制民事行为能力人造成他人损害,监护人将监护职责委托给他人的,监护人应当承担侵权责任;受托人有过错的,承担相应的责任(《民法典》第 1189 条)。换言之,监护人对被监护人的侵权行为承担民事责任不因委托关系发生转移,委托监护人只承担过错连带赔偿责任。

(五)补充监护:团体监护

没有依法具有监护资格的人的,监护人由民政部门担任,也可以由具备履

---

① 参见杨立新:《我国老年监护制度的立法突破及相关问题》,《法学研究》2013 年第 2 期,第 119—130 页;李霞:《成年监护制度的现代转向》,《中国法学》2015 年第 2 期,第 199—219 页。

② 参见费安玲:《我国民法典中的成年人自主监护:理念与规则》,《中国法学》2019 年第 4 期,第 106—127 页。

③ 参见李霞:《意定监护制度论纲》,《法学》2011 年第 4 期,第 118—128 页;叶英萍:《未成年人意定监护立法研究》,《现代法学》2017 年第 5 期,第 44—53 页。

行监护职责条件的被监护人住所地的居民委员会、村民委员会担任(《民法典》"总则"编第 32 条)。①

因发生突发事件等紧急情况,监护人暂时无法履行监护职责,被监护人的生活处于无人照料状态的,被监护人住所地的居民委员会、村民委员会或者民政部门应当为被监护人安排必要的临时生活照料措施(《民法典》"总则"编第 34 条第 2、4 款)。

四、监护人的监护职责

监护人的职责是代理被监护人实施民事法律行为,保护被监护人的人身权利、财产权利以及其他合法权益等(《民法典》"总则"编第 34 条第 1 款)。②

父母作为未成年子女的监护人,对未成年子女负有抚养、教育和保护的义务(《民法典》"总则"编第 26 条第 1 款)。

监护人应当按照最有利于被监护人的原则履行监护职责。监护人除为维护被监护人利益外,不得处分被监护人的财产。未成年人的监护人履行监护职责,在作出与被监护人利益有关的决定时,应当根据被监护人的年龄和智力状况,尊重被监护人的真实意愿。成年人的监护人履行监护职责,应当最大程度地尊重被监护人的真实意愿,保障并协助被监护人实施与其智力、精神健康状况相适应的民事法律行为。对被监护人有能力独立处理的事务,监护人不得干涉(《民法典》"总则"编第 35 条)。

监护人不履行监护职责或者侵害被监护人合法权益的,应当承担法律责任(《民法典》"总则"编第 34 条第 3 款),法律规定的其他有监护资格的人或者单位可以向人民法院起诉要求监护人承担民事责任(原《民通意见》第 20 条)。

被监护人造成他人损害的,由监护人承担侵权责任。监护人尽到监护职

---

① 参见江苏省南京市江宁区人民法院(2018)苏 0115 民特 13 号"M 居委会诉高某某、许某某撤销监护资格案":许小某年幼,被申请人高某某、许某某作为其监护人,在无法履行监护职责时未将监护职责委托给他人,导致许小某处于危困状态。法院支持申请人 M 居委会对许小某采取临时监护措施后申请撤销高某某、许某某的监护资格的诉讼请求。撤销高某某、许某某监护资格后,对许小某监护人的确定未存在争议,对许小某应承担监护职责的主体亦已由相关法律规定明确,故 M 居委会无权要求指定其或民政局为许小某监护人。

② 例如,代理被监护人进行民事活动,保护被监护人的身体健康,照顾被监护人的生活,管理和保护被监护人的财产,对被监护人进行管理和教育,在被监护人合法权益受到侵害或者与人发生争议时,代理其进行诉讼。

的,可以减轻其侵权责任。有财产的被监护人造成他人损害的,从本人财产中支付赔偿费用;不足部分,由监护人赔偿(《民法典》"侵权责任"编第 1188 条)。

五、监护的撤销

监护人不履行监护义务或者损害被监护人利益的,经利害关系人申请,由人民法院撤销其监护。①

依据《民法典》的规定,监护人有下列情形之一的,人民法院根据有关个人或者组织的申请,撤销其监护人资格,安排必要的临时监护措施,并按照最有利于被监护人的原则依法指定监护人:(1)实施严重损害被监护人身心健康的行为;(2)怠于履行监护职责,或者无法履行监护职责且拒绝将监护职责部分或者全部委托给他人,导致被监护人处于危困状态;(3)实施严重侵害被监护人合法权益的其他行为。②

有权申请撤销的有关个人、组织包括:其他依法具有监护资格的人,居民委员会、村民委员会、学校、医疗机构、妇女联合会、残疾人联合会、未成年人保护组织、依法设立的老年人组织、民政部门等。民政部门以外的组织和个人未及时向人民法院申请撤销监护人资格的,民政部门应当向人民法院申请(《民法典》"总则"编第 36 条)。

依法负担被监护人抚养费、赡养费、扶养费的父母、子女、配偶等,被人民法院撤销监护人资格后,应当继续履行负担的义务(《民法典》"总则"编第 37 条)。

被监护人的父母或者子女被人民法院撤销监护人资格后,除对被监护人实施故意犯罪的外,确有悔改表现的,经其申请,人民法院可以在尊重被监护人真实意愿的前提下,视情况恢复其监护人资格,人民法院指定的监护人与被监护人的监护关系同时终止(《民法典》"总则"编第 38 条)。

① 参见福建省德化县人民法院(2018)闽 0526 民特 34 号"德化县民政局诉阿某申请撤销监护人资格案":父母有抚养、教育和保护未成年子女,保障其健康成长的义务,若父母不履行监护职责,甚至对未成年人实施侵害行为,再让其担任监护人将严重危害子女的成长。该案中阿某以非法牟利为目的,将亲生子华某朝卖予他人,其行为已严重侵害了华某朝的身心健康,故阿某不宜再担任监护人。

② 《民法典》虽规定了监护监督条款,但监护监督制度仍有待完善,如明确谁是监护监督人、如何进行监护监督等。参见杨立新:《〈民法总则〉制定与我国监护制度之完善》,《法学家》2016 年第 1 期,第 95—104 页。

六、监护终止

导致监护终止的因素可分为两类：一是被监护人方面的原因，如被监护人获得完全行为能力，被监护人死亡；二是监护人方面的原因，如监护人死亡，监护人丧失民事行为能力，监护人被撤销监护资格。

监护关系终止后，被监护人仍然需要监护的，应当依法另行确定监护人。

第四节 失 踪

自然人的失踪会引起相关法律关系主体缺失，需要有制度安排，明晰相关法律关系，维持法秩序。

一、宣告失踪

（一）宣告失踪的概念

宣告失踪是指自然人下落不明达到法定期限，经利害关系人申请，由人民法院宣告为失踪人并为其设立财产代管人的法律制度。《民法典》"总则"编第40—45条规定了宣告失踪制度，原《民通意见》中也有相关规定，是对实践经验的总结。

（二）宣告失踪的制度价值

自然人失踪会导致与其有关的财产关系处于不稳定的状态，因此有必要为其设立财产代管人，保管失踪人的财产，处理到期债权债务，以维护失踪人与利害关系人的利益，维护交易秩序和社会秩序。宣告失踪通过对自然事实状态的法律确认，进而为失踪人设定财产代管人。

需要注意的是，宣告失踪仅对完全行为能力的成年人才有意义。因为对于未成年人和精神病人，法律已经为其设置了监护人制度，即使失踪，监护人也可担负财产代管人职责，无须再另设财产代管人（原《民通意见》第30条第2款）。

（三）宣告失踪的条件

（1）自然人下落不明。即自然人离开最后居住地后没有音讯的状况。

(2) 失踪达到法定期间。即自然人下落不明满两年(《民法典》"总则"编第 40 条)。该期间的起算点分两种情形：一是自被申请人离开住所或者最后居所、音信消失的次日起算；二是战争期间下落不明的，下落不明的时间从战争结束之日或者有关机关确认的下落不明之日起计算(《民法典》"总则"编第 41 条)。

(3) 由利害关系人向人民法院提出申请。利害关系人，包括与被申请人有人身关系或者财产关系的人，如父母、配偶、其他近亲属、债权人、债务人等。① 任一利害关系人均可申请，彼此不排斥。

(4) 由人民法院依照法定程序宣告。利害关系人申请宣告失踪的，向下落不明人住所地基层人民法院提出(《民事诉讼法》第 183 条第 1 款)。

人民法院受理宣告失踪、宣告死亡案件后，应当发出寻找下落不明人的公告。公告期间为 3 个月。公告期间届满，人民法院应当根据被宣告失踪的事实是否得到确认，作出宣告失踪的判决或者驳回申请的判决(《民事诉讼法》第 185 条)。宣告失踪的判决应在判决书中指定财产代管人。宣告失踪案件适用《民事诉讼法》中规定的相关特别程序。

(四) 宣告失踪的法律后果

自然人被宣告失踪后，其民事主体资格仍然存在，因而不发生继承，也不改变与其人身有关的民事法律关系。根据《民法典》"总则"编的规定，宣告失踪所产生的法律后果主要是为失踪人设立财产代管人。

(1) 财产代管人的确定。财产代管人由亲朋好友协商或法院指定。具体来说：失踪人的财产由其配偶、成年子女、父母或者其他愿意担任财产代管人的人代管。代管有争议，没有上述自然人，或者上述自然人无代管能力的，由人民法院指定的人代管(《民法典》"总则"编第 42 条)。

(2) 财产代管人的职责。财产代管人应当妥善管理失踪人的财产，维护其财产权益。失踪人所欠税款、债务和应付的其他费用，由财产代管人从失踪人的财产中支付。财产代管人因故意或者重大过失造成失踪人财产损失的，应当承担赔偿责任(《民法典》"总则"编第 43 条)。

---

① 原《民通意见》第 24 条规定："申请宣告失踪的利害关系人，包括被申请宣告失踪人的配偶、父母、子女、兄弟姐妹、祖父母、外祖父母、孙子女、外孙子女以及其他与被申请人有民事权利义务关系的人。"

(3)财产代管人的变更。财产代管人不履行代管职责、侵害失踪人财产权益或者丧失代管能力的,失踪人的利害关系人可以向人民法院申请变更财产代管人。财产代管人有正当理由的,可以向人民法院申请变更财产代管人。人民法院变更财产代管人的,变更后的财产代管人有权请求原财产代管人及时移交有关财产并报告财产代管情况(《民法典》"总则"编第 44 条)。

(五)对宣告失踪的撤销

根据《民法典》"总则"编第 45 条的规定,失踪人重新出现,经本人或者利害关系人申请,人民法院应当撤销失踪宣告(即作出新判决,撤销原判决)。失踪人重新出现,有权请求财产代管人及时移交有关财产并报告财产代管情况。

二、宣告死亡

(一)宣告死亡的概念

宣告死亡,是指自然人下落不明达到法定期限,经利害关系人申请,由人民法院推定其死亡,宣告结束失踪人以生前住所地为中心的民事法律关系的法律制度。① 宣告死亡与自然(生理)死亡相对,是一种法律上的推定,人民法院以判决的方式推定自然人死亡。

(二)宣告死亡与宣告失踪

(1)宣告死亡与宣告失踪的立法目的不同。宣告失踪制度旨在保护失踪人的财产,而宣告死亡制度旨在维护利害关系人的利益。具言之,自然人失踪以后,宣告失踪制度并不能解决所有问题(如身份关系和财产继承关系)。自然人失踪越久,相关利害关系人的权益处置搁置的时间越长,他们的利益(如再婚、继承)就越上升到优先于失踪人的利益受保护的程度。于是,法律设置宣告死亡制度,拟制失踪人的死亡,以便其配偶取得再婚权,其继承人得以继承遗产、清偿债务。

(2)宣告死亡与宣告失踪没有必然联系。宣告失踪不是宣告死亡的必经程序。自然人下落不明,符合申请宣告死亡的条件,利害关系人可以不经申请宣告失踪而直接申请宣告死亡。利害关系人只申请宣告失踪的,应当宣告失踪;对同一自然人,有的利害关系人申请宣告死亡,有的利害关系人申请宣告

---

① 参见龚兵:《论宣告死亡的构成要件》,《法学杂志》2010 年第 2 期,第 110—112 页。

失踪,符合宣告死亡条件的,人民法院应当宣告死亡(《民法典》"总则"编第47条)。

(3)宣告死亡导致民事主体的消灭,比宣告失踪导致的法律效果更为严重,因此宣告死亡的条件更为严厉,应慎而又慎。

(三)宣告死亡的条件

(1)自然人下落不明,即自然人离开最后居住地后没有音讯的状况。在我国台湾地区或者海外,无法正常通讯联络上的,不得以下落不明宣告死亡(原《民通意见》第26条)。①

(2)须达到法定的期间。根据《民法典》"总则"编第46条的规定,法定期间的达成有两种情况。第一种情况是普通失踪,即下落不明满四年。其起算点为自被申请人离开住所或者最后居所音信消失的次日。第二种情况是特殊失踪,即因意外事件下落不明满二年。其起算点为意外事件(如坠机)发生之日。因意外事件下落不明,经有关机关证明该自然人不可能生存的,申请宣告死亡不受二年时间的限制。

(3)须有利害关系人的申请。

原《民通意见》第24条曾规定申请宣告死亡的利害关系人是有顺序的,其顺序为:① 配偶;② 父母、子女;③ 兄弟、姐妹、祖父母、外祖父母、孙子女、外孙子女;④ 其他有民事权利义务关系的人。只要前一顺序的人存在且不提出申请,那么后一顺序的人就不能提出申请。

理论上对此有不同的观点。支持者认为婚姻利益应优于财产利益;反对者则主张,身份利益与财产利益同等重要,失踪为客观事实,只要达到法定条件,任何利害关系人均可以申请。② 《民法典》"总则"编第47条规定:对同一自然人,有的利害关系人申请宣告死亡,有的利害关系人申请宣告失踪,符合

---

① 参见西安市新城区人民法院(2018)陕0102民特监1号"郑连珍申请宣告杨晓春死亡案":宣告死亡案件的裁判作出后,利害关系人向作出该判决的法院提出异议,认为下落不明是指公民离开最后住所地没有音讯的情况,对于在我国台湾地区或者海外,无法正常通讯联系的,不属于下落不明。此外没有音信是指没有往来的信件和消息,期间也没有任何民事法律行为。杨晓春失踪后,其名下的招商银行卡曾于失踪期间即2017年4月在银行办理过业务,不排除杨晓春本人操作,不能排除其生存的可能。宣告死亡属于推定死亡的法律制度,暂时无法与家人进行正常通讯联系并非绝对没有音讯,不符合推定死亡的法定情形。失踪人在失踪期间可能从事民事法律行为但并未出现,不属于法律规定的下落不明的实质要件。

② 对于这一矛盾,有专家曾提出如下建议:自然人的近亲属申请宣告死亡没有顺序限制,但其配偶反对申请宣告该自然人死亡的,婚姻关系继续存续。

宣告死亡条件的,人民法院应当宣告死亡。

(4) 须由人民法院进行宣告。首先是公告。公告时长因普通失踪和特别失踪(意外事故)而有不同。对于前者,公告期为 1 年。对于后者,公告期为 3 个月。其次是判决。公告期满,生死不明的事实得以确认,判决宣告失踪人死亡(原《民通意见》第 36 条)。

被宣告死亡的人,人民法院宣告死亡的判决作出之日视为其死亡的日期;因意外事件下落不明宣告死亡的,意外事件发生之日视为其死亡的日期(《民法典》"总则"编第 48 条)。①

(四) 宣告死亡的法律后果

宣告死亡的法律后果,包括身份关系终止,财产被继承等。② 宣告死亡的法律效力仅限于住所地。自然人被宣告死亡但是并未死亡的,不影响该自然人在被宣告死亡期间实施的民事法律行为的效力(《民法典》"总则"编第 49 条)。因此,宣告死亡和自然死亡的时间不一致的,宣告死亡所引起的法律后果仍然有效,但自然死亡前实施的民事法律行为与宣告死亡引起的法律后果相抵触的,则以其实施的民事法律行为为准。

(五) 对宣告死亡的撤销

根据《民法典》"总则"编第 50 条的规定,被宣告死亡的人重新出现,经本人或者利害关系人申请,人民法院应当撤销死亡宣告。之所以设置撤销宣告死亡制度,是因为法律既保护本人及其亲属利益,又兼顾相对人的利益。宣告死亡的撤销原则上有溯及力,但为了保护第三人,法律对溯及力做了限制。也正因此,死亡宣告撤销后,当事人的民事权利义务关系并不完全恢复原状。

---

① 有学者指出:我国传统上以宣告死亡的判决作出之日为被宣告死者的死亡日期,这一规定具有明显的不合理性。《保险法司法解释(三)》第 24 条对此进行了一定的修改,赋予失踪日期以法律上的意义。由此从立法论角度提出建议:要求法官在宣告死亡的判决中,根据具体情况,另行具体确定最可能的死亡日期,以保护相关当事人的利益。参见薛军:《论被宣告死者死亡日期的确定——以中国民法典编纂为背景的论述》,《政治与法律》2016 年第 6 期,第 2—8 页。

② 参见舟山市定海区人民法院(2015)浙舟商终字第 74 号"何玲红与中华联合财产保险公司舟山中心支公司保证保险合同纠纷上诉案":在还贷保证保险中,保险公司通常将借款人宣告死亡判决作出日界定为出险时。宣告死亡判决需经过特定期间和法定程序,其作出时间受申请人行为及裁判迅速左右,具有不确定性和迟延性,据此认定出险时间不合理。出险时间的确定不能过于拘泥于合同字词而忽视对合同性质、目的的考察,在约定不明情况下应作出对投保人有利的裁决,将出险时间界定为借款人下落不明或意外事故发生之日。

(1) 与配偶的婚姻关系。被宣告死亡的人的婚姻关系,自死亡宣告之日起消除。① 死亡宣告被撤销的,婚姻关系自撤销死亡宣告之日起自行恢复。但是,其配偶再婚或者向婚姻登记机关书面声明不愿意恢复的除外(《民法典》"总则"编第51条)。

(2) 子女的收养关系。被宣告死亡的人在被宣告死亡期间,其子女被他人依法收养的,在死亡宣告被撤销后,不得以未经本人同意为由主张收养行为无效(《民法典》"总则"编第52条)。

(3) 与财产继受者的关系。被撤销死亡宣告的人有权请求依照继承法取得其财产的民事主体返还财产;无法返还的,应当给予适当补偿(《民法典》"总则"编第53条第1款)。

(4) 与隐瞒真相的利害关系人之间的关系。利害关系人隐瞒真实情况,致使他人被宣告死亡而取得其财产的,除应当返还财产外,还应当对由此造成的损失承担赔偿责任(《民法典》"总则"编第53条第2款)。

第五节 商 自 然 人

在我国,取得从商资质(格)的自然人为商自然人,具体包括个体工商户、农村承包经营户和个人独资企业。

一、个体工商户

(一) 个体工商户的概念

根据《民法典》"总则"编第54条的规定,自然人在法律允许的范围内,经依法登记,为个体工商户,可从事工商业经营。②

个体工商户必须登记。这里的"户"非指户籍,而是工商登记时的单位。③

---

① 参见湖南省长沙市芙蓉区人民法院(2011)芙民初字第751号"赵翔等诉刘仕明物权保护纠纷案":夫妻一方宣告死亡后,如果其遗产已经继承完毕,健在一方用自己的积蓄购买的公有住房应视为个人财产,购买该房时所享受的已死亡配偶的工龄优惠只是属于一种政策性补贴,而非财产或财产权益。
② 关于个体工商户的性质与法律地位,可参见李友根:《论个体工商户制度的存与废——兼及中国特色制度的理论解读》,《法律科学》2010年第4期,第107—118页。
③ 类似地,农村承包经营户的"户"也并不能理解为"户籍"。参见李爱荣:《"户"作为集体经济组织成员权的行使主体析》,《当代法学》2019年第6期,第104—112页。

个体工商户只能由"公民"申请登记。《个体工商户条例》第2条第1款规定:"有经营能力的公民,依照本条例规定经工商行政管理部门登记,从事工商业经营的,为个体工商户。"《个体工商户条例》第27条规定:"香港特别行政区、澳门特别行政区永久性居民中的中国公民,台湾地区居民可以按照国家有关规定,申请登记为个体工商户。"由此可见,依照我国现行法的规定,个体工商户只能是公民,而不是所有的自然人,外国人、无国籍人不能申请登记个体工商户。

(二)个体工商户的民事主体资格

个体工商户不是独立的民事主体,而是包含在自然人这种民事主体之中。登记为个体工商户后,自然人可以从事一定的经营活动,在法律上具有了特殊地位:

(1)字号。个体工商户可以起字号。该字号为财产权利,而非人身权利,属于自然人所有。个体工商户名称的登记管理、使用,由《个体工商户名称登记管理办法》予以规定。

(2)缴税。个体工商户在领取营业执照后,应当依法办理税务登记(《个体工商户条例》第17条第1款)。

(3)融资。个体工商户可以凭营业执照及税务登记证明,依法在银行或者其他金融机构开立账户,申请贷款(《个体工商户条例》第20条)。

(4)用工。个体工商户可以根据经营需要招用从业人员。个体工商户需要与招用的从业人员订立劳动合同,履行法律、行政法规规定和合同约定的义务(《个体工商户条例》第21条),个体工商户用工适用《劳动法》的规定。

(5)登记与管理。作为商业主体,个体工商户被纳入了市场管理的范畴,应当履行相应的一系列义务。例如,根据《个体工商户条例》申请登记为个体工商户,应当向经营场所所在地登记机关申请注册登记(第8条);个体工商户登记事项变更的,应当向登记机关申请办理变更登记(第10条);个体工商户不再从事经营活动的,应当到登记机关办理注销登记(第12条)。又如,2014年修订的《个体工商户条例》新增了如下要求:个体工商户应当于每年1月1日至6月30日向登记机关报送年度报告,并对其年度报告的真实性、合法性负责(第13条)。登记机关将未按照规定履行年度报告义务的个体工商户载入经营异常名录,并在企业信用信息公示系统上向社会公示(第 14 条)。不过,登记机关接收个体工商户年度报告和抽查不得收取任何费用(第 15 条)。《个体工商户条例》还规定,工商行政管理部门以及其他有关部门应当加强个体工商户管理工作的信息交流,逐步建立个体工商户管理信息系统(第 25 条)。①

（三）个体工商户责任的承担

个体工商户,可以个人经营,也可以家庭经营(《个体工商户条例》第 2 条第 2 款)。

个人经营的个体工商户,以全部个人财产承担无限清偿责任,而不是以全部家庭财产对其债务承担责任。债权人只能就经营者的个人财产提出债权请求。

家庭经营的个体工商户,应以家庭共有财产来承担清偿责任。

二、农村承包经营户

农村承包经营户是集体所有的生产资料承包经营合同的签订主体,一般由农村集体经济组织的成员组成。它不必经工商管理部门核准登记,也不能起字号。

农村承包经营户的债务,属于个人经营的,以个人财产承担;属于家庭经营的,以家庭财产承担。

三、个人独资企业

（一）概念与本质

个人独资企业,指由一个自然人投资,财产为投资人个人所有,投资人以其个人财产对企业债务承担无限责任的、非公司制的经营实体(《个人独资企业法》第 2 条)。② 其对自然人的意义在于,投资人通过开办个人独资企业可以获得从事商行为的市场经营者的资质,而经营获得的财产以及经营中产生的

---

① 对于民法典是否应继续规定个体工商户制度的不同意见,相关讨论可参见曹兴权:"民法典如何对待个体工商户",《环球法律评论》2016 年第 6 期,第 144—156 页;李永军:"我国未来民法典中主体制度的设计思考",《法学论坛》2016 年第 2 期,第 74—92 页。

② 参见重庆市第五中级人民法院渝五中法执复字第 494 号"重庆第二建设有限公司等与李荣吉等机动车交通事故责任纠纷执行案":交通事故发生后,个人独资企业转移肇事车辆所有权并进行企业经营转让的,原投资人对企业转让前的债务仍应承担清偿责任,投资人是个人独资企业的终极责任人的

责任承担始终归属于自然人。个人独资企业可以看成是个体工商户的升级版本。①

（二）功能与法律规制

通过登记为个人独资企业，自然人获得了从事商行为的资质，可以职业地从事经营行为，成为劳动力市场的用人单位，并凭借商主体的身份获得市场认可和信用支持。个人独资企业可以依法申请贷款、取得土地使用权，并享有法律、行政法规规定的其他权利（《个人独资企业法》第24条）。

个人独资企业的治理结构非常灵活，法律对其内部架构不设立硬性规定。个人独资企业投资人可以自行管理企业事务，也可以委托或者聘用其他具有民事行为能力的人负责企业的事务管理（《个人独资企业法》第19条）。这与个体工商户的内部管理非常类似，是与公司相互区别的一个重要地方。

对个人独资企业的法律规制主要集中在经营资质可能导致的社会责任，而不是其内部的治理架构。例如，《个人独资企业法》要求完成登记以及从业必要的审批手续，"依法设置会计账簿，进行会计核算"（第21条），按照劳动法的有关要求用工（第22条），并"按照国家规定参加社会保险，为职工缴纳社会保险费"（第23条），同时在解散与清算方面设置了标准流程。就经营资质可能导致的社会责任，法律规制介入较深。如设置会计账户、规定解散清算程序等，较个体工商户更为严格，更接近法律对公司的规制。

（三）无限责任

个人独资企业的财产以及经营中产生的责任承担均归属于自然人，这是与公司实质性的区别所在。

就经营所得，个人独资企业投资人"对本企业的财产依法享有所有权，其有关权利可以依法进行转让或继承"（《个人独资企业法》第17条），并按照个人所得税就营业所得缴纳税款。

就责任而言，投资人以其个人财产对企业债务承担无限责任，但若个人独资企业投资人"在申请企业设立登记时明确以其家庭共有财产作为个人出资的，应当依法以家庭共有财产对企业债务承担无限责任"（《个人独资企业法》

---

① 个人独资企业与个体工商户的区别，可参见李建伟：《个人独资企业法律制度的完善与商个人体系的重构》，《政法论坛》2012年第5期，第114—122页。

第 18 条）。

（四）法律适用与外国自然人投资

在中国,个人独资企业的主要法律规范是《个人独资企业法》(自 2000 年 1 月 1 日起施行)。外国的自然人不能依该法在中国境内设立个人独资企业(《个人独资企业法》第 47 条),只能依据《外商投资法》(自 2020 年 1 月 1 日起施行)在中国境内进行投资活动。

第二讲 法 人

第一节 法人的意义

一、法人的概念与本质

借助"法人"概念,民法得以将团体上升到民事主体之地位,使之与自然人平等,让"(自然)人"生"(法)人",让"钱"生"(法)人"成为可能。法人制度是民法理论与民事立法中最具有创造性、抽象性和想象力的技术之一。①

根据《民法典》"总则"编第57条的规定,法人是具有民事权利能力和民事行为能力,依法独立享有民事权利和承担民事义务的组织。法人即具有民事权利能力(人格)的团体。② 换言之,法人就是法律赋予了其民事主体资格(人格)的团体。③

关于法人的本质,主要有以下学说。

1. 法人否认说

法人否认说,又细分为目的财产说、受益人主体说和管理人主体说。这一学说同样体现了个人主义。法人否认说强调自然人的主体地位,凸显了自然人在法人中的作用,但缺陷在于与实际生活并不相符。

2. 法人拟制说

法人拟制说认为,法人为法律虚构出来的"人",没有意思能力与行为能力,因此法人的对外交往需要由"代理人"完成。法人的代表机关是法人的"代

---

① 法人制度的价值在于解决非自然人参加法律关系时的人格和能力问题,目的是适应社会经济政治发展的需要,使越来越多以非自然人名义从事活动的主体合法化。参见史际春、胡丽文:《论法人》,《法学家》2018年第3期,第63—76页。
② 实际上,民法之所以有"权利能力"的概念,就是为法人成为民事主体服务的。
③ 法人性质理论的起源,可参见谢鸿飞:《论民法典法人性质的定位:法律历史社会学与法教义学分析》,《中外法学》2015年第6期,第1508—1528页。

理人"。这一学说体现了个人主义和国家对团体的控制。

3. 法人实在说

法人实在说,又细分为有机体说和组织体说,后者为我国通说。法人实在说认为,法人的代表机关不是法人的代理人,而是法人的构成部分,对外代表法人。法人代表机关的人格为法人人格吸收,其以法人名义履行职务时,不具有独立的人格,故其行为的法律效果由法人承受。这一学说是法人大量存在和蓬勃发展带来的理论成果,其目的在于强调法人具有独立的意思能力和行为能力。

二、法人的特征

(一) 团体性

法人是团体,是依法成立的一种社会组织。这是法人与自然人的根本区别。对于这里的"团体"的理解,需要注意两个方面:第一,团体具有抽象性,不因其成员的变化而变化;在某些情况下,一个人也可以"组团";第二,团体可能是人与财的结合体("社团"),也可能只是财产的结合体("财团")。

团体有两种类型,即"社团"和"财团"。相应地,法人也可分为"社团法人"与"财团法人"。①

1. 社团

"社团"由多个出资人投入财产构成,出资人因此成为团体的成员,被称为"社员"。

"社团"的抽象性首先表现在"社团"成立以后,"社团"中原有的"社员"(老人)有可能退出,新的人员可能加入,但"社团"并不因此便不再是原来的"社团"。

团体的抽象性还表现在,社团可以只由一个"社员"构成。传统的民法坚持社团是"人的结合体",至少有两个人才能"组团"。但实践中会出现形式上或实质上的"一人公司",人们对于是否承认这种"一人公司"发生分歧。反对者认为,如果予以肯定,不仅有违"社团"的团体性,而且可能放任滥用法人的独立人格的行为。然而,一人公司在现实生活中已经普遍存在,立法上难以做到有效的预知与防范,因此"堵不如疏",而且承认"一人公司"也有其积极意义,如帮助个人利用公司形式获得更多的社会信誉。我国的立法实践也验证

---

① 参见王文宇:《揭开法人的神秘面纱——兼论民事主体的法典化》,《清华法学》2016年第5期,第100—116页。

了这一立场。《公司法》原本只承认"国有独资公司"和"外商独资企业"两种"一人公司",但在 2005 年修订时首次全面承认了"一人有限责任公司"。由此,我们对法人的团体性也需要有新的认识:一人也可能"组团",团体只是一个抽象的概念而已。

2. 财团

除了"社团",还存在另一类团体,其仅由为特定目的而"捐献"出来的财产组成,没有社员,被称为"财团"。如何理解"一笔财产"也能成为团体?没有社员,"财团"如何实现运作呢?

实际上,捐助人在捐出财产的时候,就已经通过"章程"为这些财产的使用与处分设定了"目的"(或者说"宗旨"),规定了"执行机构"的构成、管理与运营规则。章程犹如法人内部之宪法。因此,财产运作将由依照章程设立的执行机构,按捐献目的和章程行事,可以"独立"地存在和参与社会生活。"基金会"是典型的财团。①

(二)法人具有主体资格

我们可以从以下三个方面来认识法人具有主体资格。

1. 法人具有主体资格的表现

第一,法人能够以自己的名义参加民事活动,独立享有民事权利和承担民事义务。

第二,法人拥有独立的财产,是其财产的唯一所有权人。

没有财产就没有法人,没有独立的财产也没有法人。独立的财产是法人的必要条件和支柱。这里的"财产",包括资金、设备、场地、技术等。

当然,在实际生活中,掌控一定财产的不都是法人。例如,公安派出所、大学下设的学院、个体工商户、个人独资企业、合伙、分公司、分支机构等,其"拥有"的财产并没有与出资人(派出单位、大学、家庭或者个人、总公司或总部)的财产分离,在名义上和法律上仍然属于出资人所有。而法人财产是"独立"的,这意味着,法人财产仅供该法人支配使用,既不属于其出资人,也不属于其员工。

以公司为例,公司是典型的法人,公司的财产属于公司所有,用于其自身

---

① 相比于基金会作为典型的财团法人,有学者指出,作为事业单位法人的学校、医院等也具有财团法人的实质,以财政出资的方式设立,经费都来源于财政拨款。参见胡岩:《比较视野下财团法人概念辨析》,《比较法研究》2011 年第 5 期,第 66—79 页。

的生产、经营、偿还货款、税款等,独立于其出资人(股东);出资人将其财产转移给公司以后,出资人便丧失了对财产的所有权,换来"股东权"(即通过股东会或股东大会参与对公司的管理,并在公司有盈利时依据公司章程和股东大会的决议要求分配红利的权利)。不妨假设如下场景:如果一个商店有四个股东,股东是否可以任意拿走里面的商品而不支付货款?或者,一家餐饮公司有四个股东,股东是否可以随意就餐而不支付餐费?答案均是否定的。原因在于,此类行为将侵害公司的利益,并间接侵害其他三个股东的利益。公司财产不属于出资人。另一方面,公司的财产也不属于其员工。员工只能根据"劳动合同"向公司主张报酬和福利、保险金的支付等,他们对公司的财产不享有任何所有权。因此,拿公司的一笔一线为己所有,都是侵占公司财物。

第三,法人可以独立承担民事责任。①

这是法人拥有独立财产的必然结果。法人对外欠下的债务,不论多少都应由法人的财产支付,与其设立人、出资人无关。

在关于法人责任的问题上,经常提及"有限责任"与"无限责任"。其实,在这些讨论中,承担"有限"或"无限"责任的主体指的并非法人,而是社团的社员(设立人、出资人)。故这种讨论仅在法人是社团法人时方有意义,对于财团法人则没有任何意义。② 具体说来,所谓"无限责任"就是指在法人资产不足以清偿其全部债务时,出资人不以对法人的出资为限而仍需对法人的债务承担清偿义务。如从出资人和法人的关系角度观察,"无限责任"实质是出资人与法人连带负责清偿法人的债务,"无限责任"也被称为"连带责任"。而所谓"有限责任",指法人资产不足以清偿其全部债务时,出资人无须对此连带地负责,仅以曾经的出资为限承担责任,风险有限。

2. 法人独立人格的价值

首先,财产与财产的分离。在有限风险的前提下,实现无限受益之可能。

---

① 参见辽宁省沈阳市中级人民法院(2020)辽 01 执复 176 号"辽宁坤霖资产管理集团有限公司、辽宁省百货有限公司金融借款合同纠纷案":人民法院执行程序以生效法律文书作为执行依据,以生效法律文书确定的给付内容作为执行标的。法院执行依据确定的被执行人为辽宁省友谊华侨总公司、辽宁省商业集团有限公司。异议人辽宁省百货有限公司不是执行依据确定的被执行人,亦未经追加程序确认为被执行人。其作为独立法人,仅因其为被执行人辽宁省商业集团有限公司的全资子公司,对其采取执行行为没有法律依据,执行行为错误。

② 关于机关法人的民事责任承担,可参见方流芳:《"法人"进入当代中国法律,意义何在?》,《中国法律评论》2019 年第 6 期,第 154—162 页。

具体而言,在启动阶段,法人和投资人的财产相互独立,投资人可以通过法人形式实现融资。到运营阶段,投资人不断通过法人实践设立之目的获得收益。例如,公司股东可以通过公司分红取得收益。

其次,责任与责任的分离。法人和投资人各负其责,出资人的风险得到控制,风险程度可预期且固定。①

再者,人格独立与永续。法人与投资人、社员人格相互区分、彼此独立,使"人生人"。与自然人有着显著区别的是,法人人格具有永续性:法人不因出资人的更迭而改变或消灭,也不因其内部人员的更迭而改变。

3. 法人的民事主体地位来自法律之赋予

法人具有权利能力,乃社会生活的参与者,其诞生与灭亡不可能任由自然人创设,因为自由的创设意味着交易主体随时可能消失,这会使生活和交易充满随意性。而且法人的出现乃是集会、结社,法人的主体资格不可能不受到法律的规制。这些规制乃是法律基于社会生活的需要而特别设置的。

法人的民事主体地位来自法律之赋予,有三层含义:其一,法人独立人格的取得必须满足法律设定的条件和程序;其二,法人独立人格的消灭必须遵从法律设定的条件和程序;其三,法人可以享有的权利和可以承担的义务的范围(即权利能力)受法律的规制,不能超越法律设定的范围。法人是团体,不具有自然人一样的身体,故其权利能力范围也会受到相应的限制。

规制法人的法律规范除了《民法典》以外,还有很多单行法,比如《公司法》《外商投资法》《全民所有制工业企业法》《乡镇企业法》《基金会管理条例》等。上述法律规范的繁杂从一个侧面说明了我国法人种类非常之多。

第二节 法人的种类

依据不同的标准,可对法人有不同的分类管理;不同类型的法人适用不同的规则。

---

① 对《民法典》承袭《公司法》人格否认制度,学界有不同观点。参见薛波:《公司法人格否认制度"入典"的正当性质疑——兼评〈民法总则〉"法人章"的立法技术》,《法律科学》2018年第4期,第114—125页。

一、现行法的分类

自《民法通则》颁布以来,我国民事立法考虑到国家对经济生活的宏观管理、对交易安全的保护,重视以出资人的身份为区分标准,针对不同的法人分别制定了单行法,由此历史地形成了相应的种类。①

对于法人的分类,原《民法通则》以法人设立的宗旨为标准分成两大块、四大类:企业法人和非企业法人(机关法人、事业单位法人和社会团体法人),对于企业法人,原《民法通则》按照所有制进行了再分类。但按照所有制形态划分企业法人并不能涵盖所有的企业法人,逻辑上存有空白,也与市场经济基本规则有所出入。实际上,在市场交易中,不论何种所有制的企业法人,其主体地位均是平等的,不因出资人身份而有所不同。至于法人的设立、内部组织规则或者交易上的限制或税收优惠等,非属民法范畴,更多是由相应的组织法、行政法等予以规范。随着企业改制的推进,这种按照所有制形态划分企业法人类型的民法模式需要进行相应的调整。此外,原《民法通则》也缺少有关基金会等财团法人类型的规定。

比较而言,《民法典》"总则"编注重法人在市场运作中表现出的特性,对法人的分类进行了重新安排。其不再采用以所有制为根据的企业法人分类,而采用营利法人、非营利法人与特别法人的三分法。见下图。

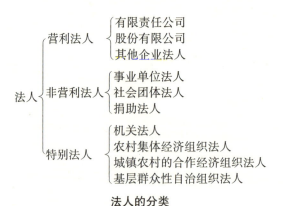

法人的分类

---

① 参见张新宝:《从〈民法通则〉到〈民法总则〉:基于功能主义的法人分类》,《比较法研究》2017年第4期,第16—34页;蔡立东:《法人分类模式的立法选择》,《法律科学》2012年第1期,第108—116页。

（一）营利法人

1. 营利法人的概念

根据《民法典》"总则"编第 76 条的规定，营利法人是指以取得利润并分配给出资人为目的成立的法人。其根本特点在于营利性，即谋取盈利并分配给出资人。① 营利法人包括有限责任公司、股份有限公司和其他企业法人等。

"企业法人"既是企业又是法人，为二者之交集，是具有独立人格的企业。如果将企业界定为从事生产、贸易、服务等经营活动以获取盈利为目的的经济组织，那么营利法人也可被认定为企业法人。企业很多，但并不是所有的企业都能成为法人，例如，合伙企业、个人独资企业等均不是法人，因为它们没有独立的人格，企业财产与其出资人财产互通，债务最终系由其出资人以自己的全部财产承担责任（无限责任）。

2. 我国现有法律对企业法人（营利法人）的分类

（1）以出资人之身份为标准，可将企业法人划分为涉外企业法人与非涉外企业法人。② 涉外企业法人即外商投资企业法人，这类法人会涉及《外商投资法》有关特别规定的适用。在市场经济讲求主体平等的前提下，投资人身份本不应影响到企业法人参与市场活动的平等性，对之既不应给予超国民待遇，也不应给予歧视待遇。但基于促进外商投资和国家经济安全与民生等公共政策的考虑，立法对投资行为可能会有特殊考虑。我国对外商投资实行"准入前国民待遇加负面清单管理制度"。所谓"准入前国民待遇"，是指在投资准入阶段给予外国投资者及其投资不低于本国投资者及其投资的待遇；所谓"负面清单"，是指国家规定在特定领域对外商投资实施的准入

---

① 参见金锦萍：《论基本公共服务提供的组织形式选择——兼论营利法人与非营利法人分类的规范意义》，《当代法学》2018 年第 4 期，第 13—22 页；史际春、胡丽文：《论法人》，《法学家》2018 年第 3 期，第 63—76 页；徐强胜：《论我国民法总则中营利法人的制度安排》，《华东政法大学学报》2016 年第 5 期，第 42—50 页。

② 中国原有三部外商投资企业法《外资企业法》《中外合资经营企业法》与《中外合作经营企业法》，分别规定了三种类型企业：外资企业（也称为"外商独资企业"）、中外合资经营企业和中外合作经营企业法人，统称为"外商投资企业"或者"三资企业"。其中，外资企业符合中国法律关于法人条件的规定的，可取得中国法人资格。合资企业的组织形式为有限责任公司，具有中国法人资格。而合作企业的组织形式则分为两种：符合法人条件依法取得中国法人资格的合作企业（称法人合作企业），采取的是有限责任公司的组织形式；不具备法人条件的合作企业（称非法人合作企业），采取的是无限责任的形式。2020 年 1 月 1 日起，《外商投资法》施行，上述三部法律也同时废止。

特别管理措施。我国对负面清单之外的外商投资,给予国民待遇(《外商投资法》第4条)。

(2)以所有制性质为标准,可将企业法人划分为全民所有制企业法人①、集体所有制企业法人②、私(民)营企业法人、混合所有制企业法人。根据《企业法人登记管理条例》的规定,这些企业在具备法人条件时,可依法办理企业法人登记,取得法人资格。

(3)以是否按照公司法转制或者设立为标准,可将企业法人划分为公司法人和非公司企业法人。其中,公司法人是依据公司法组建的营利法人,包括有限责任公司和股份有限公司。

(二)非营利法人

根据《民法典》"总则"编第87条的规定,非营利法人是指为公益目的或者其他非营利目的成立,③不向出资人、设立人或者会员分配所取得利润的法人。按照设立目的是否具有公益性,非营利法人可有服务于公益目的与服务于其他非营利目的之分。如此区分的原因在于,为公益目的成立的非营利法人在终止时,不得向出资人、设立人或者会员分配剩余财产,其剩余财产应当按照法人章程的规定或者权力机构的决议用于公益目的,无法按照法人章程的规定或者权力机构的决议处理的,由主管机关主持转给宗旨相同或者相近的法人,并向社会公告(《民法典》"总则"编第95条)。

按照设立目的与方式的不同,非营利法人可分为事业单位法人、社会团体法人、捐助法人(《民法典》"总则"编第87条)。

---

① 根据《全民所有制企业工业法》的有关规定,全民所有制企业的财产"所有权"属于全民所有,国家依照"所有权和经营权分离"的原则授予全民所有制企业经营管理;全民所有制企业自负盈亏,国家不对其债务承担责任;全民所有制企业获得利润通过税金、费用和利润形式上交国家,其他盈利自行支配。

② 根据《乡镇企业法》《城镇集体所有制企业条例》的有关规定,乡镇企业是指以农村集体经济组织或者农民投资为主,在乡镇(包括所辖村)举办的承担支援农业义务的各类企业。乡镇企业符合企业法人条件的,依法取得企业法人资格。城镇集体所有制企业是财产属于劳动群众集体所有、实行共同劳动、在分配方式上以按劳分配为主体的社会主义经济组织。城镇集体所有制企业依法取得法人资格,以其全部财产独立承担民事责任。

③ 参见湖北省武汉市中级人民法院(2011)武民商终字第01164号"莫文博与朱儒英等剩余财产争议纠纷上诉案":民办学校剩余财产争议的根源在于对民办学校的性质认识不同。事实上,民办学校既可以表现为非营利性,也可以表现为营利性,两者皆可从事具有公益色彩的教育事业。营利性民办学校和非营利性民办学校具有不同的法律特征。在处理民办学校剩余财产争议时,应明确界定民办学校是否具有营利性特征,从而判断其剩余财产是否应在出资人之间进行分配。

1. 事业单位法人

《事业单位登记管理暂行条例》①第 2、第 3 条规定:"事业单位,是指国家为了社会公益目的,由国家机关举办或者其他组织利用国有资产举办的,从事教育、科技、文化、卫生等活动的社会服务组织";"事业单位应当具备法人条件"。

由此可见,事业单位法人是由国家或地方财政拨款,从事国家管理职能之外的、服务于公益的非营利法人。在日常生活中,事业单位法人一般从事科学、教育、文化、卫生等公益事业,其常见的表现形式有电台、电视台、学校、科研院所、图书馆、医院、报社等。②

事业单位法人的基本特征包括非营利性、从事公益事业和政府拨款。事业单位法人一般不从事商业活动,即使取得收益,也多为辅助性质的。③ 事业单位法人具有公益目的,因此判断事业单位法人收费是否合理的首要标准并非市场供求关系,而是其公益性。

事业单位法人的成立有两种可能,一种是经依法登记成立,取得事业单位法人资格;另一种是依法不需要办理法人登记的,从成立之日起,即具有事业单位法人资格(《民法典》"总则"编第 88 条)。

事业单位法人设理事会的,除法律另有规定外,理事会为其决策机构。事业单位法人的法定代表人依照法律、行政法规或者法人章程的规定产生(《民法典》"总则"编第 89 条)。

2. 社会团体法人

社会团体法人是指自然人或法人作为会员自愿组成,为公益目的或者会员共同利益,按照其章程开展活动的非营利法人(《社会团体登记管理条例》④第 2 条)。社会团体法人不得从事以营利为目的的经营性活动(《社会团体登记管理条例》第 4 条)。常见的社会团体法人有学会、协会、商会、促进会、研究会

---

① 1998 年 10 月 25 日国务院令第 252 号发布,根据 2004 年 6 月 27 日《国务院关于修改〈事业单位登记管理暂行条例〉的决定》修订。

② 参见任中秀:《"事业单位法人"概念存废论》,《法学杂志》2011 年第 7 期,第 118—120 页。

③ 《事业单位登记管理暂行条例》第 2 条第 2 款规定:"事业单位依法举办的营利性经营组织,必须实行独立核算,依照国家有关公司、企业等经营组织的法律、法规登记管理。"

④ 1998 年 10 月 25 日国务院令第 250 号发布,根据 2016 年 2 月 6 日《国务院关于修改部分行政法规的决定》修订。

等不同形式。①

社会团体法人的设立有两种形式：须登记和免予登记（《社会团体登记管理条例》第3条）。经依法登记，取得社会团体法人资格；依法不需要办理法人登记的，从成立之日起，具有社会团体法人资格（《民法典》"总则"编第90条）。免予登记的社会团体法人如参加中国人民政治协商会议的人民团体；由国务院机构编制管理机关核定，并经国务院批准免予登记的团体；机关、团体、企业事业单位内部经本单位批准成立、在本单位内部活动的团体。

须登记的社会团体法人设立则要满足一定的设立要件。首先，会员数量应当满足个人会员50个以上，或者单位会员30个以上，或者混合会员50个以上。第二，应当有规范的名称与组织机构、固定的住所，以及与业务活动相适应的专职工作人员。第三，应当有合法的资产和经费来源。例如，全国性的社会团体法人应当有10万元以上活动资金；地方性和跨行政区域的有3万元以上活动资金。再者，应当经业务主管单位同意。最后，应当有独立承担民事责任的能力。

设立社会团体法人，应当依法制定法人章程。社会团体法人还应当设会员大会或者会员代表大会等权力机构。社会团体法人应当设理事会等执行机构。社会团体法人由理事长或者会长等负责人按照法人章程的规定担任法定代表人（《民法典》"总则"编第91条）。

3. 捐助法人

捐助法人是指经依法登记成立的，为公益目的以捐助财产设立的基金会、社会服务机构等非营利法人（《民法典》"总则"编第92条）。②

捐助法人成立必须经过登记。捐助法人应当制定法人章程，设决策机构（如理事会、③民主管理组织等）、监督机构（如监事会等）以及执行机构。其负责人（如理事长等）按照法人章程的规定担任法定代表人（《民法典》"总则"编

---

① 例如全总工会、全国妇联、中国文联、中国科协、全国侨联、中国作协、中国法学会、对外友协、贸促会、中国残联、宋庆龄基金会、中国记协、全国台联、黄埔军校同学会、外交学会、中国红十字总会、欧美同学会等。

② 参见罗昆：《捐助法人组织架构的制度缺陷及完善进路》，《法学》2017年第10期，第51—62页。

③ 有观点认为《民法典》关于捐助法人决策机构的规定应当解读为弹性条款，基于捐助人的意愿，作为决策机构的理事会可以为意思决定机构，也可以为意思表达机构。参见李晓倩：《捐助法人治理的中国逻辑——以基金会决策机构为中心的考察》，《当代法学》2018年第4期，第69—79页。

第 93 条)。

捐助人有权向捐助法人查询捐助财产的使用、管理情况,并提出意见和建议,捐助法人应当及时、如实答复。捐助法人的决策机构、执行机构或者法定代表人作出决定的程序违反法律、行政法规、法人章程,或者决定内容违反法人章程的,捐助人等利害关系人或者主管机关可以请求人民法院撤销该决定。但是,捐助法人依据该决定与善意相对人形成的民事法律关系不受影响(《民法典》"总则"编第 94 条)。

在我国,捐助法人包括基金会、社会服务机构和宗教活动场所。

(1) 基金会

基金会是指利用自然人、法人或者其他组织捐赠的财产,以从事公益事业为目的,依法成立的非营利性法人(《基金会管理条例》第 2 条)。

A. 基金会的类型

基金会分为公募基金会和非公募基金会。公募基金会,即面向公众募捐的基金会。公募基金会组织募捐,应当向社会公布募得资金后拟开展的公益活动和资金的详细使用计划(《基金会管理条例》第 25 条 2 款)。其每年用于从事章程规定的公益事业支出,不得低于上一年总收入的 70%(《基金会管理条例》第 29 条)。用私人财产设立的公募基金会,具有近亲属关系的不得同时在理事会任职(《基金会管理条例》第 20 条第 2 款)。

按照募捐的地域范围,公募基金会又分为全国性公募基金会和地方性公募基金会。设立时,全国性公募基金会的原始基金不低于 800 万元人民币,地方性公募基金会的原始基金不低于 400 万元人民币(《基金会管理条例》第 8 条)。全国性公募基金会的登记管理工作由国务院民政部负责;地方性公募基金会原则上由其所在行政区域的省、自治区、直辖市人民政府民政部门负责登记管理工作(《基金会管理条例》第 6 条)。

非公募基金会,即不得面向公众募捐的基金会。根据《基金会管理条例》的规定,设立时,非公募基金会的原始基金不低于 200 万元人民币(第 8 条);非公募基金会每年用于从事章程规定的公益事业支出,不得低于上一年基金余额的 8%(第 29 条);用私人财产设立的非公募基金会,相互间有近亲属关系的基金会理事总数不得超过理事总人数的 1/3(第 20 条)。非公募基金会的登记管理工作原则上由省、自治区、直辖市人民政府民政部门负责。作为例外,拟由非内地居民担任法定代表人的基金会,原始基金超过 2 000 万元、发起人向国务院民政部门提出设立申请的非公募基金会,由国务院民政部负责(第 6 条)。

B. 基金会的组织机构

基金会设有决策机构、执行机构和监督机构。

a. 决策机构

基金会的决策机构是理事会(《基金会管理条例》第 21 条)。

理事会依法行使章程规定的职权。理事会每年至少召开 2 次会议。理事会会议须有 2/3 以上理事出席方能召开;理事会决议须经出席理事过半数通过方为有效。下列重要事项的决议,须经出席理事表决,2/3 以上通过方为有效:章程的修改;选举或者罢免理事长、副理事长、秘书长;章程规定的重大募捐、投资活动;基金会的分立、合并。理事会会议应当制作会议记录,并由出席理事审阅、签名(《基金会管理条例》第 21 条)。

理事为 5 人至 25 人,任期由章程规定,但每届任期不得超过 5 年;任期届满,连选可以连任。在基金会领取报酬的理事不得超过理事总人数的 1/3。用私人财产设立的非公募基金会,相互间有近亲属关系的基金会理事,总数不得超过理事总人数的 1/3;其他基金会,具有近亲属关系的不得同时在理事会任职(《基金会管理条例》第 20 条)。

基金会理事遇有个人利益与基金会利益关联的情形时,不得参与相关事宜的决策;基金会理事及其近亲属不得与其所在的基金会有任何交易行为。未在基金会担任专职工作的理事不得从基金会获取报酬(《基金会管理条例》第 24 条)。

理事会设理事长、副理事长和秘书长,均从理事中选举产生。基金会理事长、副理事长和秘书长不得由现职国家工作人员兼任。因犯罪被判处管制、拘役或者有期徒刑,刑期执行完毕之日起未逾 5 年的,因犯罪被判处剥夺政治权利正在执行期间或者曾经被判处剥夺政治权利的,以及曾在因违法被撤销登记的基金会担任理事长、副理事长或者秘书长,且对该基金会的违法行为负有个人责任,自该基金会被撤销之日起未逾 5 年的,不得担任基金会的理事长、副理事长或者秘书长。担任基金会理事长、副理事长或者秘书长的香港居民、澳门居民、台湾居民、外国人以及境外基金会代表机构的负责人,每年在中国内地居留时间不得少于3个月(《基金会管理条例》第23条、第24条)。

b. 执行机构

理事长是基金会的法定代表人。基金会的法定代表人不得同时担任其他组织的法定代表人。公募基金会和原始基金来自中国内地的非公募基金会的法定代表人,应当由内地居民担任(《基金会管理条例》第20条、第23条)。

c. 监督机构

基金会设监事。监事任期与理事任期相同。理事、理事的近亲属和基金会财会人员不得兼任监事。监事依照章程规定的程序检查基金会财务和会计资料,监督理事会遵守法律和章程的情况。监事列席理事会会议,有权向理事会提出质询和建议,并应当向登记管理机关、业务主管单位以及税务、会计主管部门反映情况(《基金会管理条例》第22条)。

监事不得从基金会获取报酬;监事及其近亲属不得与其所在的基金会有任何交易行为(《基金会管理条例》第23条)。

C. 基金会的活动与财务管理

根据《基金会管理条例》的规定,基金会依照章程从事公益活动,应当遵循公开、透明的原则(第5条)。设立时,原始基金必须为到账货币资金(第8条)。基金会工作人员工资福利和行政办公支出不得超过当年总支出的10%(第29条)。基金会开展公益资助项目,应当向社会公布所开展的公益资助项目种类以及申请、评审程序(第30条)。境外基金会代表机构不得在中国境内组织募捐、接受捐赠(第25条)。

(2) 社会服务机构(民办非企业单位)

社会服务机构,早期被称为"民办非企业单位"。依据《民办非企业单位登记管理暂行条例》(以下简称《暂行条例》)的规定,民办非企业单位"是指企业事业单位、社会团体和其他社会力量以及公民个人利用非国有资产举办的,从事非营利性社会服务活动的社会组织"(第2条)。成立民办非企业单位,应当经其业务主管单位审查同意,并依照条例之规定在民政部门进行登记(第3条、第5条)。

准予登记的民办非企业单位,由登记管理机关登记民办非企业单位的名称、住所、宗旨和业务范围、法定代表人或者负责人、开办资金、业务主管单位,并根据其依法承担民事责任的不同方式,分别发给"民办非企业单位(法人)登记证书""民办非企业单位(合伙)登记证书""民办非企业单位(个体)登记证书"(第12条)。

可见,民办非企业单位可以登记为法人。《暂行条例》没有涉及民办非企业单位清算后的剩余财产分配问题。根据2016年修订后的《民办教育促进法》第59条的规定,在清算阶段,"非营利性民办学校"清偿"债务后的剩余财产继续用于其他非营利性学校办学"。如果此规定也推广至其他民办非企业单位,那么民办非企业法人当属非营利性法人。

(3) 宗教活动场所

根据《民法典》"总则"编第92条的规定,依法设立的宗教活动场所,具备法人条件的,可以申请法人登记,取得捐助法人资格。法律、行政法规对宗教活动场所有规定的,依照其规定。

宗教活动场所①包括寺观教堂和其他固定宗教活动处所(《宗教事务条例》第19条)。宗教活动场所符合法人条件的,经所在地宗教团体同意,并报县级人民政府宗教事务部门审查同意后,可以到民政部门办理法人登记(《宗教事务条例》第23条)。

宗教活动场所对依法占有的属于国家、集体所有的财产,依照法律和国家有关规定管理和使用;对其他合法财产,依法享有所有权或者其他财产权利。作为非营利性组织,其财产和收入应当用于与其宗旨相符的活动以及公益慈善事业,不得用于分配(《宗教事务条例》第49、52条)。

(三) 特别法人

《民法典》"总则"编第96条规定了四种特别法人,分别是:机关法人、农村集体经济组织法人、城镇农村的合作经济组织法人和基层群众性自治组织法人。

1. 机关法人

机关法人是指因行使职权的需要而获得法人资格的国家机关。对于机关法

---

① 国务院《宗教事务条例》规定了三类与宗教事务相关的非营利性组织:宗教团体、宗教院校、宗教活动场所。宗教团体、宗教院校不属于捐助法人。参见冯玉军:《我国宗教法人制度的立法完善》,《华东政法大学学报》2017年第2期,第40—51页。宗教团体属于社会团体法人范畴。宗教院校的设立由全国性宗教团体或者省、自治区、直辖市宗教团体,向国务院或省级宗教事务部门提出申请。其他任何组织或者个人不得设立宗教院校(《宗教事务条例》第11条)。宗教院校可以按照有关规定申请法人登记(《宗教事务条例》第14条)。

人,需要把握如下几点:第一,机关法人依据各种组织法设立,因此没有章程。有独立经费的机关和承担行政职能的法定机构从成立之日起具有机关法人资格,可以从事为履行职能所需要的民事活动(《民法典》"总则"编第97条)。第二,机关法人有独立的财政预算经费,行使国家权力。这是机关法人的重要特点。第三,机关法人通常指各级人大、国务院与地方各级人民政府、各级法院、检察院、中央军委和独立编制的各级军事组织。第四,机关法人被撤销的,法人终止,其民事权利和义务由继任的机关法人享有和承担;没有继任的机关法人的,由作出撤销决定的机关法人享有和承担(《民法典》"总则"编第98条)。

2. 农村集体经济组织法人

农村集体经济组织依法取得法人资格。法律、行政法规对农村集体经济组织有规定的,依照其规定(《民法典》"总则"编第99条)。

3. 城镇农村的合作经济组织法人

城镇农村的合作经济组织依法取得法人资格。法律、行政法规对城镇农村的合作经济组织有规定的,依照其规定(《民法典》"总则"编第100条)。

4. 基层群众性自治组织法人①

居民委员会、村民委员会具有基层群众性自治组织法人资格,可以从事为履行职能所需要的民事活动。未设立村集体经济组织的,村民委员会可以依法代行村集体经济组织的职能(《民法典》"总则"编第101条)。

二、学理分类

(一)公法人和私法人

以法人设立的目的及所依据的法律为标准,可将法人分为公法人和私法人。

设立公法人的目的与公权力相关联,因此其设立的依据和规范为公法,而非民法。但是为了行使公权力,公法人也常进入民事领域,如购买办公用品、节日慰问品、工作用餐等,在这种情况下,公法人与其他民事主体地位平等,与其他民事主体适用同样的交易规则。

---

① 参见江苏省泰州市中级人民法院(2017)12民终312号"江苏泰州中院裁定靖江市西来镇东升村下东村民小组与赵九青等请求确认协议无效纠纷案":村民小组的合法权益受到他人侵害时,村民小组长可作为诉讼代表人以村民小组的名义提起诉讼,但起诉和行使权利属于涉及村民利益的重要事项,村民小组长在行使该项诉讼权利前,必须经过村民委员会决定通过,履行民主议定程序。

换言之,无论民法是否规定公法人,都不意味着公法人可以在民法上获得超越其他民事主体的特殊地位。①

(二) 社团法人和财团法人

以法人成立的基础为标准,可将法人分为社团法人和财团法人。这是大陆法系民法对法人的最基本的分类,对深化法人的认识有重要意义。②

社团法人是以人为基础而集合成的法人。如公司为股东之集合,工会为会员之集合。社团法人的成员被称为"社员",有时也被称为"会员"。需要注意的是,"社团法人"和"社会团体法人"不是同样的概念,二者互有交叉。

财团法人是以财产为基础而集合成的法人,其主要形式是基金会。我国《民法典》中的"捐助法人"当属于此种类型。

社团法人与财团法人的实质区别是,前者为"人与财产的结合",后者为"财产的结合",由此,派生出如下四方面的差异:

第一,是否有社员不同。社团法人拥有社员,财团法人则不由社员构成。

第二,法人机关不同。社团法人有社员,因此有形成社员"团体意思"的机关。财团法人没有社员,因此无意思机关。财团法人作为他律法人,参与民事活动须以捐赠人的意思进行。

第三,设立人的权利地位不同。社团法人的社员有社员权,而财团法人的捐赠人无社员权。

第四,法人的目的事业不同。社团法人既可以从事公益事业(如工会),也可从事营利事业(如公司)。财团法人没有社员可以分享利益,因此财团法人只可能是基于公益事业而独立存在。

(三) 营利法人、公益法人和中间法人

以设立法人的目的事业为标准,可将法人分为营利法人、公益法人和中间法人。

---

① 机关法人从事的民事活动包括代表国家成为经营性国有资产的出资人、对其直接支配的不动产和动产的依法处分、在合乎财政制度下的购买及修造、代表国家承担赔偿责任及国有不动产的管理者侵权责任、特定情形下的保证人,雇用正式编制之外的员工而与被雇用者签订劳动合同或雇佣合同等。公法人须遵循公法法理同时不违背民法法理。参见屈茂辉:《机关法人制度解释论》,《清华法学》2017年第5期,第128—138页。

② 民法典中的法人分类,是以营利与非营利法人之分为主要表现形式的功能性分类,与以社团与财团法人之分为主要表现形式的结构性分类相互兼容而成的复合体系。参见张力:《法人功能性分类与结构性分类的兼容解释》,《中国法学》2019年第2期,第148—166页。

营利法人的目的是获得利益并将利益分配给成员。

公益法人不以获得利益为目的,而是以公益为目的;或者虽获得利益,但不将获益分配给成员。公益法人可能从事宗教、慈善、学术、技艺等活动。①

中间法人既不以营利为目的,也不以公益为目的,如老乡会、同学会等。

(四)本国法人与外国法人

以法人登记地为标准,可将法人分为本国法人与外国法人。

原则上,外国法人享有国民待遇,民事权利能力和民事行为能力与本国法人基本一致,但也存在例外:一是基于国家经济安全和民生的考虑,外国法人的权利能力可能会受到法律限制,如被禁止从事能源开采、禁止参与国防工业、限制雇佣劳动者;二是外国法人可能会在某些场合享有优惠待遇,如税收减免、允许用外汇结算。

第三节 法人的组织机构

一、法人与其社员、捐助人的关系

法人以其社员(对捐助法人以外的其他法人、学理上的社团法人而言)或者捐助的财产(对捐助法人、学理上的财团法人而言)为基础,但法人与其社员、捐助人具有不同的人格,财产、责任各自分开。

财团法人的捐助人通过章程进行决策,社团法人的社员通过社员大会对法人进行决策。社团法人的社员享有社员权,但社员对社团法人的管理并非直接的,只能依照法人的章程,通过法人机关参与对法人的管理。社员身份的获得有四种方式:设立行为、加入、接受股权转让和继承。

二、法人的内部组织机构:法人机关

(一)法人机关的概念

法人机关是根据法律或法人章程的规定,由自然人构成的法人的要素。

---

① 公益性法人的利益主要是非经济福利,其归属于第三方,体现高度利他性。参见张新宝、汪榆淼:《论"为其他非营利目的"成立的法人》,《法学评论》2018年第4期,第1—16页。

法人机关具有对内管理法人事务,或对外代表法人参与民事活动、为民事行为的职能。

(1) 法人机关由自然人组成。法人机关可以是由自然人一人担任(如法定代表人),也可以是由多个自然人集体组成(如董事会)。自然人具有独立人格,但在作为机关之成员,以机关名义实施行为时,自然人的人格被法人吸收,不再代表自己。①

(2) 法人的类型决定法人机关的种类。例如,有限责任公司的法人机关,包括股东会、董事会或执行董事、监事会或监事和法定代表人;股份有限公司的法人机关,包括股东大会、董事会、监事会和法定代表人;基金会与社会服务机构的法人机关是理事会、监事和法定代表人。

(3) 法人机关不具有独立人格。法人机关不同于代理人,法人机关不能成为民事权利义务的主体,法人机关的行为即法人的行为。法人机关之于法人,犹如大脑、手脚、五官之于自然人,法人机关不能游离于法人之外而存在。

(4) 法人机关的活动具有永续性。法人机关不可变更、不可或缺,但是构成机关的自然人(担当人)可以变更、一时缺位。例如,董事、董事长、监事换人,不等于董事会、监事会发生了变更。

(二) 法人机关的种类

法人机关的设置普遍具有多元性,即法人的各职能分属于不同的机关,如意思机关、执行机关、代表机关和监督机关。宏观上看,在多元机关的所有机关中,只有"代表机关"是对外机关,其他机关均为内部机关。执行机关(对内执行)和代表机关(对外代表)是一切法人的必要机关。

1. 意思机关

意思机关,即法人意思的形成机关,也称"权力机关""决策机关",为社团法人所特有。财团法人没有意思机关。社团法人的意思机关由全体"社员"构成,称为"社员大会"或"社员代表大会"。对公司而言,"社员"习称为"股东"。在我国,有限责任公司的意思机关是股东会,股份有限公司的意思机关是股东

① 通说多以法人机关理论为由否认董事等对第三人的责任。也有观点认为法人机关理论的功能在于解决法人这一组织体在法律上的行为活动和责任承担问题,而不在于排除董事等法人机关成员对第三人的民事赔偿责任。参见王长华:《公司法人机关理论的再认识——以董事对第三人的责任为视角》,《法学杂志》2020年第6期,第50—58页。

大会。

2. 执行机关

执行机关,即执行法人意思的机关。任何法人都必须有执行机关。社团法人的执行机关可能由单个自然人担任,如执行董事或执行理事;也可能由自然人团体担任,如董事会、理事会。① 财团法人的执行机关通常是自然人团体,如理事会。

3. 代表机关

代表机关,即法人的意思表示机关。代表机关是对外代表法人为意思表示、进行民事活动的机关,有时也称"法人代表""代表"。代表机关是法人的唯一对外机关,犹如自然人的喉舌。

我国民法规定的法人代表机关只能是一个自然人,因此又称为"法定代表人"。法定代表人的产生和确定并非完全"法定"。《民法典》"总则"编第61条规定:"依照法律或者法人章程的规定,代表法人从事民事活动的负责人,为法人的法定代表人。"《公司法》第13条规定:"公司法定代表人依照公司章程的规定,由董事长、执行董事或者经理担任,并依法登记。公司法定代表人变更,应当办理变更登记。"②由此可见,谁担任法人代表是由法人意思机关决定的,也就是约定的,法人意思机关在该事项上具有一定程度的自由。"法定代表人"的"法定"二字容易让人误解。当然,在现实生活中,法定代表人一般是执行机关的主要负责人。

法定代表人必须是完全民事行为能力人,并满足相应的消极条件。例如,根据《企业法人法定代表人登记管理规定》第4条③的禁止性规定,正在被执行

---

① 司法实践中,对经理以公司名义实施民事行为引起的讼争存在着代表行为和代理行为两种裁判思路。参见钱玉林:《经理地位的法律逻辑分析》,《法学》2010年第8期,第39—46页。
② 有关代表机关的构成,有不同的立法例。例如,在采取共同代表制的德国,代表机关是董事会。
③ 其第4条规定:"有下列情形之一的,不得担任法定代表人,企业登记机关不予核准登记:
(一)无民事行为能力或者限制民事行为能力的;
(二)正在被执行刑罚或者正在被执行刑事强制措施的;
(三)正在被公安机关或者国家安全机关通缉的;
(四)因犯有贪污贿赂罪、侵犯财产罪或者破坏社会主义市场经济秩序罪,被判处刑罚,执行期满未逾五年的;因犯有其他罪,被判处刑罚,执行期满未逾三年的;或者因犯罪被判处剥夺政治权利,执行期满未逾五年的;
(五)担任因经营不善破产清算的企业的法定代表人或者董事、经理,并对该企业的破产负有个人责任,自该企业破产清算完结之日起未逾三年的;
(六)担任因违法被吊销营业执照的企业的法定代表人,并对该企业违法行为负有个人(转下页)

刑罚、刑事强制措施的,正在被公安机关或国家安全机关通缉的,未清偿数额较大的债务的自然人等,不得担任法定代表人,企业登记机关不予核准登记。

法定代表人的意思表示的效力归于法人。法人代表在代表法人对外为意思表示时,不代表自己,其自然人人格已被法人吸收。法定代表人以法人名义从事的民事活动,其法律后果由法人承受(《民法典》"总则"编第61条第2款)。即使代表人变更,也不影响该意思表示的效力。例如,前法人代表与他人订立的合同,并不因其离职而无效;后法人代表拒绝履行,仍是法人的不履行。法定代表人因执行职务造成他人损害的,由法人承担民事责任;法人承担民事责任后,依照法律或者法人章程的规定,可以向有过错的法定代表人追偿(《民法典》"总则"编第62条)。

那么,如果法定代表人有越权行为,行为是否有效?法律效果如何归属?实际上,法定代表人的代表权限原则上及于法人的一切事务。根据《民法典》"总则"编第61条第3款的规定,法人可以通过章程及其权力机构对代表权限加以限制,但此种限制不得对抗善意第三人。《民法典》"合同"编第504条也明确规定,法人的法定代表人或者非法人组织的负责人超越权限订立的合同,除相对人知道或者应当知道其超越权限外,该代表行为有效,订立的合同对法人或非法人组织发生效力。①

4. 监督机关

监督机关,即对法人内部运作进行监督的机关。监督机关不是所有法人必设的机关,但是公司必设的机关。监督机关可以是单个自然人(如监事),也可以是团体(如监事会)。

三、法人的分支机构

法人的分支机构,指法人在某一区域设置的、开展法人部分业务的派出机构,如银行的分行,总公司的分公司、营业部,工厂的车间、财务部,某些机构的联络处、办事处等。对于法人的分支机构,须注意如下几点。

(接上页)责任,自该企业被吊销营业执照之日起未逾三年的;

(七)个人负债数额较大,到期未清偿的;

(八)有法律和国务院规定不得担任法定代表人的其他情形的。"

① 参见崔建远:《论外观主义的运用边界》,《清华法学》2019年第5期,第5—17页。

(1) 法人分支机构不同于法人的内部机构,其通常在组织形式上与法人相对独立。法律、行政法规规定分支机构应当登记的,依照其规定。以营利法人为例,其分支机构经过工商登记,取得营业执照后,可以分支机构的名义开展经营活动,参加民事诉讼。

(2) 分支机构没有独立的财产。分支机构虽有可支配的财产,但这些财产在法律上属于设立该分支机构的法人;分支机构进行民事活动所发生的债务,最终也由法人负责。"分支机构以自己的名义从事民事活动,产生的民事责任由法人承担;也可以先以该分支机构管理的财产承担,不足以承担的,由法人承担。"(《民法典》"总则"编第74条第2款)

(3) 法人分支机构是法人的组成部分,不具有独立人格。①

第四节 法人的设立、变更和终止

一、法人的设立

(一) 法人的设立模式

法人不同于自然人,其有多种设立方式。不是所有的法人都以同样的方式诞生。

1. 法人设立的不同模式

(1) 自由设立模式。按此种模式,法人可以任意设立,无须审查。这是一种完全放任的模式。

(2) 准则主义或注册登记主义模式。按此种模式,申请设立的法人经主管机关形式审查后,满足法律规定的条件,即可予以登记。这是一种较为开放的模式,申请设立的法人仅需达到法律设定的界线。

(3) 核准主义或行政许可主义模式。按此种模式,申请设立的法人须满足法律规定的条件,且主管机关有权审核决定是否批准其设立。这是一种半开放半封闭的模式,申请设立的法人不仅要达到法律设定的界线,还需通过主

---

① 参见谭启平:《中国民法典法人分类和非法人组织的立法构建》,《现代法学》2017年第1期,第76—93页。

管机关的精细审核,方才予以登记。

(4) 特许主义模式。按此种模式,法人必须依据专门针对该法人的法律,以及依据权力机关的特许方能设立。这是一种封闭的模式,曾盛行于17世纪至19世纪的欧洲。按特许主义设立的法人有如英国广播公司(BBC)。

(5) 强制主义模式。在此种模式下,法律规定某些情况下必须设有某类法人,以求实践某项政策。

在上述模式中,理论上,准则主义和核准主义更适合私法领域。前者适合营利法人,后者适合公益法人。

2. 我国法人的设立模式

《民法典》"总则"编第58条规定:"法人应当依法成立。法人成立的具体条件和程序,依照法律、行政法规的规定。设立法人,法律、行政法规规定须经有关机关批准的,依照其规定。"因此,法人的设立模式有多种可能,端视法律、行政法规的规定。

具体而言,在营利法人中,公司的设立一般采准则主义。① 在非营利法人中,事业单位法人的设立采特许主义,社会团体法人、捐助法人的设立采特许主义或核准主义。特别法人采特许主义。

3. 设立人的责任

设立人为设立法人而产生的民事权利义务关系由法人承受;法人未成立的,其法律后果由设立人承受,设立人为二人以上的,享有连带债权,承担连带债务。②

设立人为设立法人以自己的名义从事民事活动产生的民事责任,第三人有权选择请求法人或者设立人承担(《民法典》"总则"编第75条)。

(二) 法人的设立条件

根据《民法典》"总则"编第58条的规定,法人的设立需要满足以下条件。

1. 依法设立

"依法设立"包含两层含义。首先,须有设立法人的法律规范,否则不得设

---

① 我国基于"鼓励投资"的理念在2005年修改了《公司法》,将股份有限公司的设立原则从许可主义改为准则主义,并且允许依准则主义设立一人有限责任公司,有了现在较普遍适用于整个营利法人的准则主义设立原则。参见罗昆:《我国民法典法人基本类型模式选择》,《法学研究》2016年第4期,第119—136页。

② 发起人在设立公司过程中的行为后果并不必然归属于成立后的公司,只有那些为设立公司而必要的行为后果才自然归属于成立后的公司。参见徐强胜:《设立中的法人制度的功能及缺陷——兼评〈民法总则〉第75条》,《法学杂志》2017年第4期,第10—21页。

立。例如,《公司法》是设立公司需要遵循的法律规范,《普通高等学校设置暂行条例》是开办大学需要遵循的法律规范。

其次,须符合设立法人的法定程序。这些程序通常由专门规范设定,如《社会团体登记管理条例》《商业银行法》《证券法》等。

2. 有必要的财产或者经费

之所以作此要求,是因为法人财产是法人参加民事活动、承担民事责任的物质基础。① 所谓"经费",是对非企业法人的要求,一般为货币形态,本质上仍是财产。至于何为"必要",通常由法律专门规定。《公司法》第 26 条规定:"有限责任公司的注册资本为在公司登记机关登记的全体股东认缴的出资额";"法律、行政法规以及国务院决定对有限责任公司注册资本实缴、注册资本最低限额另有规定的,从其规定"。

3. 有自己的名称、组织机构和场所

(1) 名称。机关法人的名称通常由法律直接规定。企业法人的名称必须符合《企业名称登记管理规定》。名称不同于字号。名称是必须登记的事项,在登记后,受民法保护。而字号是名称的要素,也同样受到法律保护(《民法典》"人格权"编第 1017 条)。例如,"中国全聚德(集团)股份有限公司"是企业名称,而"全聚德"是字号(商号)。

(2) 场所。《民法典》"总则"编第 63 条规定:"法人以其主要办事机构所在地为住所。"这里的"主要办事机构"是指法人的意思机构或执行机构。

(3) 组织机构。法人应当有与其类型相适应的"法人机关"。

4. 章程

虽然《民法典》"总则"编第 58 条没有对此作出要求,但这确实是除机关法人之外的法人设立时所必需的要素。②

5. 登记

所谓"登记",即在法律规定的部门完成有关法律事实的记载。在民法上,登记是落实"公示主义"法政策的一种方式。采用"公示主义"法政策的目的在于保

---

① 参见虞政平:《法人独立责任质疑》,《中国法学》2001 年第 1 期,第 127—140 页。
② 参见最高人民法院指导案例 96 号"宋文军诉西安市大华餐饮有限公司股东资格确认纠纷案":国有企业改制为有限责任公司,其初始章程对股权转让进行限制,明确约定公司回购条款,只要不违反公司法等法律强制性规定,可认定为有效。有限责任公司按照初始章程约定,支付合理对价回购股东股权,可通过转让给其他股东等方式进行合理处置。

护利害关系人。法律就某类法律事实要求当事人按照一定方式予以公开,以便利害关系人知晓,方可引起相应的法律效果。利害关系人能充分了解与之利益相关法律事实、交易相对方的有关信息,在信息充分的前提下安排民事活动。至于公示以后具体会产生什么样的法律效力,则视法律的具体规定而定。

公示的方法不限于登记,但是登记是非常普遍和重要的公示方法。例如,不动产物权变动登记、结婚登记、离婚登记,法人成立、变更、消灭的登记均属此类。多数法人的成立需要"登记",但也有例外,如机关法人通常是基于法律的规定直接设立的,不需要登记。

按照《民法典》"总则"编的规定,设立需要登记的法人,法人存续期间登记事项发生变化的,应当依法向登记机关申请变更登记(第64条)。登记机关应当依法及时公示法人登记的有关信息(第66条)。法人的实际情况与登记的事项不一致的,不得对抗善意相对人(第65条)。

二、法人的变更

广义上,法人的变更,是指法人在存续期间,其组织机构、性质、名称、住所、活动宗旨以及业务范围等重要事项发生变化。

狭义上的法人变更主要是指法人的合并与分立。

(一)法人的合并

法人的合并,有新设合并和吸收合并两种形式。

新设合并,是由原来的两个法人合并以后形成一个新的法人。

吸收合并,是原来的两个法人合并以后,仅一个法人得以保留,另一个则被其吸收。

法人合并的,其权利和义务由合并后的法人享有和承担(《民法典》第67条第1款)。①

根据《公司法》第173条的规定,公司合并的程序是,合并各方首先作出合并决议,缔结合并合同;然后通知债权人并进行公告,债权人有权要求清偿其债务或提供担保;不清偿债务或者不提供担保的,不得合并。

根据《公司法》第174条的规定,公司合并时,合并各方的债权、债务应当

---

① 参见张力:《法人与公司制度融合风险的法律控制——兼论实现国家公司公益性的法人制度支持》,《现代法学》2013年第2期,第75—92页。

由合并后存续的公司或者新设的公司承继。

（二）法人的分立

法人的分立有新设分立和派生分立两种形式。

新设分立，又称解散分立，指原来的法人经解散以后分别归入新设的两个或多个法人中，原来的法人消灭。

派生分立是从原来的法人分离出新的另外一个法人，原法人仍然存在。

法人分立的，其权利和义务由分立后的法人享有连带债权，承担连带债务，但是债权人和债务人另有约定的除外（《民法典》第67条第2款）。①

根据《公司法》第175条的规定，公司分立的程序是，公司首先作出分立决议，然后通知债权人并进行公告。根据《公司法》第176条的规定，公司分立前的债务由分立后的公司承担连带责任。但是，公司在分立前与债权人就债务清偿达成的书面协议另有约定的除外。

三、法人的终止（消灭）

法人的终止也称法人的消灭，即法人民事主体资格的丧失，或者权利能力的丧失。②

《民法典》"总则"编第68条、第69条厘清了"终止"与"解散"的区别，确定了"解散"为"终止"的一种原因。法人的终止还包括宣告破产和其他原因。《民法典》中关于解散的规定与《公司法》第180条的基本一致。

（一）法人终止的原因

《民法典》"总则"编规定，法人因为解散、被宣告破产或者法律规定的其他原因出现，并依法完成清算、注销登记的，法人终止（第68条）。因此，法人终止的原因主要有以下两种。

1. 解散

法人解散，是指法人因章程或法律规定的不能继续存在的事由发生，而停

---

① 参见柳经纬：《民法典编纂中的法人制度重构——以法人责任为核心》，《法学》2015年第5期，第12—20页。

② 参见新疆维吾尔自治区哈密地区中级人民法院（2020）新22民终265号"李军、罗雁行与哈密万源建筑工程有限公司、西安森基建设工程有限公司等买卖合同纠纷案"：根据《民法总则》第59条规定，"法人的民事权利能力和民事行为能力，从法人成立时产生，到法人终止时消灭"。万源公司于2019年2月26日注销，在办理注销登记后已不具有民事权利能力。

止其积极的活动,以便整理其未了之事务。法人解散包括如下几种情况:

(1) 被责令关闭或者被撤销。此种情形属于强制解散。如法人依法被吊销营业执照、登记证书;

(2) 法人自行解散。此种情形基于法人意思或者设立人的意思而发生。如目的实现或无法实现,法人机关决议解散,章程规定的解散事由出现,为满足法人合并或分立之需要等;

(3) 其他原因①(《民法典》"总则"编第 69 条)。

2. 破产

法人破产是指法人因丧失清偿能力、资不抵债,用其全部财产进行清偿导致的法人消灭。从广义上讲,破产也可以被认为是法人解散的一种情况,但是《民法典》将其与解散并列。②

(二) 法人的清算

法人的清算,指在法人消灭时,由依法成立的清算组织清理并消灭法人的全部法律关系。

清算包括破产清算和非破产清算,前者由破产法加以规范,后者由民法、公司法等进行规定。

法人被宣告破产的,依法进行破产清算并完成法人注销登记时,法人终止(《民法典》"总则"编第 73 条)。

法人解散的,除合并或者分立的情形外,清算义务人应当及时组成清算组进行清算。③ 清算结束并完成法人注销登记时,法人终止;依法不需要办理法人登记的,清算结束时,法人终止(《民法典》"总则"编第 70 条、第 72 条)。

在非破产清算中,需要注意区分"清算法人""清算人""清算义务人"的概念。

---

① 参见最高人民法院指导案例 8 号"林方清诉常熟市凯莱实业有限公司、戴小明公司解散纠纷案";《公司法》第 183 条将"公司经营管理发生严重困难"作为股东提起解散公司之诉的条件之一。判断"公司经营管理是否发生严重困难",应从公司组织机构的运行状态进行综合分析。公司虽处于盈利状态,但其股东会机制长期失灵,内部管理有严重障碍,已陷入僵局状态,可以认定为公司经营管理发生严重困难。

② 参见马骏驹:《法人制度的基本理论和立法问题之探讨(下)》,《法学评论》2004 年第 6 期,第 24—37 页。

③ 参见苏州工业园区人民法院(2016)苏 01 破 1 号"南京华浦高科建材有限公司与江苏卓典建筑技术开发有限公司申请破产清算纠纷案":有限责任公司解散事由出现后,公司股东未履行清算义务,在公司进入破产清算程序后,拒不移交财产、印章及账簿等资料的,人民法院可以对责任人处以罚款,并在终结裁定中告知债权人依法追究清算义务人的相关责任。

1. 清算法人

清算法人,指已解散且处在清算过程中的法人。清算法人与解散前法人为同一人格。当然,理论上还有其他学说,如清算法人说。《民法典》"总则"编第72条规定:清算期间法人存续,但是不得从事与清算无关的活动。法人清算后的剩余财产,按照法人章程的规定或者法人权力机构的决议处理。法律另有规定的,依照其规定。与解散前法人相比,清算法人的权利能力、行为能力减缩到清算的必要范围内,只能用以了结未了结之事务。

清算结束并完成法人注销登记时,法人终止;依法不需要办理法人登记的,清算结束时,法人终止(《民法典》"总则"编第72条),因此不经清算,法人不消灭。

2. 清算义务人

根据《民法典》"总则"编第70条、第71条的规定,法人解散的,除合并或者分立的情形外,清算义务人应当及时组成清算组进行清算。法人的董事、理事等执行机构或者决策机构的成员为清算义务人。法律、行政法规另有规定的,依照其规定。清算义务人未及时履行清算义务,造成损害的,应当承担民事责任;主管机关或者利害关系人可以申请人民法院指定有关人员组成清算组进行清算。①

3. 清算人

清算人又称清算组织,指执行清算事务的自然人或组织。其对内执行清算职务,对外代表清算法人。清算人的职责,包括了结现务、收取债权、清偿债务、剩余财产移交、注销登记与公告。法人自注销登记之日起消灭。根据《民法典》"总则"编第71条的规定,清算组职权,依照有关法律的规定;没有规定的,参照适用《公司法》。②

第五节　法人的民事能力

法人的民事权利能力和民事行为能力,从法人成立时产生,到法人终止时

---

① 参见梁上上:《有限公司股东清算义务人地位质疑》,《中国法学》2019年第2期,第260—278页;王欣新:《论清算义务人的义务及其与破产程序的关系》,《法学杂志》2019年第12期,第24—31页。

② 参见最高人民法院指导案例9号"上海存亮贸易有限公司诉蒋志东、王卫明等买卖合同纠纷案":有限责任公司的股东、股份有限公司的董事和控股股东,应当依法在公司被吊销营业执照后履行清算义务,不能以其不是实际控制人或者未实际参加公司经营管理为由,免除清算义务。

消灭(《民法典》"总则"编第59条)。与自然人相比,法人的民事能力的关注点通常集中在其范围,而非其取得与消灭的时间。

一、法人的民事权利能力

法人的民事权利能力,是法人作为民事主体所具有的参与民事法律关系并且取得民事权利和承担民事义务的资格。

法人的民事权利能力与自然人的民事权利能力存在区别:一是产生消灭的时间不同,二是内容(范围)不同。第二点不同尤为重要。具体而言,与自然人相比,法人的权利能力受到以下限制。

1. 基于法人性质的限制

基于法人自身性质的限制,法人的权利能力仅涉及财产性的权利和义务的资格,不涉及以身体为客体的权利(如生命权、健康权、身体权、自由权、贞操权)和身份关系(如婚姻、亲属、继承)。传统理论下,法人也不享有精神损害赔偿请求权。《民事侵权精神损害赔偿责任若干问题的解释》第5条规定:法人或者其他组织以人格权利遭受侵害为由,向人民法院起诉请求赔偿精神损害的,人民法院不予受理。

不过,法人是否享有姓名权、名誉权等权利?这些权利是人格权还是财产权?以及法人有无人格权?对于这些问题,理论上存有争议。《民法典》承认了法人具有人格权,不过法人人格权也同时受制于自身性质,具有不同于自然人的特点。

2. 基于法律的限制

法人在社会经济生活中的影响力和作用力远超过自然人,因此法律不得不对法人的活动范围加以限制;从民法的技术角度而言,就是对其权利能力的范围加以限制。因此,不同类型的法人具有不同的权利能力范围。

二、法人的民事行为能力

(一) 法人的行为能力

法人有无行为能力?对于这一问题,不同学说有不同立场。①

---

① 参见蔡立东:《论法人行为能力制度的更生》,《中外法学》2014年第6期,第1540—1555页;张驰:《法人能力论》,《华东政法大学学报》2009年第3期,第43—52页。

代理说基于法人拟制说,认为法人无意思能力,因此也无行为能力,只能由法定代理人为法律行为。由此公司董事长的行为仅为本人行为,只不过由于他是公司的法定代理人,根据民法的代理制度,代理人法律行为的效果归属于被代理人,即法人。

机关说秉承法人实在说,认为法人有团体意思,法人与自然人不同,不发生无行为能力、限制行为能力的问题。法人的行为能力以权利能力为前提,所以在范围上没有更多限制。法人的行为能力由其机关的行为表现出来。董事长是法人的机关,不是代理人。董事在职务上的行为,不是个人行为,而是法人的行为。

后一种学说为有力说。

(二)法人行为能力的特点

第一,法人的行为能力与权利能力同时产生,同时消灭。

第二,法人的行为能力由法人机关代表实现。[1]

(三)目的范围对法人活动的限制

法人目的,即法人设立的宗旨,由法人章程加以规定。在我国,《企业法人登记管理条例》只有登记经营范围的要求,没有登记目的的要求。《公司法》第25条和第81条规定章程应当载明的事项是"公司经营范围",也不提"目的"。由于经营范围由法人目的所决定,依据通说,我国对企业法人经营范围的限制实际上就是对法人的目的限制。同一种类型的法人,是否会因为"目的"的限制而具有不同的权利能力和行为能力?

在我国,由于原《民法通则》第42条曾规定"企业法人应当在核准登记的经营范围内从事经营",早期既有理论采"权利能力说",认为法人超过经营范围实施的行为一律无效;最高人民法院的司法解释也曾持这一观点。[2] 不过,后来司法实践已经有所转变,认为企业法人超越经营范围所签的合同原则上有效。无效的情况主要是指超越范围且违背法律规定的禁止性经营、限制性

---

[1] 有学者认为法人虽具有行为能力,但法人的行为能力仅涉及法人的意思决定,即法人的权力机关可以在何种范围内为法人形成意思,不涉及法人的意思表达。法人的意思表达需要借助于代理规则。参见蔡立东:《论法人行为能力制度的更生》,《中外法学》2014年第6期,第1553页。

[2] 例如,1987年最高人民法院《关于审理经济合同纠纷案件中具体适用经济合同法的若干问题的解答》第4条明确规定:"工商企业、个体工商户及其他经济组织应当在工商行政管理部门依法核准登记或主管机关批准的经营范围内从事正当的经营活动。超越经营范围或违反经营方式所签订的合同应认定为无效。"据此,企业能经营的业务是由有关机关列举出来的,没有列举的就不得经营。

经营和特许性经营。①

现在的主流观点认为，一律无效不利于保护交易相对人、维护交易安全，故应采行为能力限制说。换言之，法人超过经营范围实施的行为并不因此而无效。《民法典》"合同"编第 505 条规定，当事人超越经营范围订立的合同的效力，应当依照"总则"编第六章"民事法律行为"第三节"民事法律行为的效力"和"合同"编的有关规定确定，"不得仅以超越经营范围确认合同无效"。②

我们认为，以目的来限制法人的权利能力，容易引发交易一方恶意推卸责任，滋生纠纷，有碍交易安全，既对法人不利（合同无效风险），也对相对人不利（不仅存在合同无效风险，而且风险的防范成本高、精准判断不易）。法人的民事权利能力不应受到章程目的的限制，③法人享有广泛的缔约能力。

三、法人的民事责任能力

法人的民事责任能力，是指法人据以独立承担民事责任的资格。对法人本质的认识不同，对于法人是否有责任能力也会有不同见解。

法人拟制说认为，法人依法律在设立目的的范围内享有权利、承担义务，而侵权行为不属于法人目的范围内的行为，加之法人也无意思能力，所以法人没有侵权责任能力；另一方面，法人的代理人也只能代理法律行为，而不能代理侵权行为。因此，即便有侵权行为，也都是代理人个人的行为，由其个人承担。

---

① 原《关于适用〈中华人民共和国合同法〉若干问题的解释（一）》（法释〔1999〕19 号）第 10 条规定："当事人超越经营范围订立合同，人民法院不因此认定合同无效。但违反国家限制经营、特许经营以及法律、行政法规禁止经营规定的除外。"因此，合同效力一般不受当事人经营范围的影响。此规定与 1993 年 5 月 6 日最高人民法院《全国经济审判座谈会纪要》的精神是一致的，与被废止的《关于贯彻执行经济合同法若干问题的意见》和《关于在审理经济合同纠纷案件中具体适用经济合同法的若干问题的解答》的相关规定不一致。

② 《民法典》"合同"编第 504 条（原《合同法》第 50 条）规定：法人或者其他组织的法定代表人、负责人超越权限订立的合同，除相对人知道或者应当知道其超越权限的以外，该代表行为有效。对于该条所规定的"超越权限"，理论上存在不同理解：是指超出了法人的权利能力范围（越围行为）？还是指在法人的权利能力范围以内，但是超出了章程对法定代表人、负责人的权限限定（越权行为）？抑或二者兼而有之？由此，形成了权利能力限制说、行为能力限制说（通说）、代表权限制说和内部责任说。不过，法人机关超越内部权限与超越经营范围是两回事。

③ 参见最高人民法院指导案例 30 号"兰建军、杭州小拇指汽车维修科技股份有限公司诉天津市小拇指汽车维修服务有限公司等侵害商标权及不正当竞争纠纷案"。经营者是否具有超越法定经营范围而违反行政许可法律法规的行为，不影响其依法行使禁止商标侵权和不正当竞争的民事权利。《反不正当竞争法》并未限制经营者之间必须具有直接的竞争关系，也没有要求其从事相同行业。经营者之间具有间接竞争关系，行为人违背《反不正当竞争法》的规定，损害其他经营者合法权益的，也应当认定为不正当竞争行为。

总而言之,法人没有侵权责任能力。

法人实在说则认为,法人有自己的意思能力机关,有意思能力,自然也有责任能力。①

---

① 参见杨代雄:《越权代表中的法人责任》,《比较法研究》2020年第4期,第37—51页。

第三讲 非法人组织

第一节 非法人组织

"非法人组织"又称"非法人团体"或"无权利能力团体",指不具有法人资格但可以自己的名义从事活动的组织体。①

一、我国非法人组织的种类

根据《民法典》"总则"编第102条的规定,非法人组织是不具有法人资格,但是能够依法以自己的名义从事民事活动的组织,包括个人独资企业、合伙企业、不具有法人资格的专业服务机构等。

理论上,我国的非法人组织可分为三类:

(1) 非法人企业,包括非法人乡村集体企业、非法人私营企业(个人独资企业)、非法人外资企业、合伙企业。

(2) 非法人经营体,包括个体工商户、农村承包经营户、领取营业执照的个人合伙、领取营业执照的合伙型法人联营、领取营业执照的企业法人分支机构、外国公司的分支机构、行政单位或企业事业单位开办的不具有法人资格的经营实体、筹建中的公司或企业等。

(3) 非法人公益团体,包括不具有法人资格的机关、事业单位和社会团体。

二、非法人组织是否为民事主体

(一) 问题的提出

非法人组织是否为民事主体,起源于实务中的非法人组织订立合同的效

---

① 参见张其鉴:《民法总则中非法人组织权利能力之证成》,《法学研究》2018年第2期,第97—115页;张新宝、汪榆淼:《〈民法总则〉规定的"非法人组织"基本问题研讨》,《比较法研究》2018年第3期,第65—82页;郭明瑞:《民法总则中非法人组织的制度设计》,《法学家》2016年第5期,第49—59页;肖海军:《民法典编纂中非法人组织主体定位的技术进路》,《法学》2016年第5期,第24—37页。

力问题。我国原有的合同法立法和理论对合同的有效要件要求十分严格,强调缔约当事人必须具备主体资格,也就是必须具备权利能力和行为能力。在实践中,法院在审理团体订立合同纠纷时,审查当事人是否具有法人资格是必经程序。凡不具有法人资格的组织订立的合同,一律按照主体资格欠缺,认定为无效。

然而,这种做法与实际生活和商业往来的需求并不相符。在实践中,有大量的经营性组织,虽然不具有法人资格,但是按照法定条件、依照法定程序完成了登记注册,并领取了营业执照。工商登记与营业执照发放主要配合的是行政管理与监督之需要。它意味着,从监管角度看,此类团体可以直接开展经营活动。不过,登记和执照发放并不等同于确认登记注册所载明的团体具有法人主体资格,二者并不一一对应。因此,此类团体虽可从事一定的经营业务,却同时因为不具有法人资格面临订立合同的效力受到质疑的问题。

与此类似,很多非营利性组织也不具有法人资格,但为了满足自身业务与发展的需要也须签订合同。

当上述团体签订合同后,如果仅以该团体没有法人资格为由判定合同主体不合格,从而认定合同无效,机械地强调合同主体法人资格的欠缺,对实际经营活动的展开会造成诸多不便,与当事人真实意图不相符,不利于交易的便利与灵活。

(二) 早期立法和司法的发展

针对这种情况,我国司法、立法分别采取了相应的对策。在司法上,越来越多的司法判决认定了非法人组织签订的合同的法律效力。在立法上,也出现了一系列的发展:1991年《民事诉讼法》第49条确认了"非法人组织"的诉讼主体资格。1995年《担保法》规定,法人分支机构在授权范围内,可以以自己的名义订立合同。这实际上在立法上承认了法人分支机构的合同订立主体资格。1999年《合同法》第2条规定,自然人、法人之外的"其他组织"(非法人组织),也可以成为合同主体。其第50条在规定法定代表人的越权行为时,将"其他组织的负责人"与"法定代表人"并列,从而在立法上进一步明确了"非法人组织"的合同主体资格。

由此,依法设立的非营利性组织和取得营业执照的营利性组织,虽然不具有法人资格,不能独立承担财产责任,但具有合同当事人地位和诉讼地位,可以自己的名义订立合同和履行合同。

(三) 理论探讨

应如何认识"非法人组织"的性质和法律地位？是否是自然人、法人之外的第三类民事主体？对此，产生了严重分歧，存在肯定说和否定说。

肯定说认为，非法人组织为第三类民事主体，具有权利能力和行为能力。其与法人的实质差异仅仅在于非法人组织不具有完全的民事责任能力，当非法人组织不能清偿债务时，由其设立人或者开办单位法人或者上级承担连带责任，而在其他的方面与法人并没有什么差别。非法人组织有组织结构、宗旨、名称；可以独立订立合同、有相对独立的财产；可以成为诉讼主体；还有名誉权、姓名权等人格权。因此，非法人组织在一定范围内具有权利能力和行为能力。

反对者指出，肯定说的基本逻辑值得商榷。按照肯定说的逻辑，非法人组织和法人在民事权利能力和行为能力方面并不存在本质区别。但是实际上，非法人组织能以自己的名义订立合同，不意味着其具有了权利能力和行为能力，也不意味着其具有民事主体资格，为民事主体。换言之，合同主体资格与民事主体资格不应等同。

否定说认为，诚然，非法人组织能以自己的名义订立合同，但其是否为民事主体，是否具有民事权利能力和行为能力，关键还是看如何理解"权利能力""行为能力"和"责任能力"的概念。如果将"权利能力"理解为自己享有权利和承担义务的资格，将"行为能力"理解为通过自己的法律行为为自己设定权利和义务的能力，将责任能力理解为自己承担民事责任的能力，那么非法人组织既不具有权利能力和行为能力，也不具有责任能力。

针对肯定说，否定说从"立"和"破"两个方面进行了分析。

(1) 否定说认为，非法人组织不具有民事主体资格，主要有如下几个原因：第一，非法人组织尽管拥有一定的财产，但它不是财产的所有人。例如，个人合伙财产为合伙的自然人共有；第二，非法人组织以自己名义履行的义务，实质上也非"其本人的义务"，更不要说责任承担了；第三，非法人组织本身并不享有财产所有权，因此不是用自己的财产清偿债务，而是用他人的财产清偿他人的债务。

(2) 否定说回应了为何不具有主体资格还能够成为合同订立主体和诉讼主体。否定说指出，这不过是反映了经济生活发展的需要。这种所谓的"主体资格"仅具有形式上的意义，是法律赋予需要交易并适合作为交易主体的组织以交易主体(合同当事人)的资格,使之可以以自己的名义独立订立合同、行使合同权利、履行合同义务。但是,这种形式上的"主体资格"并不一定意味着法律同时也赋予了实质的人格。此类团体并不具有作为社会经济生活的实体而存在的完全的法律人格,不能独立地成为财产的所有人承担最终的法律义务,团体的财产、责任与其设立人的财产、责任在实质上并未分离。

简言之,为经济生活展开之便利和顺畅,法律承认非法人组织形式上的主体地位,但这并不等于承认其独立的法律人格,不等于承认其民事权利能力、行为能力和责任能力,因此,非法人组织不具有实质上的"主体资格"。

三、与合同型民事合伙的差异

非法人组织,是无权利能力的社团,最终承担责任的是其出资人,因此,从最终责任承担的角度看,可以准用有关合伙的规定。以此种社团名义对第三人实施的法律行为,由行为人自己负责,行为人有数人时,负连带责任。

不过,除了最终责任承担以外,非法人组织与一般合同型合伙的区别还是明显的,更靠近法人。

非法人组织不同于普通的合同型民事合伙,常表现在如下几个方面:

(1) 内部成员的相互关系。非法人组织成员的加入或退出需要按照章程或内部规章,对团体的存续不产生影响;而合伙的加入或退出依据合伙合同处理,进行个案考察,一般不预先规定入伙、退伙手续。

(2) 关于事务的执行。非法人组织有自己的执行机关,而合伙事务由全体成员共同执行,需要经全体合伙人一致同意。

(3) 是否形成团体意思。非法人组织有意思机关;而合伙并无区别于合伙人意思的团体意思。

第二节 合　　伙

一、合伙的概念

合伙表现为由两个或两个以上的民事主体订立合伙合同,作为合伙人共同投入、经营共同事业、共享收益、共担风险。

合伙人需要谨慎评估事业带来之收益与行事之风险,根据自己真实的承受风险的财产能力与心理能力,决定是否成为合伙人(对于合伙企业而言,还要决定是成为无限合伙人还是有限合伙人),以及合伙份额。

(一)合伙在学理上的类型划分

(1)以法律规范的基础与从事业务的性质为标准,合伙可划分为民事合伙和商事合伙。民事合伙是由民法规范的、通过合伙合同结合起来的共同事业。商事合伙是由商法规范的、通过合伙合同结合起来的组织体。①

(2)以合伙人的性质为标准,合伙可划分为个人合伙和法人合伙。关于法人能否成为合伙人,比较法上有禁止主义和许可主义之分。

在我国,原则上,法人可以成为合伙人(《合伙企业法》第2条)。但是,法人成为合伙人也受到一定限制。一些特殊的法人,如国有独资公司、国有企业、上市公司以及公益性事业单位、社会团体不能成为普通合伙人(《合伙企业法》第3条)。

(3)以合伙人是否公开姓名以及参加合伙经营为标准,合伙可划分为显名合伙和隐名合伙。显名合伙是指合伙人公开姓名、参加经营的合伙。在显名合伙中,所有的合伙人均公开其姓名,不仅参与出资、分配利益,而且参加经营管理活动。隐名合伙是指一部分合伙人不公开姓名,只出资而不参加经营的合伙。在隐名合伙中,这部分合伙人仅以出资为限对合伙债务承担责任。

(4)以合伙人承担债务的责任为标准,可将合伙划分为普通合伙和有限合伙。

(5)以合伙目的为标准,可将合伙划分为营利合伙和非营利合伙。

(6)以合伙存续期为标准,可将合伙划分为固定合伙和非固定合伙。

(二)我国实体法下的合伙概念

我国实体法下的合伙概念可以从两个角度进行阐述。

(1)法律行为的角度。在这一视角下,②合伙合同是两个以上合伙人为了

---

① 参见肖海军、傅利:《合伙契约性与主体性的解构——基于民法典分则"合同法编"的视角》,《当代法学》2018年第5期,第15—26页。

② "合伙系契约之一种,契约当事人即合伙人,以经营共同事业,而互约出资也。"参见梅仲协:《民法要义》,中国政法大学出版社1998年版,第463页。

共同的事业目的,订立的共享利益、共担风险的协议(《民法典》"合同"编第 967 条),系由民法之债法规制,尤其是《民法典》"合同"编有关合伙合同的规定。

(2)团体的角度。在这一视角下,合伙是一种经营实体,也就是依据合伙合同,由多个民事主体(即合伙人)组成的人和财产的结合体。此类合伙具有真正的团体性,为非法人组织,同时由民商事主体规则加以规制。①

《合伙企业法》所规范的合伙企业属于此种。早期《民法通则》所规定的"个人合伙",是为了赋予自然人从事商业活动的资质。个人合伙可以起字号,依法经核准登记,从事经营,因此也可以被认为属于非法人组织的范畴。随着时间的推移,合伙企业成为更为成熟和规范的组织形态,《民法典》没有再就个人合伙从主体的角度进行规定。②

二、合伙企业

(一)合伙企业的概念

合伙企业,指自然人、法人或者其他组织订立合伙合同,依据《合伙企业法》设立的营利性组织。合伙企业包括"普通合伙企业"与"有限合伙企业"。

(二)普通合伙企业与有限合伙企业

依据《合伙企业法》,合伙企业分为普通合伙企业和有限合伙企业。

普通合伙企业由普通合伙人组成,合伙人对合伙企业债务承担无限连带责任(第 2 条第 2 款)。

有限合伙企业由普通合伙人和有限合伙人组成,普通合伙人对合伙企业债务承担无限连带责任,有限合伙人以其认缴的出资额为限对合伙企业债务承担责任(第 2 条第 3 款)。

---

① 有学者指出:与《合伙企业法》不同,《民法典》中规定的合伙合同规范是以未形成组织的合伙为预设对象,将两者的规范相结合能够发挥最大的体系效益,未形成组织的合伙的对外行为效果归属问题可以通过代理制度来解决。参见朱虎:"《民法典》合伙合同规范的体系基点",《法学》2020 年第 8 期,第 19—36 页。

② 原《民法通则》确立的个人合伙和《合伙企业法》规定的合伙企业整体构造较为相似(如合伙依据合伙合同形成;合伙人共同出资;合伙人共同经营,共享收益,共担风险,合伙人承担无限连带责任;合伙不具有法人资格),但在设立主体、法律依据、种类、合伙人权利与义务、设立条件、企业内部管理等多个方面虽存在差异。例如,个人合伙由两个以上自然人组成。而根据《合伙企业法》第 2 条的规定,组成合伙企业的既可以是自然人,也可以是法人或者其他组织。再比如,根据原《民法通则》第 31 条的规定,合伙协议应为书面协议。原《民通意见》第 50 条对此进行了扩大解释,规定合伙协议可以是书面的或者口头的。而根据《合伙企业法》第 4 条的规定,合伙协议应为书面形式。

有限合伙企业由二个以上五十个以下合伙人设立,其中至少有一个普通合伙人(第61条)。其名称中应当标明"有限合伙"字样(第62条),在有限合伙企业中,有限合伙人不得以劳务出资(第64条第2款)。有限合伙企业的事务,由普通合伙人执行(68条第1款)。① 此外,有限合伙人可以按照合伙协议的约定向合伙人以外的人转让其在有限合伙企业中的财产份额,但应当提前30日通知其他合伙人(第73条)。除合伙协议另有约定外,有限合伙人可以同本有限合伙企业进行交易,可以自营或者同他人合作经营与本有限合伙企业相竞争的业务,可以将其在有限合伙企业中的财产份额出质(第70—72条)。新入伙的有限合伙人对入伙前有限合伙企业的债务,以其认缴的出资额为限承担责任(第77条)。作为有限合伙人的自然人死亡、被依法宣告死亡或者作为有限合伙人的法人及其他组织终止时,其继承人或者权利承受人可以依法取得该有限合伙人在有限合伙企业中的资格(第80条)。有限合伙人退伙后,对基于其退伙前的原因发生的有限合伙企业债务,以其退伙时从有限合伙企业中取回的财产承担责任(第81条)。

普通合伙人和有限合伙人可以互相转化。除合伙协议另有约定外,普通合伙人转变为有限合伙人,或者有限合伙人转变为普通合伙人,应当经全体合伙人一致同意。其中,有限合伙人转变为普通合伙人的,对其作为有限合伙人期间有限合伙企业发生的债务承担无限连带责任。普通合伙人转变为有限合伙人的,对其作为普通合伙人期间合伙企业发生的债务承担无限连带责任(第82—84条)。

普通合伙企业中有一类被称为"特殊的普通合伙企业",其特殊性是,合伙人对其他合伙人在执业活动中因故意或者重大过失造成的合伙企业债务仅承担有限责任(第57条)。特殊的普通合伙企业名称中应当标明"特殊普通合伙"字样(第56条)。

我们接下来关注普通合伙企业的基本法律制度。

三、普通合伙企业

(一) 普通合伙企业的成立

依据《合伙企业法》的规定,设立普通合伙企业遵循如下规则:

---

① 一般认为,有限合伙人对合伙企业不拥有管理权是基于有限合伙的基本构造原理,即有限合伙人以放弃对出资的管理权为代价而享有有限责任的保障,而普通合伙人则以放弃有限责任的保障为代价而享有对他人出资的管理权。参见陈历幸:《我国有限合伙立法若干问题探析》,《政治与法律》2006年第1期,第134—139页。

(1) 设立合伙企业的主体既可以是具有完全民事行为能力的自然人,也可以是法人或者其他组织,但是国有独资公司、国有企业、上市公司以及公益性的事业单位、社会团体不得成为普通合伙人(第 2 条第 1 款、第 3 条、第 14 条)。

(2) 合伙企业基于当事人的意思表示,也就是"合伙协议"产生,①且合伙协议应采书面形式。② 合伙协议经全体合伙人签名、盖章后生效;对合伙协议的任何改动,原则上也应当经全体合伙人一致同意,除非合伙协议另有约定(第 4 条、第 19 条)。

(3) 合伙企业由合伙人共同出资。出资的形式,既可以是货币、实物、知识产权、土地使用权或者其他财产权利,也可以是劳务。以实物、知识产权、土地使用权或者其他财产权利出资需要评估作价的,可以由全体合伙人协商确定,也可以由全体合伙人委托法定评估机构评估;以劳务出资的,其评估办法由全体合伙人协商确定,并在合伙协议中载明;以非货币财产出资的,办理财产权转移手续(第 16、17 条)。

(4) 普通合伙企业名称中应当标明"普通合伙"字样(第 15 条)。

(二) 普通合伙企业的财产

(1) 合伙财产的构成。合伙财产是指,在合伙存续期间,合伙人为经营共同事业所有的一切财产、收益。它包括两个部分:合伙人出资形成的财产,以及合伙从成立后到解散前所取得的收益与财产。

(2) 合伙财产的法律性质。通说认为,合伙财产为合伙人共有财产。合伙人出资的财产,如果没有相反的约定,出资后发生所有权变动,成为合伙人的共有财产。③

---

① 合伙协议是合伙组织体存续的法律基础。参见王利明:《论合伙协议与合伙组织体的相互关系》,《当代法学》2013 年第 4 期,第 59—68 页。

② 通常而言,合伙协议应当载明下列事项:(一)合伙企业的名称和主要经营场所的地点;(二)合伙目的和合伙经营范围;(三)合伙人的姓名或者名称、住所;(四)合伙人的出资方式、数额和缴付期限;(五)利润分配、亏损分担方式;(六)合伙事务的执行;(七)入伙与退伙;(八)争议解决办法;(九)合伙企业的解散与清算;(十)违约责任(《合伙企业法》第 18 条)。

③ 参见浙江省湖州市中级人民法院(2010)浙湖商终字第 218 号"应荣富与沈明强合伙企业财产份额转让纠纷上诉案":合伙企业的财产具有相对独立性和完整性,在合伙企业存续期间,合伙人不能随意处分其合伙份额。在合伙人与其家庭成员共同经营合伙企业时,不能简单认定合伙人的合伙份额为其家庭共有财产而由其家庭成员擅自处分。合伙人与其家庭成员共同经营合伙企业时,其家庭成员对外转让合伙份额的行为存在使善意相对人有理由相信其有代理权的情形时,应认定构成表见代理。

(3) 合伙人的财产份额。一般说来，除家庭财产关系（含夫妻财产关系）以外，当事人没有约定是按份共有还是共同共有的，或者约定不明的，推定为按份共有而不是共同共有（《民法典》"物权"编第 308 条）。关于合伙人财产份额的性质，理论上存在不同观点，包括按份共有说、共同共有说和混合共有说。①

一是按照按份共有说，合伙财产应适用《民法典》"物权"编第 298 条的规定，由按份共有人对共有的不动产或者动产按照其份额享有所有权。

二是按照共同共有说，合伙财产则应适用《民法典》"物权"编第 299 条的规定，由共同共有人对共有的不动产或者动产共同享有所有权。

三是也有学者认为，在合伙出资、盈利分享和亏损分担方面，合伙财产为按份共有，而在合伙事务与合伙财产的管理方面，合伙财产为共同共有，因此需要区分何时是按份、何时是共同。此即混合共有说。

就按份共有而言，各共有人自始至终对共有财产均享有确定的份额，各自按照其所有的份额对该财产享有权利。在对共有财产进行管理、使用和处分时，如果没有特别的约定，按照共有份额较多的共有人的意见办理。各共有人有权处分自己的份额，如转让、赠与、继承。

而就共同共有而言，各个共有人对其全部共有的财产平等地享有所有权。共同共有的基础是一项共同所处的权利义务关系。共有关系始终伴随着基础关系共存。在这项基础关系存续期间，对共有财产的管理和处分，应获得全体共有人的同意，除非当事人另有约定。在基础关系终止之时，在对共有财产进行分割的情况下，才会出现所谓的各自的份额。②

共同共有与按份共有的区别在于，按份共有的应有份额是自始至终均确定且标榜于外的份额，在共有关系存续期间，按份共有人可以自由处分自己的份额。而共同共有期间的份额，受共有关系存续的压制，单个共有人不得随意处分，因此没有确认和彰显的必要。只有在共有关系结束之时，为实现财产分割的目的，才需要确认。例如，在合伙期间，合伙人不得自由处分合伙财产，也不能随意对外转让自己的份额，除非取得其他合伙人的同意。只有在散伙时，

① 参见戴永盛：《共有释论》，《法学》2013 年第 12 期，第 25—38 页。
② 参见薛军：《〈物权法〉关于共同共有的规定在适用中的若干问题》，《华东政法大学学报》2007 年第 6 期，第 119—127 页。

份额的作用才彰显出来。夫妻共同财产、遗产也是如此。

除非法律另有规定,合伙人在合伙企业清算前,不得请求分割合伙企业的财产。当然,基于交易安全,如果合伙人在合伙企业清算前私自转移或者处分合伙企业财产的,合伙企业不得以此对抗善意第三人(第21条)。

除合伙协议另有约定外,合伙人向合伙人以外的人转让其在合伙企业中的全部或者部分财产份额时,须经其他合伙人一致同意;在同等条件下,其他合伙人有优先购买权。合伙人之间转让在合伙企业中的全部或者部分财产份额时,应当通知其他合伙人(第22、23条)。

合伙人以其在合伙企业中的财产份额出质的,须经其他合伙人一致同意;未经其他合伙人一致同意,其行为无效,由此给善意第三人造成损失的,由行为人依法承担赔偿责任(第25条)。

(三) 普通合伙企业对外的债务承担

(1) 合伙债务。合伙债务是指于合伙关系存续期间①,合伙从事经营活动,在与第三人发生的民事法律关系中所承担的债务,如合同之债、侵权之债。

(2) 承担无限责任。合伙企业不能清偿到期债务的,合伙人承担无限连带责任(第39条)。每个合伙人对合伙企业的债务,以各自的财产承担清偿责任,而不是以出资为限承担责任。

(3) 承担连带责任。合伙人之间对合伙企业的债务,依照协议或者出资比例确定。但是,这仅具有内部效力,即只在合伙人之间有效,对于合伙企业的债权人而言,合伙人对合伙企业的债务承担连带责任。每一个合伙人都有义务向合伙债权人清偿合伙企业的全部债务,或者说,清偿其他合伙人本应负担的债务,而不受合伙人对合伙企业财产的出资比例或者合伙协议中约定的债务承担份额的限制。换言之,债权人有权向任一合伙人或任几个合伙人主张清偿全部或部分的债权。合伙人中的一人或者数人在履行了全部或者超过其份额的合伙债务以后,有权按照合伙协议中约定的份额或者出资比例,就超过其份额的清偿数额向其他合伙人追偿(第40条)。

---

① 参见江苏省泰州市中级人民法院(2004)泰一民终字第550号"秦向前与陈月高等合伙经营纠纷上诉案":原合伙人按照各自单独经营期限内的债权债务由经营者自己负责的协议,以原有字号分别重新办理标注为个人经营的个体工商户营业执照后,使用基于原合伙关系形成的共有财产独自经营所负债务,属于经营者个人债务。

（4）合伙人个人债权人与合伙企业债权人的债权清偿顺序,遵从"双重优先原则"。合伙企业财产优先用于清偿合伙债务,个人财产优先用于清偿个人债务(即合伙人发生的与合伙企业无关的债务)。具体而言,合伙人的共有财产应首先用于偿还合伙债务(第38条);偿还之后若有剩余共有财产的,应根据各合伙人享有的份额进行分割,再分别用于清偿合伙人的个人债务。反之,合伙人的个人财产应首先用于偿还个人债务,偿还个人债务之后若有剩余的,再用以偿还合伙债务。

债权人如果对某个合伙人享有个人债权,既不得以此债权抵销该债权人对合伙企业的债务;也不得代位行使该合伙人在合伙企业中的权利(第41条)。合伙人的自有财产不足清偿其个人债务的,该合伙人可以以其从合伙企业中分取的收益用于清偿;债权人也可以依法请求人民法院强制执行该合伙人在合伙企业中的财产份额用于清偿。人民法院强制执行合伙人的财产份额时,应当通知全体合伙人,其他合伙人有优先购买权(第42条)。

（四）普通合伙企业的内部关系

1. 合伙事务的决定

合伙事务由全体合伙人共同决定,每个合伙人对合伙事务的决策有参与的权利。

2. 合伙经营事务的执行

各合伙人对执行合伙事务享有同等的权利。执行权的行使可以由全体合伙人行使,也可以委托一名或数名合伙人对外代表。无论以何种方式执行合伙事务,其效果均由全体合伙人承担(第26、28条)。

合伙人对合伙企业有关事项作出决议,按照合伙协议约定的表决办法办理。合伙协议未约定或者约定不明确的,原则上,实行合伙人一人一票并经全体合伙人过半数通过的表决办法(第30条);合伙企业的下列事项应当经全体合伙人一致同意:改变合伙企业的名称;改变合伙企业的经营范围、主要经营场所的地点;处分合伙企业的不动产;转让或者处分合伙企业的知识产权和其他财产权利;以合伙企业名义为他人提供担保;聘任合伙人以外的人担任合伙企业的经营管理人员(第31条)。

不参与经营的合伙人的执行行为对合伙不具有约束力,但不得对抗善意第三人(第37条)。

合伙人不得从事损害本合伙企业利益的活动。尤其是，合伙人不得自营或者同他人合作经营与本合伙企业相竞争的业务。除合伙协议另有约定或者经全体合伙人一致同意外，合伙人不得同本合伙企业进行交易(第32条)。

3. 监督权

不负责执行合伙事务的合伙人对合伙事务的执行享有监督权，包括检查经营状况、财产使用与管理情况、财务账目等。执行事务合伙人应当定期向其他合伙人报告事务执行情况以及合伙企业的经营和财务状况(第27、28条)。

4. 合伙内部的损益分配

合伙企业的利润分配、亏损分担，按照合伙协议的约定办理；合伙协议未约定或者约定不明确的，由合伙人协商决定；协商不成的，由合伙人按照实缴出资比例分配、分担；无法确定出资比例的，由合伙人平均分配、分担。任何情况下，合伙协议不得约定将全部利润分配给部分合伙人或者由部分合伙人承担全部亏损(第33条)。

(五) 入伙与退伙

(1) 入伙，指在合伙成立以后，合伙人接受第三人(非合伙人)加入合伙、取得合伙人身份。加入合伙，须依照合伙协议的约定或者经全体合伙人一致同意。订立入伙协议时，原合伙人应当向新合伙人如实告知原合伙企业的经营状况和财务状况(第43条)。

入伙后，除入伙协议另有约定，新合伙人与其他合伙人享有同等的权利和义务，按其各自出资的比例或者新签订的合伙协议获取盈余和负担亏损，并共享合伙现存的全部债权；新合伙人也应与其他合伙人一起对合伙原有的债务承担连带责任(第44条)。

(2) 退伙，指合伙人与合伙脱离关系，丧失合伙人的身份。退伙分为"声明退伙"(又称"任意退伙")和"法定退伙"。

声明退伙，指自愿退出合伙。对此，原则上应予准许。

法定退伙，指由于法律规定事由退伙，其具体情形如下：合伙人死亡或者被宣告死亡的(但依照协议由其继承人继承的除外①)；作为合伙人的法人或者

---

① 《合伙企业法》第50条规定："合伙人死亡或者被依法宣告死亡的，对该合伙人在合伙企业中的财产份额享有合法继承权的继承人，按照合伙协议的约定或者经全体合伙人一致同意，从继承开始之日起，取得该合伙企业的合伙人资格。""有下列情形之一的，合伙企业应当向合伙人的继承 (转下页)

其他组织依法被吊销营业执照、责令关闭、撤销,或者被宣告破产;法律规定或者合伙协议约定合伙人必须具有相关资格而丧失该资格;个人丧失偿债能力;合伙人在合伙企业中的全部财产份额被人民法院强制执行。此外,合伙人被依法认定为无民事行为能力人或者限制民事行为能力人的,经其他合伙人一致同意,可以依法转为有限合伙人,普通合伙企业依法转为有限合伙企业。其他合伙人未能一致同意的,该无民事行为能力或者限制民事行为能力的合伙人退伙。退伙事由实际发生之日为退伙生效日(第 48 条)。

法定退伙还有一种形式,即强制退伙,又称"除名",其具体情形规定在《合伙企业法》第 49 条。合伙人有下列情形之一的,经其他合伙人一致同意,可以决议将其除名:未履行出资义务;因故意或者重大过失给合伙企业造成损失;执行合伙事务时有不正当行为;发生合伙协议约定的事由。对合伙人的除名决议应当书面通知被除名人。被除名人接到除名通知之日,除名生效,被除名人退伙。被除名人对除名决议有异议的,可以自接到除名通知之日起 30 日内,向人民法院起诉。

(3) 退伙结算。合伙人退伙,其他合伙人应当与该退伙人按照退伙时的合伙企业财产状况进行结算,退还退伙人的财产份额。退伙人对其参加合伙期间的全部债务负担无限连带责任(第 53 条);对给合伙企业造成的损失负有赔偿责任的,相应扣减其应当赔偿的数额(第 51 条)。

(六) 合伙的终止

合伙的终止(解散),指由于法律规定的原因而使合伙事业终结,合伙关系归于消灭。导致合伙终止的原因,包括合伙的存续期限届满,合伙人全体一致同意终止合伙合同,合伙事业已经完成或无法完成,合伙事业违反法律而被吊销营业执照、责令关闭或被撤销;合伙人已不具备法定人数满 30 天等(第 85 条)。

合伙企业解散,应当由清算人进行清算。清算人可以是合伙人也可以是合伙人指定的其他人。清算人由全体合伙人担任;经全体合伙人过半数同意,

(接上页)人退还被继承合伙人的财产份额:(一) 继承人不愿意成为合伙人;(二) 法律规定或者合伙协议约定合伙人必须具有相关资格,而该继承人未取得该资格;(三) 合伙协议约定不能成为合伙人的其他情形。"合伙人的继承人为无民事行为能力人或者限制民事行为能力人的,经全体合伙人一致同意,可以依法成为有限合伙人,普通合伙企业依法转为有限合伙企业。全体合伙人未能一致同意的,合伙企业应当将被继承合伙人的财产份额退还该继承人。"

可以自合伙企业解散事由出现后 15 日内指定一个或者数个合伙人,或者委托第三人,担任清算人。自合伙企业解散事由出现之日起 15 日内未确定清算人的,合伙人或者其他利害关系人可以申请人民法院指定清算人(第 86 条)。

合伙企业不能清偿到期债务的,债权人可以依法向人民法院提出破产清算申请,也可以要求普通合伙人清偿。合伙企业依法被宣告破产的,普通合伙人对合伙企业债务仍应承担无限连带责任(第 92 条)。

第四讲 权利的客体

第一节 权利的客体与"财产"

一、权利的客体

权利的客体(标的),指民事权利、民事义务所指向的对象,作为民事法律关系的构成要素之一,也被称为"民事法律关系的客体"。

权利的客体可以是物、人格利益、身份利益、智慧成果、行为、权利。权利不同,其客体也会有所区别。

传统民事立法通常不对权利的客体设立一般规则,而主要是对"物"加以集中规定。"物"的适用领域极为广泛,涉及物权、债权、亲属家庭等领域,成为多种财产关系最终指向的对象。就立法体例而言,一种方案是将之规定在民法典的总则中,另一种方案是将之规定在规范物权的分则编中。

二、"财产"

广义的"财产"指一切可用货币衡量的权利与义务之总和,包括"积极财产"和"消极财产"。狭义的"财产"仅指"积极财产",即一切可用货币衡量的权利之总和。

积极财产包括所有权、用益物权、担保物权、债权、知识产权等,是"权利的集合体"。这里的"权利",必须是可变价为货币的权利,纯粹的"人格权"与"身份权"不属于积极财产的范围。民事主体以其全部积极财产对外清偿债务、承担责任,因此积极财产也被称为"责任财产"。[①]

比较广义财产与狭义财产可以发现,二者的实质差异在于是否包括"消极

---

① 参见宋刚:《论财产责任下的责任财产》,《法学评论》2014年第1期,第10—17页。

财产"。在通常情况下,民法中的"财产"采狭义概念。但在某些情况下,民法中的"财产"指向广义,如失踪人的财产(《民法典》"总则"编第 42 条)、继承财产。

第二节 物

一、物的概念和特征

民法上的"物",指独立于人体之外,为人力所能支配,可满足社会生活之需要的客观存在的物质。①

(一)物质属性:客观的物质

物,首先是客观存在的物质,它同时具有物质属性和法律属性。物既包括肉眼可见的物质,也包括肉眼不可见的物质,如气体、电、热、光、放射线、核能等能源物质。对于物,须注意如下几个问题:

首先,空间是否为物?空间没有形体,在传统民法上不被认为是物。但 20 世纪以来,随着空间权制度的生成,空间也可以成为物,其作为权利的客体也得到普遍认同。

其次,动物是否为物?对此,各国规定不同。在我国民法上,动物属于物。比较法有立法例认为,动物不是物,动物以特别法保护,在没有特别规定时,动物应准用有关物的规定。应当认为,这种处理并没有将动物人格化,但是为了体现对有生命之"物"的尊重和爱护,不能把动物当作通常之物对待。

最后,自罗马法以来,传统民法上还有"无体物"的概念。所谓"无体物",系由法律拟制出来的"物",实际上指的是"无体财产",即不具有物质形态、没有实体存在、但能给权利人带来利益的财产权利,如债权、所有权等。

---

① 本部分内容可以参见孟勤国:《物的定义与〈物权编〉》,《法学评论》2019 年第 3 期,第 1—9 页;常鹏翱:《民法中的物》,《法学研究》2008 年第 2 期,第 27—39 页;肖厚国:《民法上物的扩展之反思》,《现代法学》2001 年第 1 期,第 61—65 页;张双根:《物的概念若干问题》,《华东政法学院学报》2006 年第 4 期,第 102—110 页。

(二) 经济属性：有经济价值

物必须能够满足人们在生产或生活上的某种需要，即必须具有使用价值。物作为权利指向的对象，允许权利人通过对物的占有、使用、收益或者处分来获取相应的利益。因此物的概念本身也体现了物的经济属性。

(三) 法律属性：支配可能性与独立性

民法上的物，是权利人可以支配的对象，因此，以人力所能支配者为限。人力所不能支配或者控制的，即使具有使用价值，也不能成为民法上的物，如太阳、月亮、云层、雷电。是否具有支配可能性，应依科学技术与社会观念加以判断。对于电、热、光、核能，现因可通过科学技术手段加以控制、支配和利用，而成了民法上的物。

支配可能性也同时意味着，物必须独立为一体，这是物作为法律关系客体的先决条件。是否具有独立性，依交易观念和社会观念判定。例如，地、海、空气，必须能与其周围分离（设界标、登记等），才成为可以支配的对象，才是民法上的物。如海面可以通过划分出一定区域，成为权利（如渔业权）的对象。又如一滴海水，虽是物理上的物，但必须可被独立支配，才能是民法上的物。

(四) 财产性：非人格性

物必须是独立于人身之外的财产。物是财产法律关系所指向的标的物，而现代社会人身不得成为财产法律关系的客体。《民法典》"人格权"编第1007条规定：禁止以任何形式买卖人体细胞、人体组织、人体器官、遗体。此类买卖行为无效。因此，人身与物在法律上被严格区分开。

1. 人死后的尸体、脏器

随着我国器官捐赠与移植的增加，与此相关的法律问题逐渐显现。

首先，自然人死亡以后，法律人格消灭，仅存的躯干可否成为民法上的物呢？对于这一问题，理论上存有争议。该问题涉及尸体的继承、占有、使用、收益与处分。有观点认为，自然人死亡以后的尸体、脏器仍有残余之人格，延续着死者的人格利益，因此不能依照有关财产的规则成为继承的对象，继承人更不得出售尸体，除非死者生前愿意捐赠遗体供医院解剖或研究，此系对死者遗愿的尊重。也有观点认为，自然人死亡以后的尸体、脏器是物，可被继承，依据有关财产继承的规则由继承人共同共有，继承人仅有习惯上的管理权，且不得放弃。继承人对尸体、脏器的使用与处分不得违背公序良俗并应当尊重死者，继承人对实体、脏器的使用和处分与对继承财产的自由使用、收益、处分不同。

其次,自然人死亡以后,谁有权决定脏器或组织的移植和保存?一般认为,继承人按照死者生前的意思处理,为当然之原则。《民法典》第1006条第1、2款规定:完全民事行为能力人有权依法自主决定无偿捐献其人体细胞、人体组织、人体器官、遗体。任何组织或者个人不得强迫、欺骗、利诱其捐献。完全民事行为能力人同意捐献的,应当采用书面形式,也可以订立遗嘱。

死者生前没有意思表示的场合,则需要推测死者生前的意思。需要注意的是,《民法典》第1006条第3款规定:自然人生前未表示不同意捐献的,该自然人死亡后,其配偶、成年子女、父母可以共同决定捐献,决定捐献应当采用书面形式。

2. 活体:人体的器官

从人体分离出来的器官,原则上是物,因此可以对之取得所有权,进行使用、收益或处分,如脱落的头发、指甲、牙齿。但是,如果从人体分离出来的器官与人体仍构成功能上的一体性,应当认为其依旧是身体的一部分,而非"物",如造血干细胞、精液、卵子、器官、生物组织等。如果脱离身体是依据权利主体的意思,为了保持身体功能,或者为了之后再与身体结合(冷冻的精子、耳朵),应认为仍为身体的一部分,仍构成功能上的一体性。①

如此区分定性的意义在于,人体分离出来的器官是否为物,将影响到合同标的与合同效力的判断,也影响到侵权性质的认定。

同样地,未从人体分离出来的器官不是物,为人身的一部分,受身体权、健康权的保护。这里首先需要讨论的一个问题是,卖血、卖器官、卖身等合同是否有效?应当认为,在不违背公序良俗的前提下,有些分离人体的一部分的合同(理发、献血、拔牙、植皮,器官拆除、移植、切除等合同)是有效的;而且人体的部分不能被强制分离,也就是不能被强制执行,以体现对人身和人格的尊重。但是对于买卖人体细胞、人体组织、人体器官、遗体的行为,依照《民法典》第1007条的规定,是无效的。②

---

① 参见王泽鉴:《债法原理(三):侵权行为法(1)》,中国政法大学出版社2001年版,第108—111页。

② 对于血液买卖合同,有观点认为,其虽有金钱之对价,但目的在于医疗,不违背公序良俗,应认定为有效,但是不得强制执行。

界定活体的器官是物还是人身的一部分,其法律意义还在于,二者对应的民事权利的类型不同,因此保护方式和行使方式等都不同。例如,头发在未与人体分离时被强行剪断,这属于人身权被侵害;头发在与人体分离后被强行剪去,这属于所有权被侵害。

综上,民法上的物是民事权利和义务的载体,是利益的载体。这些利益或者权利、义务会在不同主体之间转移,因此物实际上要参与到流通交易环节,应具备相应的特征或者条件。

二、物的分类

根据不同的标准,可以将物分为不同的种类,每一分类具有不同的法律意义。

（一）动产与不动产

动产与不动产是对物的基本分类。这种分类的方法是,先确定不动产的范围,其余均为动产。

1. 不动产

在认定不动产时,需要依次回答两个问题:第一,该物是不动产还是动产?第二,该物是此不动产还是彼不动产?前一个问题的答案,取决于其是否客观依附土地和法律的拟制（如埋藏物）;后一个问题的答案,取决于其是否主观上被立法者拟制分离。①

不动产是在性质上不能被移动或移动则会损害其价值的物,主要指"土地"及"地上定着物"。

地上定着物,即与土地相联结、具有连续性、不能移动,依社会观念视其为具有独立经济价值的物（原《担保法》第 92 条第 1 款）,包括"建筑物""构筑物"、未与土地分离的出产物等。我国采分离主义立法,"土地"与"地上定着物"是两个物。②

地上定着物一旦客观脱离土地,丧失依附关系,就变成了动产。其中,有

---

① 参见费安玲:《不动产与动产划分之罗马法与近现代法分析》,《比较法研究》2007 年第 4 期,第 91—97 页。

② 实际上,所有的不动产都是土地或者与土地具有某种依附关系的物,原本依附土地的物都被土地吸收,但是后来逐渐因具有独立的经济价值被法律视为与土地不同的物。

些不动产与土地是绝对依附关系,有些是相对依附关系。

绝对依附关系,即客观上绝对不能离开土地,只能主观上离开土地。这种不动产即为绝对意义上的不动产,如土地、建筑物、水流、海域、空间。至于它们是一个物还是两个物,则取决于立法者的意思和社会经济生活的考量。例如,在传统民法上,水流被纳入土地所有权,土地所有人自然拥有地表水和地下水源。但当今立法者鉴于水资源的特殊性,对土地和水流采取了分别主义,将二者分开。通常而言,对可航行河流和超过一定量的水资源划归国家所有,其他水源归土地所有权人,但不得拒绝相邻之人的合理使用。

相对依附关系,指可客观地离开土地。如种植物、土壤、砂石、矿藏,在客观上与土地分离以后即成为独立的物,为动产。在客观上没有离开土地时,原则上与土地为同一物。当然,立法者也可以主观上将其与土地分开,如林木、矿藏。

2. 动产

动产,指可以移动,移动后并不损害其价值的物。不动产以外的物即为动产。

3. 区分不动产和动产的法律意义

第一,公示方法不同。不动产以登记为公示方法,动产以占有、占有转移(交付)为公示方法。

第二,物权变动方式不同。不动产物权因法律行为发生变动时,一般以登记作为变动要件;动产物权因法律行为发生变动时,一般以交付作为变动要件。

第三,在物权法中的地位不同。在传统大陆法系国家,不动产在物权法中占据核心地位,所有的用益物权和多数的担保物权制度都是围绕着不动产设计的。在英美法系,不论是立法,还是作为学科分类的财产法,实质就是不动产法,有关动产的规范散见于侵权法、合同法、信托法、继承法等,因此可以说,在英美法国家根本就不存在动产法。①

第四,司法管辖不同。因不动产提起的诉讼,由不动产所在地法院管辖,属于专属管辖。

---

① 高富平主编:《民法学》(第二版),法律出版社2009年版,第274页。

第五,适用法律不同。在涉外民事法律关系中,因不动产提起的诉讼一般适用不动产所在地法律。

(二)消耗物与不消耗物

以同一物可否反复使用为标准,可将物区分为消耗物和不消耗物。

消耗物,也称"消费物",指依物的通常使用方法,经一次使用即归于消灭或者不能再以同一目的反复使用的物,如货币、食品、燃料等。

不消耗物,也称"不消费物",指依物的通常使用方法,可以同一目的反复多次使用的物,如房屋、汽车、电脑、牛等。

此类区分的法律意义在于,某些合同的性质与物是否为消耗物有关。例如,消费借贷合同的标的物只能是消耗物,租赁合同、使用借贷合同的标的物只能是不消耗物。①

(三)特定物与种类物

以转让物是否"特定"而不能以其他物替代为标准,可将物区分为特定物与种类物。②

特定物,指具有单独特征、客观上不能以其他物代替,或当事人主观约定不得以其他物代替的物。

特定物包括两种:一是客观特定物,即独一无二之物。其"特定"来自自身的独特特征,如徐悲鸿的《奔马图》、某歌手使用过的麦克风。二是主观特定物,即从一类物中被当事人指定而特定化的物,其"特定"来自人为的指定,如从一批红旗轿车中挑选出某辆车、选定的某个房间或某台机器等。③

种类物指具有共同特征并可以用相同的品种互相替代的物,如光明牌酸奶、20公斤大米等。

---

① 使用借贷合同、租赁合同、消费借贷合同,为三种以物供他人使用或收益的合同。其中,使用借贷合同为无偿合同,租赁合同为有偿合同,消费借贷既可以是有偿合同也可以是无偿合同(如借款合同)。

② 为了更好理解特定物和种类物的区分,可以引入可替代物和不可替代物的概念。可替代物与不可替代物,是就物的客观性质而言的。交易当事人可以通过主观改变或者保有这种可替代性或者不可替代性。这种主观的改变或者保有的方式就是"特定"或者"不特定"。经过这种主观处理后的物就是"特定物"或者"不特定物"。其中,保有下来的为客观(不)特定物;改变而来的物则称为主观(不)特定物。不论主观还是客观,不特定物就是种类物,是具有可替代性的物;特定物则都不再具有可替代性。

③ 参见隋彭生:《"特定的物"是"特定物"吗?——与"通说"商榷》,《比较法研究》2008年第4期,第99—109页。

此类区分的法律意义在于：

（1）在债法领域，特定物是特定之债的标的物，种类物是种类之债的标的物。

（2）有些合同关系只能以特定物为标的物，如租赁、使用借贷；有的则只能以种类物为标的物，如消费借贷的标的物必须既是种类物又是消费物。

（3）在需要返还标的物的合同中，对标的物的返还要求不同。以特定物为标的物的合同终止时，如发生返还请求权，则可主张返还原物。而以种类物为标的物的合同终止时如发生返还，则只能主张数量、品质相同的种类物。

（4）标的物灭失后的责任不同。标的物为特定物的合同，在交付前标的物灭失的，免除债务人交付该物的义务，由有过错的当事人或第三人承担损失。因不可抗力造成物灭失的，按照《民法典》"总则"编第180条的规定，在法律没有规定的情况下，当事人不承担民事责任。①

（5）所有权转移的时间不尽相同。种类物需要先经过指定，成为特定物以后才能发生所有权的转移。

（四）可分物与不可分物

以物可否分割为标准，可将物区分为可分物和不可分物。

可分物指可以分割，且不因分割而显著改变其性质或损害其价值的物，如黄金、粮食、布匹等。

不可分物指会因分割而显著改变其性质或减损其价值的物，如桌子、笔记本电脑、房屋等。

此类区分的法律意义在于：

（1）共有物的分割方式不同。分割的共有财产如果是可分物，以原物分割为原则。分割的共有财产如果是不可分物，只能作价补偿或变价分配。

（2）便于明确多数人之债的债权享有或债务承担的方式。在多数人之债中，标的物如果是可分物，债为可分之债。标的物如果是不可分物，债为不可分之债。

（3）分期给付之可能不同。给付标的物为可分物时，可为分期给付。给付标的物为不可分物，不可分期给付。

---

① 参见郝丽燕：《论特定物买卖瑕疵履行时的交付替代物》，《政治与法律》2017年第9期，第86—97页。

（五）流通物、限制流通物、禁止流通物

以法律是否禁止或限制其流通为标准，物可分为流通物、限制流通物和禁止流通物。限制、禁止流通物主要是出于维护公共秩序的目的。①

凡不属于限制流通物、禁止流通物的，都是流通物，即法律允许在民事主体之间自由流通的物。流通物可以作为买卖、租赁、赠与等的客体。

限制流通物，即法律对其在民事主体之间的流通的范围有所限制的物。突破此种限制的，以其为客体的买卖合同无效。限制流通物如下：

（1）危险物品，如武器、弹药、爆炸物、放射性物质，以及麻醉药品和其他剧毒品。《危险化学品安全管理条例》第 33 条规定："国家对危险化学品经营（包括仓储经营）实行许可制度。未经许可，任何单位和个人不得经营危险化学品。"

（2）历史文物。根据《文物保护法》的规定，公民收藏的文物，可以在个人之间买卖（第 50 条）；②但"国家禁止出境的文物，不得转让、出租、质押给外国人"（第 52 条第 3 款）。③

（3）外币。中华人民共和国境内禁止外币流通，不得以外币计价结算，但国家另有规定的除外（《外汇管理条例》第 8 条）。《民法典》"合同"编第 514 条规定："以支付金钱为内容的债，除法律另有规定或者当事人另有约定外，债权人可以请求债务人以实际履行地的法定货币履行。"

禁止流通物（又称"不流通物"），指法律明令禁止成为私法上的交易客体的物，如国家或集体所有的土地和其他自然资源、铁路、国家军工物资设备、淫秽书画等。禁止流通物不能成为交易的客体，以其为客体的买卖合同无效。

（六）主物与从物

以两个或两个以上独立存在的物在功能上的关系为标准，可将物区分为主物与从物。

---

① 参见张卿：《论行政法对物自由流通的限制——从法律经济学视角分析原因》，《行政法学研究》2007 年第 4 期，第 47—54 页。
② 《文物保护法》第 50 条规定："文物收藏单位以外的公民、法人和其他组织可以收藏通过下列方式取得的文物：（一）依法继承或者接受赠与；（二）从文物商店购买；（三）从经营文物拍卖的拍卖企业购买；（四）公民个人合法所有的文物相互交换或者依法转让；（五）国家规定的其他合法方式"，"文物收藏单位以外的公民、法人和其他组织收藏的前款文物可以依法流通。"
③ 《文物保护法》第 60 条规定："国有文物、非国有文物中的珍贵文物和国家规定禁止出境的其他文物，不得出境；但是依照本法规定出境展览或者因特殊需要经国务院批准出境的除外。"

主物是指在两个物中可独立存在且发挥主要功能的物;从物是起辅助功能、处于附属地位的物,从物也叫"附属物"。

一般而言,从物应具备如下特点:

(1) 主物与从物须属于同一人所有。

(2) 从物并非主物的成分。从物不是主物的一个部分,它是主物之外独立存在的一物。而物的一个部分("物的成分")与物之本体是同一个物,而非主从关系。"物的成分"脱离物以后,剩余部分会受到破坏或使物的本质发生变化,因此不同于"从物"。"物的成分"与"从物"的区分应依社会之一般观念具体判定。比如,依据社会一般观念,茶壶和壶盖、汽车与轮子、门窗与房屋、鞋子的左右脚,互相之间都不存在主从关系。

(3) 从物具有辅助主物的作用。此点同样应依社会一般观念判定。如遥控器对于电视机、备胎之于汽车、救生艇之于船舶,按照社会一般观念,属于从物。

(4) 从物是否仅限于动产? 对此,有不同的立法例与观点。理论上讲,从物可以不限于动产。例如,房屋外边的厕所、停车库等是房屋的从物(但是房屋内部的厕所、停车库是房屋的成分)。

此类区分的法律意义在于,为了不破坏主物与从物之间的功能上的联系,如果没有法律的特别规定或合同的特别约定,主物的处分及于从物,如所有权转移、抵押的设定、登记公示等。从物随主物之转移而转移,随主物之命运。①

(七) 原物与孳息

以两个物之间的派生关系为标准,可将物区分为原物与孳息。

原物,指依照自然规律或者法律规定能产生新物(孳息)的物。

孳息,指依照自然规律或者法律规定由原物产生的物。依据学界通常之分类,孳息又细分为天然孳息与法定孳息。②

其中,天然孳息是原物依自然属性产生的物,如果树结出的果实。法定孳息是原物依法律规定带来的物,如利息、股息、租金。

---

① 参见常鹏翱:《经济效用与物权归属——论物权法中的从附原则》,《环球法律评论》2012年第5期,第66—78页;张双根:《物的概念若干问题》,《华东政法学院学报》2006年第4期,第102—110页。

② 参见王明锁:《对孳息的传统种类及所有权归属之检讨》,《法商研究》2015年第5期,第92—99页。

此类区分的法律意义在于：天然孳息，在未分离时为原物的一个部分，不是独立的物。分离后，不论分离系人为或者自然力所致，按原物主义，是原物的构成部分，由收取权利之人(包括原物所有人、善意占有人)享有。如无法律特别规定或合同特别约定，天然孳息的所有权归原物所有权人所有；孳息随原物转移而转移。

对于孳息的归属，我国《民法典》"物权"编有详细的规定：天然孳息，由所有权人取得；既有所有权人又有用益物权人的，由用益物权人取得。当事人另有约定的，按照约定(第321条第1款)。法定孳息，当事人有约定的，按照约定取得；没有约定或者约定不明确的，按照交易习惯取得(第321条第2款)。法定孳息，一般由收取权利之人按照权利存续期间的日数而收取。

三、特殊的物：有价证券和货币

(一) 有价证券

有价证券，是表征某种财产权且持券人行使此种财产权必须持有的书面凭证，如股票、公司债券、政府债券、票据(支票、本票、汇票)等。

1. 有价证券的特征

(1) 有价证券记载、表征某种财产权利。有价证券是一种财产权的凭证，内容必须是一定的财产权。

有价证券持有人享有两种不同性质的财产权利：一是对有价证券介质(载体)的所有权；二是有价证券上所记载的权利。有价证券介质本身是一种物，因此，对有价证券本身的所有权属于普通的物权。有价证券所记载的权利的内容则决定了有价证券的性质和种类。有价证券的价值主要体现在后一种权利上。

(2) 有价证券与证券上所记载的权利不可分离。这是有价证券与其他记载权利的书面凭证的实质差别。有价证券不仅记载一定的权利，而且与其记载的财产权利不能分离：只要权利人持有这种凭证，就可以直接实现证券所设定的权利，而且只有权利人持有证券，义务人才履行他对证券内容所承担的义务。不持有有价证券的人就不能享有有价证券上所记载的权利。比如，借据虽是债权证明的凭证，但是即使借据丢失，只要债权人能通过其他途径证明自己的债权之存在，仍可主张。

（3）有价证券所记载的权利是只能向特定的义务人行使的权利。有价证券的持有人只能向特定的义务人行使权利。此点使之与货币相区别，货币的持有人可以向任何人行使权利。

2. 有价证券的分类

（1）以记载的权利的性质为标准，可将有价证券分为记载债权的有价证券、记载物权的有价证券、记载社员权的有价证券。

记载债权的有价证券，如债券和票据。债券（公司债券、政府债券）是一种投资、融资方式。债券的发行人（债务人）负有到期向债券的持有人（债权人）支付本金和利息的义务。票据（支票、本票、汇票）是一种支付凭证，债务人负有向持票人（债权人）支付票面所记载金额货币的义务。

记载物权的有价证券，如仓单、提单。仓单、提单的持有人为证券上载明的物品的所有权人。

记载社员权的有价证券，如股票。

（2）以记载的权利的标的的性质为标准，可将有价证券分为金钱证券、物品证券、服务证券。

金钱证券记载的权利标的是金钱的给付，如债券、票据。

物品证券记载的权利的标的是物，如仓单、提单。

服务证券记载的权利的标的是行为的给付，如车票、船票、机票、邮票。

（3）以记载的权利的转移方式为标准，可将有价证券分为无记名有价证券、指示有价证券、记名有价证券。

无记名有价证券，即不指明权利人姓名或者名称，其所记载的权利的转让方式为交付的证券。

指示有价证券，指明第一个取得证券记载的权利的人的姓名或者名称，其所记载的权利的转让方式为背书，即在证券上背书受让人的姓名或名称。

记名有价证券，指明权利人的姓名或名称，其所记载的权利的转让方式一般须按照普通债权的转让方式进行。

（二）货币

货币是一般等价物，是可以用票面金额来表现其价值的一种特殊的物。

货币的特征：一是属于动产（其实也是一种特殊的有价证券）；二是种类物，而且是具有高度代替性的种类物；三是消耗物；四是货币的所有权适用"占有即所有"原则。

货币作为法律客体,则为借贷、存款合同等的标的物。

第三节 物以外的权利客体

物以外的客体,包括行为、权利、人身利益、智力成果等。①

(1) 行为,包括作为与不作为。债的客体(标的)——"给付",便是债务人的行为,具体为债务人向债权人为一定行为或者不为一定的行为。由于"给付"的对象(客体、标的)大多是物,最终指向的物也被称为"给付物"或者"标的物"。

(2) 权利。权利可以成为权利的客体,且十分常见。例如,动产所有权、建设用地使用权可作为抵押权的标的。可转让的债权、知识产权,可以成为权利质权的标的。②

(3) 人身利益。人身利益是人身权的客体。人身利益又细分为人格利益和身份利益,分别是人格权和身份权的客体。《民法典》将个人信息纳入了人格利益的保护范围。

(4) 智力成果,也称为"智慧成果"。如发明创造、作品、计算机软件、商标,为知识产权的客体。数据等新型财产类型也可以归类为智力成果。

---

① 参见曹相见:《权利客体的概念构造与理论统一》,《法学论坛》2017年第5期,第30—42页。
② 参见最高人民法院指导案例53号"福建海峡银行股份有限公司福州五一支行诉长乐亚新污水处理有限公司、福州市政工程有限公司金融借款合同纠纷案":特许经营权的收益权可以质押,并可作为应收账款进行出质登记。特许经营权的收益权依其性质不宜折价、拍卖或变卖,质权人主张优先受偿权的,人民法院可以判令出质债权的债务人将收益权的应收账款优先支付质权人。

第五讲　民事权利与民事义务

第一节　民事权利的概念

一、权利的词源

汉语中的"权利"一词,原来公认系来源于日本。但经学者考证,"权利"一词最初于《万国公法》中译本(1864年,同治三年出版)中出现,系由清末在中国政府同文馆服务的美国专家丁韪良在中国同事的协助下翻译的。①

西方表示"权利"的语词,如英文的"right",拉丁文的"jus",法文的"droit",德文的"recht"。除了英文中的"right"以外,其他皆具有两种含义:一种为主观权利(对应英语中的"right"),当事人实际享有的权利;一种为客观权利(对应英语中的"law"),即为规则、法律。②

二、权利的概念及相关学说

权利,即法律所赋予享受特定利益之能力。关于民事权利的本质,存在不同理论,众说纷纭,主要有意思说、利益说、可能性说、法力说等。③

意思说认为,权利为个人意思自由活动或自由支配的范围,本质为个人意思。利益说认为,权利的本质为法律保护的利益。可能性说认为,权利是一种可能性。

---

① 参见李贵连:《话说"权利"》,《北大法律评论》第1卷第1辑(1998),第115—129页。
② 参见李中原:《Ius 和 right 的词义变迁——谈两大法系权利概念的历史演进》,《中外法学》2008年第4期,第533—551页。
③ 参见彭诚信:《现代权利理论研究》,法律出版社2017年版,第13—19页;申卫星:《溯源求本道"权利"》,《法制与社会发展》2006年第5期,第79—87页,范进学:《权利概念论》,《中国法学》2003年第2期,第15—18页。

法力说现为有力说。① 此说认为权利本质上是法律赋予的力量,凭此可为一定行为或不为一定行为。民事权利是民事主体享有的、为实现某种利益为一定行为或不为一定行为的法律上之力。不过,在民法上,除了物权法定主义以外,其他领域均否定法定主义,而坚持权利类型的开放。②

三、民事权利的客体

民事权利的客体,分为人身利益和财产利益。财产利益又包括物、行为和智力成果。关于权利的客体的具体论述,可参看本书第四讲的相关内容。

四、与权利相关的法律概念

(1) 权利与私法,权利为私法之目的。近代以来,私法采"权利本位"的立场,法律的任务与目的在于"私权的确认与保护"。

(2) 权利与权能。权能为权利的构成要素或内容要素,是权利的具体化形态。如所有权具有"占有""使用""收益""处分"四项权能,债权具有"请求""受领""保有"等权能。

(3) 权利与法益。法益,指法律所保护的利益,包括财产法益与人身法益。法律对法益的保护主要是通过权利这一外在的形式。

(4) 权利与权限。权限主要是公法上的概念或用语,有必须行使之含义。

第二节 民事权利体系与分类:依据实体法

民事权利体系比较复杂。我们有两种民事权利体系。

一种是理论层面的体系,即从不同角度,以不同标准对民事权利进行分类和整理。这些分类实际上构成了法律的分析工具,有助于理解每种权利的特点和规则以及权利之间的关系。此为下一节的内容。

另一种是依据实体法形成的体系,由既有实体法直接规范的权利所构成。

---

① 朱庆育:《权利的非伦理化:客观权利理论及其在中国的命运》,《比较法研究》2001年第3期,第10—29页。

② 张俊浩:《民法学原理》(修订第三版)(上册),中国政法大学出版社2000年版,第67页。

有学者称之为"民事基本权利"。① 此为本节的内容。这种体系依照权利的客体和内容从抽象到具体含有多个层次,层次越低,操作越具体。例如,物权、用益物权、建设用地使用权即为三个层次的权利。

与其他大陆法系国家一样,我国民事立法主要是以权利客体为首要区分标准规范各种权利的,如物权、债权、人身权、知识产权等。

一、物权

（一）物权的构成

物权是民事主体对特定的物享有的直接支配的权利,其最为核心的内容是"支配"。基于此,物权具有如下特征:

首先,物权的客体是特定的物。换言之,物权人所支配的对象是特定的物。此特定性是出于物权直接支配标的之需要。

其次,物权的权利主体特定,而义务人不特定,因此物权也被称为对世权。具言之,物权人支配其物,除他以外的所有的人都是义务人。义务人负有普遍的不作为的义务:尊重物权,不侵犯物权,不干预物权的权利人行使权利。这构成一种抽象的法律关系。但是,一旦有人违反这种不作为的义务,那么这种抽象的法律关系就转变为在具体的特定人之间的法律关系,物权人因此对该特定之人可享有两种请求权,即物上请求权和债权请求权（如损害赔偿请求权）。

最后,物权的效力或者物权的内容是对物的直接支配。

（二）物权的效力

物权的权能是直接支配物,即物权人可以按照自己的意思享受物的利益,包括使用价值和交换价值,这意味着物权人不需要借助他人的积极行为即可实现物权。例如,汽车所有权人可以按照如下方式支配其物,不需要征得任何人之同意:空置（占有）,自驾（使用）,出租（收益）,拆卸、砸毁、涂鸦（事实上的处分）或出售、设定抵押担保其债权（法律上的处分）。所有权是最典型和最为完全的物权。

物权作为支配权,对其权能的效力存在多种学说。例如,常见的四效力说

---

① 高富平主编:《民法学》（第二版）,法律出版社2009年版,第165页。

包括排他效力、优先效力、追及效力、物权请求权。实际上,无论是哪种效力,实质均服务于物权的支配性,或者说,是物权支配效力的延展。

1. 排他效力

为了实现对物的支配,同一标的物上不能同时成立两个互不相容的物权。此即所谓的"一物一权"。例如,同一标的物上不能有两个所有权。因此,某物之所有权被他人善意取得时,前一所有权消灭(《民法典》"物权"编第313条)。

用益物权,以特定物的占有、使用、收益为内容,因此在同一标的物上不能成立两个相互排斥的用益物权(如建设用地使用权、宅基地使用权、土地承包经营权、采矿权、养殖权),但可以同时成立两个内容不排斥的用益物权(如两个以不作为为内容的取水权)。担保物权以物的交换价值为利益,常可在同一标的物上设定数个公示手段不冲突的担保物权。

2. 优先效力

优先效力有两层含义,一是物权优先于债权,例如抵押权担保的债权优先于普通债权受偿;二是相容的物权并存于一物时,彼此之间有效力上的优先顺序。例如,他物权优先于所有权。又如,建设用地使用权人有权先于土地所有权人利用土地建造建筑物,并保有对建筑物的所有权。不动产抵押权的效力依据登记之顺序(参见《民法典》"物权"编第414条)。

3. 追及效力

追及效力指物权取得以后,不论物辗转于何人之手,物权人都有权追及物之所在且直接支配该物的效力。但是这种追及会因善意取得、取得时效、征收等制度在个案中被阻断。

4. 物权请求权

物权请求权为物权的消极之权能,包括物的返还请求权、排除妨碍请求权、消除危险请求权。①

(三) 物权法的特点

物权的支配之自由、权能之丰富、效力之强大,要求物权法遵循物权法定主义和物权公示原则。

---

① 参见崔建远:《物权:规范与学说——以中国物权法的解释论为中心》(上),清华大学出版社2011年版,第270—326页。

物权法定主义,指物权种类和内容由法律规定。唯有如此,物权的支配效力才能有序有效地施展。① 因此,物权法可以说是对各种物权进行类型化进而对其支配效力进行排序的部门法律。

物权公示原则,指物权变动以公示为主要方法,如不动产的登记和动产的交付。公示方法的采用也是对物权支配效力的有序有效之实现的配合。唯有公示,方能使他人便捷且清楚地注意到某项物权的存在及其内容。

(四) 物权的类型

物权实际上是一个权利群,包括所有权与定限物权。

所有权,是所有人对标的物为全面支配的物权。所有权是最典型和最为完全的物权,具备占有、使用、收益、处分之权能,及于物的使用价值和交换价值。所有权是其他物权产生的依据,因此也被称为完全物权、自物权。

需要注意的是,"所有"具有归属于某主体的含义,但并不是任何一种归属均可以在法律上被表达为"所有权"。例如,甲对乙享有请求后者返还 100 元的债权,可以说"债权属于甲"或者"甲拥有债权",但不说甲有 100 元债权的所有权。因为所有权表示的是"直接支配客体"的权利,凡是不能直接支配特定客体的权属都不属于所有权范畴。②

定限物权,是仅以特定目的对标的物为一定支配的物权。定限物权实际上是对他人之物(更准确的说法是"权利")的物权,也称"他物权"。定限物权之定限,是权能之定限:它仅仅分享他人权利中的部分权能,并在此权能范围内限制该权利人;其效力仅仅基于标的物的部分价值(使用价值或者担保价值)。该他人之权利通常为所有权。在这种情况下,所有权和定限物权的关系在于:所有权是他物权产生的根据,是母权;定限物权天生地具有限制所有权的作用,其效力优先于所有权的效力。定限物权又分为用益物权和担保物权。

用益物权,是以支配标的物的使用价值为内容的物权,即权利人对他人所有的物依法享有占有、使用和收益的物权(《民法典》"物权"编第 323 条)。依照《民法典》"物权"编的规定,用益物权包括土地承包经营权、建设用地使用权、宅基地使用权、地役权、居住权。

---

① 参见申卫星:《物权法定与意思自治——解读我国〈物权法〉的两把钥匙》,《法制与社会发展》2013 年第 5 期,第 134—143 页。

② 参见高富平主编:《民法学》(第二版),法律出版社 2009 年版,第 170 页。

担保物权,是以支配标的物的交换价值为内容的物权,即以确保债权实现为目的而对他人所有的物享有的支配权利。其权能表现在,排除他人非法妨碍,保全物的价值,并在债务不能清偿时,优先于他人用该物的价值实现自己的债权。典型的担保物权有抵押权、质权、留置权。①《民法典》"物权"编设有详细规定。

除此之外,还有所谓的"准物权",即非物权法上的、准用物权法关于物权之规定的权利,如海域使用权、渔业权、矿业权、取水权、捕捞权等。

二、债权

债权,是特定人得请求特定人为一定给付(作为或不作为)的权利。

债权具有如下特点:

(1) 债权是一种"请求权"。债权的核心内容是请求效力。

(2) 债权是"对人权"。债权的客体是给付,即债务人的行为。债权的客体区别于给付的客体(给付的客体也被称为"标的物"或"给付物",有时也被称为"标的"或"客体")。债权不具有物上追及的效力,不能及于"给付物"。

(3) 债权是"相对权"。请求债务履行的主体与义务主体是特定的。

综上,债权具有相对性,是针对特定人的请求权,请求效力仅存于当事人之间,没有对世性,也没有排他效力、优先效力、物上追及效力。

由此,债权的内容不易为外人所知晓,也不需为外人知晓。依据合同自由之原则,在不违背强制性规定和公序良俗的情况下,当事人可以自由创设债权的种类和内容。债权的设立与变动不需要公示。同一债务人可能前后创设多个债权,而债权人彼此之间并不知晓。这对债权的实现带来了一定的风险。债务人不履行债务,债权人可以通过私力救济或公力救济的形式,请求其承担债务不履行的责任。或者,债权人也可以通过担保(物的担保、人的担保)来保障债权的实现。

---

① 参见江苏省无锡市中级人民法院(2014)锡民终字第1724号"商品交易所有限公司诉卢海云返还原物纠纷案":留置权是平等主体之间实现债权的担保方式;除企业之间留置的以外,债权人留置的动产,应当与债权属于同一法律关系。劳动关系主体双方在履行劳动合同过程中处于管理与被管理的不平等关系。劳动者以用人单位拖欠劳动报酬为由,主张对用人单位供其使用的工具、物品等动产行使留置权,因此类动产不是劳动合同关系的标的物,与劳动债权不属于同一法律关系。

三、人身权

人身权是人格权与身份权的统一称谓。

（一）人格权

人格权，是对人格利益支配的权利。

法律提炼出一些具体人格利益，就民事主体对这些人格利益的支配构建了较为完备全面的规则，形成了所谓的具体人格权。例如《民法典》"人格权"编规定的生命权、身体权、健康权、姓名权、名称权、肖像权、名誉权、荣誉权、隐私权等。但是法律对具体人格权的罗列并非穷尽的，人格利益"不胜枚举"，也会随着社会的发展而产生新的类型。① 为了更为全面地保护人格利益，②体现对人的尊重，《民法典》在具体人格权之外，还规定了一般人格权条款。

1. 具体人格权

具体人格权，包括生命权、身体权、健康权等物质型人格权，姓名权、肖像权等标表型精神人格权，③名誉权、荣誉权、隐私权等尊严型精神人格权，以及身体自由权等自由型精神人格权。

以肖像权为例，肖像权是自然人对其肖像的支配权。肖像即自然人形象的再现，具言之，即采用摄影、绘画、造型艺术等手段对自然人的形象的再现。通过这种再现的形象，可以识别出该自然人。肖像权的权利内容包括三个方面，分别是肖像制作权、肖像完整权和肖像使用权。未经肖像权人同意，原则上其他任何人不得擅自使用其肖像（《民法典》"人格权"编第 1019 条）。

2. 一般人格权

一般人格权是与具体人格权相对的概念，其客体为一般人格利益。一般

---

① 参见王利明：《人格权法的发展与完善——以人格尊严的保护为视角》，《法律科学》2012 年第 4 期，第 167—175 页。

② 人格权保护与侵权责任规范关系密切。例如，北京市第三中级人民法院(2018)京 03 民终 725 号"北京兰世达光电科技有限公司、黄晓兰诉赵敏名誉权纠纷案"：认定微信群中的言论构成侵犯他人名誉权，应当符合名誉权侵权的全部构成要件，还应当考虑信息网络传播的特点并结合侵权主体、传播范围、损害程度等具体因素进行综合判断。不特定关系人组成的微信群具有公共空间属性，在此类微信群中发布侮辱、诽谤、污蔑或者贬损他人的言论构成名誉权侵权，应当依法承担法律责任。江苏省南京市江宁区人民法院(2015)江宁少民初字第 7 号"施某某、张某某、桂某某诉徐某某肖像权、名誉权、隐私权纠纷"：为保护未成年人利益和揭露可能存在的犯罪行为，发帖人在其微博中发表未成年人受伤害信息，所发微博的内容与客观事实基本一致的，符合社会公共利益原则和儿童利益最大化原则，该网络举报行为不构成侵权。

③ 参见温世扬：《论"标表型人格权"》，《政治与法律》2014 年第 4 期，第 64—71 页。

人格利益具有抽象性和概括性，理论上，可以包括但不限于人格独立、人格自由、人格尊严和人格平等。

学界普遍认为，德国学者基尔克（Gierke）最早提出这个概念。一般人格权是德国判例和学说为了弥补具体人格权类型的有限性而创立的，对具体人格权之外的人格利益提供具有开放性的保护机制。

与早期德国民法类似，我国原《民法通则》列举了具体人格权（生命健康权、姓名权、名誉权、荣誉权等），封闭的体系无法实现对人格利益的周延保护，尤其面对新的人格利益时，无法适应社会发展提出的要求。在我国理论界与司法界不断的推动下，一般人格权理论获得了丰富。2001年2月最高人民法院通过的《民事侵权精神损害赔偿责任若干问题的解释》第1条第2款①的规定在民事领域确立了一般人格权。2008年最高人民法院《民事案件案由规定》将一般人格权纠纷列为独立的案由。

《民法典》"人格权"编在中国学界和司法实践经验的基础上，在立法上确认了一般人格权保护条款，其第990条规定"自然人享有基于人身自由、人格尊严产生的其他人格权益"，为自然人人格利益保护提供了开放式的保护条款。这种一般性的规定是非常重要的，使得人身自由、人格尊严能够充分、全面、有效地得到私法的救济。当事人可以通过民事诉讼获得赔偿和救济，弥补具体人格权定型化和有限性的不足。例如，妻子未经丈夫同意而堕胎的问题，学者和法律实务工作者中就有观点支持将生育权作为一般人格权予以保护。又如，有学者建议贞操权也可以归属于一般人格权的保护范围。

一般人格权条款与类推适用的关系值得注意。比如，声音、身体部位、招牌的肢体动作，是类推肖像权规范保护，还是适用一般人格权条款来保护？我们认为，如果出现新的人格利益需要加以保护，法院应当优先适用类推适用的方式，只有在无法适用类推规则的情况下，才能有一般人格权条款的适用可能。

这是因为：一方面，类推适用于最相类似的情况，利用已经成熟的规则体

---

① 2020年12月修正之前的《精神损害赔偿司法解释》第1条规定："自然人因下列人格权利遭受非法侵害，向人民法院起诉请求赔偿精神损害的，人民法院应当依法予以受理：（一）生命权、健康权、身体权；（二）姓名权、肖像权、名誉权、荣誉权；（三）人格尊严权、人身自由权。""违反社会公共利益、社会公德侵害他人隐私或者其他人格利益，受害人以侵权为由向人民法院起诉请求赔偿精神损害的，人民法院应当依法予以受理。"

系解决新问题,能更好地、更圆满地、更全面地解决相关问题。例如,肖像权规则颇为丰富,属于典型的可以商品化的标表型权利,类推适用肖像权的规定,可以很好地处理未经许可商业利用他人声音、肢体或者招牌动作的案件。

另一方面,一般条款本身的功能重在兜底补充,应在无法类推的情况下发挥作用。而且一般条款比较宽泛,需要制度构建,法官自由裁量空间大同时也有难度,应尽可能避免向一般条款逃逸。①

(二) 身份权

身份权,是民事主体基于特殊身份而享有的权利。在我国,身份权主要规定在《民法典》"婚姻家庭"编中。②

身份权主要包括抚养权(父母与成年子女、③祖父母与孙子女、外祖父母与外孙子女、兄弟姐妹之间的身份权)、配偶权(夫妻间的权利)、亲权(父母对未成年子女的身心抚养、教育、监护的权利)、监护权、继承权等。④

四、社员权

社员权,即以社员资格和在团体中的地位为基础而产生的对该社团享有的权利。

社员权是一种复合型权利,包括多种权利,既有经济的权利,也有非经济的权利,如表决权、知悉权、执行权、监督权、盈余分配权、剩余财产分配权等。社员权具有专属性,只能随社员资格的转移而转移,一般不能继承,但也有例外。

五、知识产权

知识产权或智慧财产权,是民事主体对智力成果享有的直接支配的权利,主要包括专利权、商标权、著作权等。⑤

---

① 参见王利明:《人格权法研究》(第二版),中国人民大学出版社 2012 年版,第 168—174 页。
② 如果身份关系仅指亲属关系,那么基于这种身份关系而享有的权利称为"亲属权"。
③ 参见上海市第二中级人民法院(2017)沪 02 民终 10068 号"邹某蕾诉高某某、孙某、陈某法定继承纠纷案":离婚中,作为继父母的一方对受其抚养教育的继子女,明确表示不继续抚养的,应视为继父母与继子女关系自此协议解除。继父母去世时,已经解除关系的继子女以符合继承法中规定的"具有抚养关系的继子女"情形为由,主张对继父母遗产进行法定继承的,人民法院不予支持。
④ 对于继承权、社员权是否为身份权,理论上存在争议。
⑤ 英美法上的"工业财产权"(industrial property rights),则指专利权和商标权。

知识产权的客体是无形但有价值的智力成果。与物权类似,知识产权的内容也是"支配"。因此知识产权也具有对世性、排他性、优先性。① 但是,知识产权具有地域性、时间性和客体特殊性,其权利内容与物权不尽相同,有关的法律规则也已呈现为独立的部门法。

第三节 民事权利体系与分类:依据学理

一、财产权与人身权

以民事权利客体有无直接的经济利益为标准,可将民事权利分为财产权和人身权。

财产权是客体具有经济利益的权利。其特点在于:第一,权利直接体现经济利益;第二,权利可以流转、由他人继承。财产权可以再细分为物权、债权、知识产权。一般认为,继承权也属于财产权,但有不同观点。

人身权是以人身利益为客体的权利,分为人格权与身份权。人身权的特点在于:第一,权利不直接体现经济利益,但在受到侵犯时,可以请求损害赔偿;第二,权利不得放弃、转让或者继承(《民法典》"人格权"编第992条)。

二、绝对权与相对权

以民事权利的效力范围和内容为标准,可将民事权利分为绝对权和相对权。

绝对权是效力及于权利人之外其他主体的权利,即除了权利人之外的人都是义务人,如所有权、人身权、知识产权。

相对权是核心效力仅及于特定人的权利,即义务人是特定的人,如债权。

三、既得权与期待权

以民事权利是否具备权利实现条件为标准,可将民事权利分为既得权和期待权。

---

① 参见何敏:《知识产权客体新论》,《中国法学》2014年第6期,第121—137页。

既得权是具备权利实现条件的权利。

期待权是不具备权利实现条件而只能期待将来实现的权利。例如,继承权在不具备实现条件时为期待权,具备实现条件时为既得权。①

四、原权与救济权

以权利的派生关系为标准,可将民事权利分为原权和救济权。

原权即原有的权利。救济权是因原权利受侵害而产生的权利。例如,所有权受侵害产生损害赔偿请求权,前者为原权,后者为救济权。

五、支配权、请求权、形成权、抗辩权

以民事权利的实现方法及作用为标准,可将民事权利分为支配权、请求权、形成权和抗辩权。

(一)支配权

支配权是权利人可以直接对标的进行支配的权利。例如,所有权的权利人可直接管理、支配所有物,并排除他人的干涉。

(二)请求权

请求权,指权利人请求他人为一定行为或不为一定行为的权利。② 债权是典型的请求权,权利人可请求义务人为一定行为或不为一定行为,也可请求法院强制义务人履行义务。

1. 请求权体系

根据产生的原因,请求权有多种类型,如支配请求权、合同之债请求权、侵权之债请求权、不当得利之债请求权、缔约过失请求权等。这些请求权还可进一步细化为数量众多的请求权。

2. 请求权的法律意义

请求权是法律人的重要分析工具,兼具法律思维价值和实务价值。

3. 请求权竞合

不同类型请求权的制度设计具有不同的目的,对当事人也具有不同的价

---

① 参见申卫星:《期待权研究导论》,《清华法学》2002年第1期,第162—188页。
② 请求权的概念,系由德国学者温德沙伊德所创设。他通过对罗马法的"actio"(诉权、诉)一词进行现代化改造,而创设出实体法上的"请求权"的概念。

值。如何才能取得请求权？权利的构成要件、举证责任是怎样的？权利取得以后可以享有什么样的权能？如何行使权利？权利是否受诉讼时效的限制？不同的请求权对于这些问题的回答可能是不一样的。

同一法律事实，可能因为同时符合不同的法律规范之构成要件，而皆可适用这些规范，并对应多个请求权，此现象被学界称为"规范竞合"。① 在此情况下，当事人面临多个请求权之可能，当事人可否全部主张？抑或只能主张其中的一个或者一部分？实际上，这取决于决策者（立法者、司法者）的政策。例如，对于违约责任与侵权责任，有的法域（如法国法）将二者的请求权规范基础看成一般法和特别法的关系，有的法域（如中国法）则把它们看成并列关系，原则上权利人可以选择其一。

总体说来，处理多个请求权的理论方案有如下四种：②

第一种方案，是学界所谓的"法条竞合"。即明确规定适用何种请求权规范基础，排除另外一种请求权规范基础。在此种方案下，请求权规范竞合根据特别法优于普通法的原则解决，权利人只能确定地行使特别法上的请求权。其实质在于，请求权规范基础具有适用上的"先后"，或曰"层次"。

第二种方案是请求权聚合。即允许权利人选择和同时拥有多种请求权。在此种方案下，权利人有行使多个权利之可能，在行使一个权利后，其他的权利并不消灭，仍可行使。例如，权利人可以同时请求精神损害赔偿和财产损害赔偿。

第三种方案细分为两类情况。其一，针对同一法律事实，法律明确赋予权利人两个或多个请求权，允许权利人自由选择，但只能选择其中的一个请求权。在此种方案下，权利人有行使任何一个权利之可能，但行使一个权利后，其他的权利消灭。其二，同一法律事实碰巧同时满足不同的法律规范，且依据这些法律规范，可对应两个或者多个内容相同的请求权。一般说来，权利人可以选择行使请求权。这就是中国学界常说的"请求权竞合"。例如，物权请求权与债权请求权竞合，中国法下违约请求权与侵权责任请求权

---

① 对中国民法典所设竞合规范的整体把握，可参见崔建远：《中国民法典所设竞合规范论》，《兰州大学学报（社会科学版）》2021 年第 1 期，第 10—15 页。

② 参见王利明：《违约责任论》，中国政法大学出版社 2003 年版，第 330—331 页；段厚省：《请求权竞合要论——兼及对民法方法论的探讨》，中国法制出版社 2013 年版，第 68—103 页；[德] 卡尔·拉伦茨：《德国民法通论》（下册），王晓晔等译，法律出版社 2003 年版，第 348—350 页。

竞合等。

第四种方案是请求权基础规范竞合。在此种方案下,同一法律事实遇有两个不同的法律规范,但被认为针对的仅是一个请求权,只不过一个请求权同时有两个法律规范(请求权基础);因此当事人可以选择的不是两个请求权,而是请求权的两个请求权基础,且只能一次起诉。

综观上述四种方案可以发现,不论如何,总体上说,内容相同的请求权只能存活一个,选择的方式可以是法律强行指定或者权利人选定,而内容不相同的请求权则可以共存。

(三)形成权

1. 概念

形成权,是指权利人凭自己单方的意思表示,即可使民事法律关系产生、变更或消灭的权利。形成权也被称为"可能权""变动权",主要是通过权利主体的单方意思表示使自己与相对人之间产生、变更或消灭某种法律关系。常见的形成权如追认权、撤销权、同意权、选择权、抵销权、解除权等。以形成权的行使是否涉及其他人的利益为标准,可将形成权分为有相对人的形成权与没有相对人的形成权(如所有权的抛弃、无主物的先占)。

形成权是一种程序性的权利,其行使只需要权利人的单方意思表示,不需要相对人协作。形成权的存在以当事人之间存在某种法律关系为前提,或者是基于法律的直接规定,或者是当事人合意的结果。也有学者否认形成权的概念,认为所谓的形成权不过是一种权能,为权利的一种作用而已,不是独立的权利。①

2. 行使与限制

形成权行使的效果是产生、变更或消灭某种实体权利,对当事人利益影响较大。为此,形成权的行使不得附条件和附期限。形成权行使后,原则上不得撤销。② 此外,形成权的行使还有时间上的限制,即除斥期间的限制。③

----

① 参见郑玉波:《民法总则》,中国政法大学出版社 2003 年版,第 68 页。
② 参见最高人民法院(2014)民一终字第 58 号"上诉人北京中亿创一科技发展有限公司与被上诉人信达投资有限公司、一审被告北京北大青鸟有限责任公司、一审被告正元投资有限公司房屋买卖合同纠纷案":附约定解除条件合同,自条件成就时,解除权人解除合同通知到达对方时合同解除,无须相对方作出明确意思表示;解除合同通知因意思表示生效而生解除效果,且保护相对人合理信赖,一般具有不可撤销性。
③ 具体内容可参见本书第十讲第四节"除斥期间"。

(四)抗辩权

抗辩权是对抗他人权利的权利。

抗辩权可分为两类。一类是永久性抗辩权,即一旦抗辩事由发生,权利人就可以永久地、反复多次地行使的抗辩权。如诉讼时效制度采抗辩权发生说,时效经过之后,义务人主张时效利益的权利就是永久性抗辩权。此种抗辩权行使之后,可以对抗权利人的请求权,致其不能实现。

另一类是暂时性抗辩权,即一旦抗辩事由消失,抗辩权就不再存在,如同时履行抗辩权、不安抗辩权、检索抗辩权等。例如,对未到期的债务,债权人请求履行,债务人可以因未到期而拒绝履行,这就是暂时性的抗辩权。[1]

抗辩权本质上是一种防御性的权利,不具有攻击性。抗辩权因此具有如下特征:

第一,抗辩权的行使并不能消灭被对抗的请求权,其效果仅在于阻止请求权的行使,而非否认它的存在。

第二,只有在受到攻击,即他人行使请求权时,抗辩权人才能行使抗辩权进行对抗。

第三,抗辩权主要是针对请求权人行使请求权的情形,但不以请求权为限。例如,抗辩权还可以是"对抗辩权的抗辩"(再抗辩),也可以是"对抵销权的抗辩"(准抗辩,也称"反对权")。[2]

六、观察

观察民事权利在学理上呈现的体系,可以发现:

权利分类可能存在中间地带。例如,财产权与人身权的划分越来越受到挑战。知识产权、社员权都兼有人格权和财产权的因素,只是总体而言,前者所含的经济利益较多,而后者以身份利益为重。

不同学者对权利可能采用不同的划分标准,或者对划分标准有着不同的

---

[1] 参见最高人民法院(2013)民一终字第181号"大庆凯明风电塔筒制造有限公司与华锐风电科技(集团)股份有限公司买卖合同纠纷案":尽管凯明公司存在延期交货,但由于华锐公司从合同履行伊始就拖欠货物进度款,且在交货后长期拖欠货款,经凯明公司多次书面催讨,仍一直故意拖欠,造成凯明公司购买塔筒材料困难。该行为对迟延交货产生了直接影响。合同必须严格遵守,如果合同义务有先后履行顺序,先履行一方怠于履行给后履行一方履行合同造成困难的,后履行一方因此取得先履行抗辩权,并有权要求对方履行全部合同。

[2] 参见郑玉波:《民法总则》,中国政法大学出版社2003年版,第68页。

理解,因此,学理上的分类所包含的权利种类不尽相同。

第四节 民事义务与民事责任

一、民事义务

(一) 民事义务的概念

民事义务,是义务人为满足权利人实现民事权利而必须为一定行为或不为一定行为的法律拘束。

(二) 民事义务的分类

民事义务有多种分类。例如,民事义务可以分为财产义务、人身义务和知识产权义务,绝对义务和相对义务,原生义务(第一次义务)和派生义务(第二次义务),明定义务和附随义务,作为义务和不作为义务等。这里主要介绍后两种分类。

明定义务,指法律或合同规定的义务。附随义务,指法律、合同虽无规定,但从法律关系性质分析应有的义务,如为他人代买物品在交付前的保管义务、告知义务等。

作为义务,即为一定行为,也称为"积极义务"。不作为义务,即不为一定行为,也称为"消极义务"。消极义务有两种:第一,对于一般权利尊重的义务,如不妨碍权利行使或者不侵权的义务等;第二,对于请求权的特定不作为义务,如不同业竞争等。

(三) 民事义务与民事权利的关系

一般地,民事权利与民事义务是对立统一的关系。因此,民法的立法技术从权利角度设计相应规范即可,但在债法领域有较多规范是从义务人角度切入的。在债法上,"义务"也被称为"债务"。债权为相对权,债权的实现高度仰仗义务人对债务的履行,因此义务(债务)的概念在债法中体现得最为丰富和集中。

二、民事责任

(一) 民事责任的意义:与民事义务的区别

广义上的民事责任是指因民事义务的违反而产生的不利益的法律后果。

(二) 民事责任的本质：与民事义务的联系

1. 民事责任的本质

(1) 广义上的民事责任与民事义务相对，但实质上也是义务，即以给付为内容的第二次义务，或曰对第一次义务的违反而产生的义务。民事责任的内容，是向受害人为某种给付，如返还原物、恢复原状、停止侵害、排除妨碍、消除危险等。因此，这种第二次义务与原始义务（或称"第一次义务"）常具有内容上的一致性（在第一次义务是给付义务时尤其如此）。

(2) 广义上的民事责任也与救济权相对。民法上的责任，都对应着一种救济请求权：受害人（即请求权人）有权请求责任人为某种给付，责任人为该种给付的效果归属于该权利人；但在权利人不行使请求权的情况下，责任人可以不承担民事责任。即使法院判决一方当事人向另一方当事人（权利人）为一定的给付来承担其民事责任，也通常会确定一定的履行期限，只有超过这个期限，才会进入强制执行程序，而进入该强制执行程序，也还需要权利人向法院另行提出申请。由此可见，民事责任的落实与请求权的存在和行使紧密相联。①

2. 民事责任本质的理论意义

民事责任的上述特质，很好地解释了为何民事责任不同于行政责任、刑事责任（因为在内容上和实现上有所区别），也揭示了传统罗马法不区分义务与责任的原因。

在传统民法上，民事责任（违约责任、侵权责任等）被作为一种债务规定于债法之中。通过债（以请求给付为内容）的概念和规则，就可以解决民事主体之间的责任承担问题。因此传统民法认为，无须单独提炼"民事责任"的概念，也不需要严格区分"民事责任"和"民事义务"，有关所谓违约责任和侵权责任的规则，作为一种债务规定在债法之中即可。

义务与责任概念的区分，系日耳曼法对民法的一大发现。这一发现在理论上具有重大意义。它揭示了民事责任与其他责任的关系，以及民事责任在民法（尤其是传统民法）规则上的地位非常有限的原因。

---

① 参见李开国：《民法总则研究》，法律出版社 2003 年版，第 105—106 页；陈华彬：《民法总论》，中国法制出版社 2011 年版，第 229 页。

3. 我国对民事责任的规定

原《民法通则》曾极强调"民事责任"的地位,在第六章对其加以专章规定。这意味着立法严格区分了"民事责任"与"民事义务",有关侵权责任和违约责任的规范从债法中分割出来。对此,肯定的观点认为原《民法通则》对民事责任的规定是独树一帜的立法体例,首创了统一的民事责任法,对于完善民法体系、发挥民法的教育功能具有进步意义,但也有不同观点。

我们认为,与"民事责任"独立不独立、统一不统一相比较,更为重要的是不能抹杀不同民事责任所对应的责任方式(或曰请求权——从权利人角度的表述)的差异。原《民法通则》将所有的民事责任方式统一列举,客观上容易导致遮掩各种责任方式构成和内容的差异性,也可以说忽略了责任的构成和内容的差异性,这造成实践中的一些问题。例如,很长时间内,"排除妨碍"与"损害赔偿"等制度、"损害赔偿请求权"与"物上请求权"等概念时常发生混淆。

《民法典》虽然也承袭了原《民法通则》将民事责任方式统一列举的立法传统,但是在后续制度构建中,开始突出不同责任方式在构成要件与法律效果上的差异。例如,依据《民法典》"侵权责任"编第1167条①有关责任构成的规定,典型的支配权固有的救济方式(如停止侵害、排除妨碍、消除危险)不以行为人的过错和造成损害作为构成要件。再比如,依据"总则"编第196条②有关时效的规定,典型的支配权固有的救济方式(如停止侵害、排除妨碍、消除危险)不适用诉讼时效。

因此,我们认为,今天可以这样理解我国民法上"民事责任"的概念,它是一个广义上的概念,可与"民事救济"概念相互对应、替换,其外延非常宽泛,包括支配权固有的救济方式和债权性质的救济方式(损害赔偿等)。债权性质的救济方式从发生的原因来看,可能基于违约、侵权、缔约过失,因此有所谓的违约责任、侵权责任、缔约过失责任等;而支配权的救济方式在名义上被归为侵权责任的范畴(参见《民法典》"侵权责任"编第1167条)。

---

① 第1167条:"侵权行为危及他人人身、财产安全的,被侵权人有权请求侵权人承担停止侵害、排除妨碍、消除危险等侵权责任。"
② 第196条规定:"下列请求权不适用诉讼时效的规定:(一)请求停止侵害、排除妨碍、消除危险;(二)不动产物权和登记的动产物权的权利人请求返还财产;(三)请求支付抚养费、赡养费或者扶养费;(四)依法不适用诉讼时效的其他请求权。"

第五节　民事权利的行使

一、权利行使的意义

权利的行使,是权利主体为实现权利的内容,发挥权能、变现利益的过程。

权利对应着一定的利益,但这种利益不会自动实现,需要权利人具体运用权利所包含的权能得以实现。比如,所有权人通过行使占有、使用、收益、处分四项权能中的一项或几项,来实现所有权所包含的利益。又如,买卖合同生效以后,买受人虽然享有请求卖方交付标的物并转移所有权的债权,但是这种债权必须向卖方提出债务履行请求并通过卖方的实际行动才能得以实现。

权利行使的方式,根据权利所包含的权能不同而有所不同,如前所述作为支配权的所有权与作为请求权的债权,其权利实现的方式不同。但是在整体上,无非是通过事实行为或法律行为予以实现的。

权利的行使,有时不需要他人的介入,由权利人借助自己的力量予以实现(如所有权人对标的物的占有、使用、收益和处分);有时则需要相对人的介入与配合(如债权的实现需要相对人履行债务);有时权利的行使会遭遇他人的妨碍或者相对人的不配合,因而需要采取一定的救济措施,此时可以通过私力救济或公力救济的途径来保障权利的实现。

二、权利行使的指导原则

权利意味着自由,权利人可以自由决定是否行使权利、如何行使权利,但同时,权利的行使不能逾越必要的界限。现代民法对权利行使的限制主要来自如下三个方面。

（一）法律规范之目的

或者是为了公共利益或曰一般利益,或者是为了保护个体利益,或者是为了平衡不同利益,很多法律规范直接对民事权利的内容或行使设定了边界,其法律渊源具有多样性。

例如,在宪法层面,如《宪法》第 10 条便对土地使用权设置了限制:城市的土地属于国家所有。农村和城市郊区的土地,除由法律规定属于国家所有的以外,属于集体所有;宅基地和自留地、自留山,也属于集体所有。国家为了公共利益的需要,可以依照法律规定对土地实行征收或者征用并给予补偿。任何组织或者个人不得侵占、买卖或者以其他形式非法转让土地。土地的使用权可以依照法律的规定转让。一切使用土地的组织和个人必须合理地利用土地。

又比如,有大量的行政法规、规章对民事权利的行使设置了限制。行政法对权利行使施加的限制非常广泛,包括但不限于国家安全、治安、消防、公共卫生、交通运输、通讯、历史文物保护、环境与生态保护、市容市貌、土地与空间利用、区域规划,等等。例如,《传染病防治法》第 39 条规定,甲类传染病病人、病原携带者应当接受隔离治疗;"拒绝隔离治疗或者隔离期未满擅自脱离隔离治疗的,可以由公安机关协助医疗机构采取强制隔离治疗措施",便构成了对自然人人身自由行使的限制。

当然,还有大量的民商经济类法律规范对民事权利的内容和行使进行了限制。例如,物权法规范在相邻关系中对不动产物权进行了限制;合同法规范中的合同格式条款规范对当事人缔约自由设置了限制;消费者权益保护法对经营者附加了大量保护消费者权益的义务,对经营者恶意利用自己的优势地位与消费者进行交易的行为进行限制;①劳动法对用人单位解除劳动合同的权利设置严格限制等。

(二)民法基本原则

民法基本原则具有多重功能,其中一项重要的内容是对民事权利行使提出原则性的要求,保证权利行使不违反民事法律规则所旨在维护的一般私法价值。民事基本原则众多,其中对权利行使限制最为主要的是公序良俗原则和诚实信用原则。②

---

① 参见最高人民法院指导案例 64 号"刘超捷诉中国移动通信集团江苏有限公司徐州分公司电信服务合同纠纷案":经营者在格式合同中未明确规定对某项商品或服务的限制条件,且未能证明在订立合同时已将该限制条件明确告知消费者并获得消费者同意的,该限制条件对消费者不产生效力。电信服务企业在订立合同时未向消费者告知某项服务设定了有效期限限制,在合同履行中又以该项服务超过有效期限为由限制或停止对消费者服务的,构成违约,应当承担违约责任。

② 就公序良俗原则,《民法典》"总则"编第 8 条规定:"民事主体从事民事活动,不得违反法律,不得违背公序良俗。"就诚实信用原则,《民法典》"总则"编第 7 条规定:"民事主体从事民事活动,应当遵循诚信原则,秉持诚实,恪守承诺。"

（三）权利禁止滥用原则

在比较法上，我们常见到禁止权利恶意行使之规则。例如，《德国民法典》第 226 条规定："权利行使不得专以损害他人为目的。"这被认为是关于权利禁止滥用原则的首例规定。① 《瑞士民法典》第 2 条第 2 款规定："公然滥用权利，不受法律保护。"《日本民法典》第 1 条第 3 项规定："禁止滥用权利。"

如果权利的行使被判定为权利滥用，权利行使效果的维系将不会得到法律与裁判机关的支持，不仅如此，行为人应当就此给他人造成的损失承担损害赔偿责任。

按照现在学说之通说观点，权利禁止滥用原则为民法的一项基本原则。不过《民法典》第一编第一章在列诸多基本原则条款时并没有列明此原则，而是在第一编第五章"民事权利"规定"民事主体不得滥用民事权利损害国家利益、社会公共利益或者他人合法权益"（第 132 条）。那么，权利禁止滥用原则是不是民法基本原则呢？它与其他民法的基本原则什么关系呢？

我们认为，所谓权利禁止滥用原则的作用集中于缓和制定法的僵硬、为法官创造裁判之基础。此所谓之原则与其他基本原则尤其是公序良俗原则和诚信原则互有冲突和覆盖，可以用其他原则来解决问题。权利禁止滥用原则，可以被认为是其他原则在权利行使方面的表现。民事规则的价值判断和制度安排整体上体现了禁止权利滥用原则。实际上，长期以来，强调禁止权利滥用原则的基本思维并未缺失过。而权利禁止滥用原则的前提是权利之圆满、权利之保护被过分放大。

第六节　民事权利的救济

权利受法律保护。在行使权利的过程中，权利人遇有权利不能完全实现的情况，就需要法律提供保护。救济权制度赋予当事人以救济权，并在救济权不能通过和平和自愿的方式实现时，配以方便可靠的、具有现实力量甚至是带有有限暴力色彩的措施和程序，以确保救济权的行使与实现。民法安排了两

① 张俊浩：《民法学原理》（修订第三版）（上册），中国政法大学出版社 2000 年版，第 85 页。

套救济程序和措施：一是自力救济，二是公力救济。

一、自力救济

自力救济，即许可权利人依靠自身力量实现救济权。自力救济具有如下特点：

第一，自力救济的适用受到较为严格的限制。自力救济易生暴力事件，难免当事人恃强凌弱；凭主观臆断去强制他人，也恐感情用事、有失公允；而且在现代社会，国家权力较为发达与强大。故自力救济仅作为例外被承认，并且有相应的限制。

第二，启动自力救济的前提必须是紧急情况，公力救济缓不济急。

第三，为自力救济而采取的措施必须在合理限度内。原因在于，私力救济有较大的权利滥用之危险，恐有侵害他人合法权益之可能。

自力救济的形态可表现为自助行为或自卫行为（正当防卫、紧急避险）。

（一）自助行为

1. 自助行为的概念

自助行为，是为保护自己的权利，以自己的力量限制加害人的自由或财物的行为。① 自助行为主要针对债务人不履行债务的紧迫情况，②如扣留出逃国外的债务人的护照；禁止就餐不付款之人离开饭店，扣押其车辆，控制其车钥匙，甚至毁损其轮胎。③《民法典》"侵权责任"编第1177条规定："合法权益受到侵害，情况紧迫且不能及时获得国家机关保护，不立即采取措施将使其合法权益受到难以弥补的损害的，受害人可以在必要范围内采取扣留侵权人的财物等合理措施；但是，应当立即请求有关国家机关处理。受害人采取的措施不当造成他人损害的，应当承担侵权责任。"

2. 自助行为的要件

（1）本人的请求权受到不法侵害。

---

① 参见焦清扬：《民事自助行为的价值定位及其制度构建》，《法学杂志》2014年第7期，第125—133页。

② 参见最高人民法院指导案例142号"刘明莲、郭丽丽、郭双双诉孙伟、河南兰庭物业管理有限公司信阳分公司生命权纠纷案"：行为人为了维护因碰撞而受伤一方的合法权益，劝阻另一方不要离开碰撞现场且没有超过合理限度的，属于合法行为。被劝阻人因自身疾病发生猝死，其近亲属请求行为人承担侵权责任的，人民法院不予支持。

③ 王泽鉴：《民法总论》，北京大学出版社2009年版，第451页。

（2）时间紧迫，原因是公力救济缓不济急，若不紧迫，可诉诸公力救济。

（3）手段合理。

（4）不超过必要之限度，否则构成过当自助、误想自助，应负侵权赔偿之责任。

3. 自助行为的效力

（1）阻却违法。行为人不负民事责任。例如，扣留就餐不付款之人，在拉扯中使对方眼镜跌落，行为人无须赔偿。

（2）临时的保全措施。

（3）事后行为人应及时请求国家权力机关处理。

（二）正当防卫

1. 正当防卫的概念

正当防卫，是为了避免自己或者他人受到现实的不法之侵害而进行防卫的必要行为。就"正当防卫"的概念而言，民法与刑法并无二致；但民法关注的是损害的赔偿，刑法关注的则是刑事处罚。

2. 正当防卫的要件

（1）存在侵害。这里的"侵害"可以是积极侵害，如驱犬伤人。也可以是消极侵害，如母亲拒绝哺乳，婴儿一时无法获得食物，强行使之哺乳。但对于纯粹的债务不履行，债权人不得实施正当防卫。

（2）侵害是现实的。

（3）侵害是不法的。

（4）防卫的是自己或他人的权利。防卫他人的权利，理论上也称为"紧急救助"。

（5）防卫不能超过必要限度。是否超过限度，需进行个案审查。

3. 正当防卫的效力

（1）正当防卫阻却违法性。防卫适度，不承担民事责任。

（2）防卫过当者承担适当的民事责任。

（3）若构成假想防卫，则不是正当防卫，行为人应承担一般的民事责任。

《民法典》"总则"编第 181 条规定："因正当防卫造成损害的，不承担民事责任。正当防卫超过必要的限度，造成不应有的损害的，正当防卫人应当承担适当的民事责任。"

(三)紧急避险

1. 紧急避险的概念

紧急避险,是为了避免自己或者他人的生命、身体、自由或者财产上的急迫的危险,不得已实施的加害他人的行为。例如,司马光砸缸救人,飞机驾驶员于紧急情况下丢弃旅客行李或货物减轻负荷以求飞行之安全。

2. 紧急避险的要件

(1) 存在危险。危险可以来自自然界(地震、海啸、台风、飓风、无人看管之恶犬伤人),也可来自人为因素(纵火、失火、抢劫)。需要注意的是,对不法侵害行为的直接反击(如抗击强盗),属于正当防卫的范围;因避免危险而不得已伤害他人(如躲避强盗而损及他人利益),方属于紧急避险。

(2) 危险是现实紧迫的。

(3) 危险非来源于避险人的行为。例如,遭恶犬之追逐,将其击伤或击毙,属于紧急避险。但若因挑逗恶犬而被追咬,在危险中将其杀害的,行为人需要负赔偿责任。①

(4) 避险的目的,须是逃避自己或者他人的生命、人身、自由或者财产之危险。生命、身体、自由这三项人格,通过避险行为确能免除或减轻损害;而其他人格权上的急迫危险,依靠牺牲他人权利也无济于事,故不可为避险之行为。

(5) 避险行为确属必要。

(6) 避险引发的损害应当小于危险所造成的损害。

3. 紧急避险的效果

(1) 在必要限度内的避险行为阻却违法性,避险人不承担责任。

(2) 超过必要限度的,避险人承担适当的民事责任。

《民法典》"总则"编第182条规定:"因紧急避险造成损害的,由引起险情发生的人承担民事责任。危险由自然原因引起的,紧急避险人不承担民事责任,可以给予适当补偿。紧急避险采取措施不当或者超过必要的限度,造成不应有的损害的,紧急避险人应当承担适当的民事责任。"

(四)比较

正当防卫与紧急避险的区别在于:(1)正当防卫的对象是不法的侵害,紧

---

① 王泽鉴:《民法总则》,中国政法大学出版社2001年版,第567页。

急避险的对象是紧迫的危险。(2)正当防卫的目的可以是为一切权利;紧急避险的目的只可为生命、自由、人身及财产。(3)正当防卫的实质是以损害抵御风险;紧急避险的实质是风险转移。(4)正当防卫行为仅对侵害人实施;紧急避险可对任何人(加害人或第三人)实施。(5)正当防卫通常伤害的是人;紧急避险通常伤害的是财产。

自助行为与自卫行为的区别在于:(1)自助行为的保护对象是请求权,以债权为主,自卫行为原则上可用以保护一切权利。(2)在自助行为的情形中,不采取自助行为,权利不会受损害,只是实现有些困难。在自卫行为的情形中,不采取自卫行为,权利可能就受到损害。(3)自助行为是临时的保全措施,自卫行为是避免权利受损的措施。(4)在采取自助行为后,行为人应及时求助国家机关,自卫行为则无此要求。

二、公力救济

公力救济,即权利人借助国家专门的权力机关之力量行使救济权。

公力救济最为主要的程序是民事诉讼程序和强制执行程序。其中,民事诉讼传统上分为三类:(1)确认之诉,即确认某项权利是否存在的诉讼。(2)给付之诉,即请求法院责令义务人履行某种给付义务的诉讼。(3)形成之诉,即请求法院变更或消灭某种法律关系从而形成新的法律关系的诉讼。

中　篇

民事法律关系的变动
（取得、变更、丧失）

由主体、客体和内容构成的民事法律关系是如何产生的？又因何原因发生变更、消灭？这些问题统称为民事法律关系的变动问题（从民事权利角度看，实际上就是民事权利的变动）。

引起民事法律关系变动的原因被统称为法律事实（第六讲）。

其中，最能体现私法特点的法律事实是当事人旨在追求私法效果的意思表示与法律行为（第七讲）。法律行为不仅可以由本人完成，还可以通过代理的方式扩张当事人意思自治的领域（第八讲）。

此外，本部分还会涉及另外一种非常重要的法律事实：时间（第九讲）。时间的经过可以导致权利的获得、失去或者构成权利行使方面的障碍。

第六讲　民事法律关系的变动

民事法律关系的变动是指在民事主体之间发生、变更或消灭了某种民事权利、义务关系的变化。实际上,民事法律关系的变动就是民事权利、民事义务的变动。

民事权利与民事义务具有对应关系,民事权利的变动,就意味着民事义务的变动。因此,民事法律关系的变动,就是民事权利的变动,私权的变动。由于民事权利居于民事法律关系的核心地位和民法的核心地位,我们常以"民事权利的变动"为研究对象,以求实现相对具体而微观的考虑。

第一节　民事权利的变动的具体样态：发生、变更、消灭

民事权利的变动的具体样态包括民事权利的发生(取得)、变更、消灭(丧失)。

一、民事权利的发生

(一)民事权利发生的概念

民事权利的发生,也称为"民事权利的取得",即某项民事权利归属于某个主体,或者说某个民事主体取得某项民事权利。

(二)民事权利发生的分类

民事权利的发生可以分为权利的绝对发生(即原始取得)与权利的相对发生(即继受取得)两种。

权利的绝对发生也称为原始取得,具体是指权利的产生(取得)不基于既有的权利。例如,先占无主物而取得所有权,以及按照《民法典》"物权"编第311条规定的善意取得制度而取得某物的所有权等。通过事实行为取得动产所有权,多为绝对发生即原始取得。

权利的相对发生也叫继受取得或传来取得,是指权利的产生基于既有之权利,即从他人处继受得来其一权利。民事权利的继受取得在现实中极为常见。它又分为:转移的继受取得与设定的继受取得。

转移的继受取得如基于买卖、赠与、互易等取得标的物的所有权。

设定的继受取得是指在某一权利之上另设新的权利,如在所有权之上创设某一用益物权、担保物权。这多是通过合同创设的。

二、民事权利的变更

广义的民事权利的变更是指民事权利不丧失同一性但发生变化,包括主体变更和内容变更。

主体变更是指权利在民事主体之间转移。对新主体而言,即为权利转移的继受取得。从旧主体角度而言,即为"权利的相对消灭"。

内容变更又称为狭义的"权利的变更",包括质的变更与量的变更。量的变更如债权被部分清偿所引发的变更。而质的变更则如合同债权变成损害赔偿请求权;无利息的债权变成有利息的债权等。"权利效力的变更"也属于内容变更,如第二顺位抵押权变为第一顺位抵押权。

三、民事权利的消灭

民事权利的消灭包括绝对消灭和相对消灭。

绝对消灭是指权利终局性的消灭,如债权被清偿,标的物灭失导致的所有权消灭。

相对消灭则是指权利在民事主体之间发生转移,归属于新的民事主体,对原来的主体而言即为"消灭"。

第二节 变动的原因:法律事实

一、法律事实的概念

能够引起民事权利、义务发生变动的客观情况,称为法律事实。①

---

① 参见常鹏翱:《法律事实的意义辨析》,《法学研究》2013年第5期,第3—23页。

民事权利、民事义务、主体、客体是民事法律关系的内部构成要素；这些要素是因法律事实结合在一起(产生法律关系)、变更或解体(法律关系消灭)的，因此，法律事实是法律关系的外部动因，是民事权利变动的原因。

二、法律事实的分类

依据是否与人的意识有关，法律事实可分为自然事实与行为。

（一）自然事实

自然事实是指与人的意识无关的客观现象，又可分为状态和事件。

状态是指一个时间过程，如时间经过、战争状态、下落不明状态。

事件是瞬间的自然事实，例如出生和死亡。

（二）行为

行为是指人的有意识的活动，包括表示行为和事实行为。

1. 表示行为

表示行为是指以意思表示(广义)为要素的行为。结合行为人意思表示，法律赋予一定的法律效果。表示行为包括法律行为和准法律行为。

（1）法律行为

法律行为的意思表示(狭义)具有特定的目的性，必须直接指向民事权利义务的变动——权利得丧变更之效果。行为人只有为一定的意思表示才能产生一定的法律效果，且这种法律效果系依据行为人意思表示的内容。

（2）准法律行为

对于准法律行为而言，行为人虽然也需要为一定的意思表示才能产生一定的法律效果，但是这种法律效果系依据法律的直接规定而产生，而与行为人意思表示的内容不直接关联。① 换言之，虽然发生效果需要人的意思表示存在，但是意思表示中是否含有效果意思并不重要。

准法律行为的类型包括意思通知、观念通知与情感表示。

意思通知，指以一定的意愿为表示内容的准民事法律行为，如催告，即债权人要求债务人履行到期债务或者要求对方当事人确定某种关系的通知。典

---

① 参见常鹏翱：《对准法律行为的体系化解读》，《环球法律评论》2014年第2期，第47—64页；冯洁语：《准法律行为的无效和撤销——以德国债权让与通知瑕疵为考察对象》，《南京大学学报(哲学·人文科学·社会科学)》2018年第2期，第147—156页。

型情形如无权代理关系中,相对人对于被代理人是否追认进行的催告(《民法典》"总则"编第171条),催告引起合理期间的计算,经过合理期间,产生法律规定的效力。又如,中断诉讼时效的行为也是其中一种,债权人向债务人主张债权的意思通知便可产生中断诉讼时效的法律效果,此效果来自法律的规定,而非债权人所预设的。此外,意思通知还包括承认的拒绝、义务履行的拒绝、要约的拒绝等。

观念通知又称事实通知,是指有关某种事实或者认识的通知,如股东大会召集公告、承诺迟到通知(《民法典》"合同"编第486条)、债权让与通知(《民法典》"合同"编第546条)、买卖标的物瑕疵通知(《民法典》"合同"编第621条)等。其所表示的客体不属于以私权变动为效果的意思,因此不是意思表示(狭义)。

情感表示指的是有关某种情感的表示。其表示客体不具有私权变动之效果的意思。情感表示被立法予以规定的情况极少。在继承领域,《民法典》第1125条规定,继承人虽然会因为一些情况丧失继承权(如遗弃被继承人,或者虐待被继承人情节严重;伪造、篡改、隐匿或者销毁遗嘱,情节严重;以欺诈、胁迫手段迫使或者妨碍被继承人设立、变更或者撤回遗嘱,情节严重),但因这些情况丧失继承权的继承人确有悔改表现,被继承人表示宽恕的,该继承人不丧失继承权。此处,宽恕作为表意行为,会引起相应的法律效果。

(3)准法律行为与法律行为的区别

准法律行为在规则上"准用"法律行为的部分规则,如行为能力、意思瑕疵等。但准法律行为与法律行为的区别是比较明显的,主要表现在以下几个方面:

第一,准法律行为是指法律直接规定了结果的表示行为,与法律行为的本质相去甚远。

即使其表示行为的内容直接指向民事权利义务的变动(事实上也不可能发生与其表示内容一致的法律效果),实际发生的法律效果也依据法律规定。准法律行为所引发的直接的法律效果的内容与表示行为的内容不具有一致性。其"表示行为并非旨在引起行为人希望产生的法律后果,且在大多数情况下,行为人根本就没有意思可供表示"。①

---

① [德]迪特尔·梅迪库斯:《德国民法总论》,邵建东译,法律出版社2000年版,第160页。

假设承租人未按时缴纳房租，出租人催告之。催告之内容或者直接目的是催促承租人尽早缴纳。其后果根据法律的规定有：(1)诉讼时效中断；(2)如果不能在"合理期限内"缴纳房租，出租人有权解除合同；等等。但是这些内容并非与催告的内容一致，是法律直接规定的，并非"再现"催告的内容。

第二，因为法律行为的效果的内容的根据是意思表示，准法律行为的根据是法律规定，所以准法律行为不适用法律行为不得违反"公序良俗"的规则。

需要说明的是，准法律行为与事实行为也存在一定的区别。虽然准法律行为引起的法律效果系依据法律的直接规定，但法律规范要求行为人只有为一定的意思表示才能产生一定的法律效果，也就是说，法律还是看重表示及其内容的。而事实行为不要求有这种意思表示。

2. 事实行为

事实行为也是人有意识的行为，但不以意思表示为要素；事实行为的出现也能引起权利、义务关系的变更，但它所引起的法律效果是基于法律的直接规定，不由当事人的意思表示规定，是不与当事人的意思表示有关的、人的有意识的行为。①

事实行为能引起法律关系的变动，但不以意思表示为基础。换言之，做出该事实行为的行为人对民事法律效果的意愿及此意愿之表达，与该事实行为将导致的特定法律效果毫无瓜葛。

例如，甲将乙打伤，构成侵权行为，此虽为人的行为，但是承担责任的方式、赔偿的数额却不是由侵权行为人甲的意思决定的，而是依据侵权责任法的有关规定承担责任（如《民法典》"侵权责任"编第1165条）。再比如，路人甲偶遇路人乙摔倒，打车将乙送至医院，此构成无因管理行为，救助者甲不需要任何意思表示，均可根据《民法典》"合同"编第979条有关无因管理之债的规定主张补偿。又比如，路人甲拾到他人乙遗失的钱包占为己有，不管拾得遗失物之人意愿如何，都已在拾得人甲与失主乙之间产生了不当得利之债的关系，有关权利义务之内容将受制于《民法典》"合同"编有关不当得利之债的规定。

事实行为能引起法律关系的变动，不需要行为人具备意思表示能力（行为

---

① 参见常鹏翱：《论目的意思独立的事实行为》，《法律科学》2012年第3期，第79—85页。

能力):只要有事实行为,即可引起法律效果。① 不论无因管理人、不当得利人是成年人或未成年人,都能引起同样的法律后果的发生。同理,未成年人著书、绘画、演唱表演等都能依法产生著作权。

3. 法律行为与事实行为的区别

从行为的基本构成来看,法律行为需要有拟设定法律效果的意思表示,而事实行为产生法律效果不需要当事人的意思表示。法律行为所产生的法律效果的内容的根据是人的意志,而事实行为直接由法律规定,不因人的意志为转移。

法律行为产生的法律效果的有效要件是行为人有行为能力,而事实行为则不要求行为人有行为能力。

此外,法律行为可以被代理,而事实行为不能被代理,不适用代理制度。②

三、法律事实的构成

法律事实的构成是指某一民事权利的变动以有两个或两个以上的法律事实的出现为必要条件,即单有某一事实不引起法律关系的变动,只有需要的多个法律事实都出现了才能引起权利的变动。

这一区分的目的在于,凡需不同法律事实构成的,法律事实没有全部出现,不产生法律关系的变动。

例如,因遗赠而取得财产所有权需要有遗嘱和死亡两个法律事实。③

---

① 参见四川省南部县人民法院(2011)南民初字第 2905 号"丁某等诉陈某见义勇为受害补偿纠纷案":行为主体一般应是实施该行为时不负有法定或约定义务的自然人,而非法人或其他组织。由于这是一种事实行为,而非民事法律行为,不以意思表示为要素,所以无须要求行为人具有完全的民事行为能力,只要事实上有此行为,即当然地发生相应的法律效果。

② 参见常鹏翱:《民法中典型事实行为的规范关系》,《法学》2012 年第 4 期,第 88—94 页。

③ 《民法典》"婚姻家庭"编第 1133 条第 3 款规定,自然人可以立遗嘱将个人财产赠与国家、集体或者法定继承人以外的人。

第七讲 法律行为

法律行为,也称为民事法律行为,其以意思表示为核心要素,是欧陆法系民法学领域内最为抽象的概念之一,它是利益交换机制与交易行为的法律表达,集中体现私法自治的理念,并且在一些国家或地区的立法中成为民法典编纂的重要工具,因此在民法体系与民法学研究中均占据了重要地位。

第一节 法律行为的概述

一、法律行为的概念

法律行为制度是私法自治理念最集中的表现。① 所谓私法自治,或曰意思自治,指在私法领域内,由当事人依其意思形成法律关系的原则,这一原则也被称为法律行为自由原则。

学者对法律行为概念的表述有很多经典的范例。例如,萨维尼在《当代罗马法体系》中认为,法律行为是行为人为创设其意欲的法律关系而从事的意思表示行为。王伯琦认为:法律行为者,以意思表示为要素之法律事实也。梅仲协认为:法律行为者,私人之意思表示,依私法之规定,可以达到所希望之法律效果也。②

《民法典》"总则"编第 133 条定义民事法律行为为"民事主体通过意思表示设立、变更、终止民事法律关系的行为"。

---

① 参见孙宪忠:《民法典总则编"法律行为"一章学者建议稿的编写说明》,《法学研究》2015 年第 6 期,第 53—64 页。
② 参见王泽鉴:《民法总则》,中国政法大学出版社 2001 年版,第 250 页;王利明:《法律行为制度的若干问题探讨》,《中国法学》2003 年第 5 期,第 74 页。

二、法律行为的特征

(1) 从构成上看,法律行为是以意思表示为要素,以按其表示之内容发生私法上效果为目的,依私法之规定,可以达到所希望的私权变动之法律效果的行为。具体而言:

首先,法律行为应当具有表意性,即以意思表示为核心要素,这也是其与事实行为相区别的标志。法律行为应当是人有意识的行为,无意识的条件反射不属于人的行为。

其次,法律行为应当是表示行为。行为人因此应当具有行为能力,行为应自由,其目的与表示须具有同一性,才能产生当事人通过意思表示所追求的法律效果。①

在多数情况下,只要具有意思表示行为这一核心要素即可构成法律行为;但在特别情况下,还需要其他要素,如书面形式、物的交付(要物行为)等。

最后,在目的性要求方面,法律行为应当包含变动民事法律关系的目的。②

(2) 从效力上看,法律行为最为本质的特征是,它所产生的法律效果可直接体现意思表示的内容。法律行为应当具有权利变动性,即法律承认当事人通过有效要件齐备的法律行为所创设的民事权利义务关系,其具体内容如何设计则交由当事人按其意思自治决定。

法律行为是实现私法自治的根本手段;法律行为能够发生法律效果,必须以法律承认私法自治为前提。③ 国家和法律规范不可能替代民事主体在市民社会中作出具体的决策。意思自治,需要法律行为制度来实现,交由当事人来自行安排他们之间的利益流转和分配,只要不侵害他人的合法利益,不违背公序良俗,国家不仅不应当干涉,还应当保护。不侵害一般利益与个体利益的法律行为的内容应当得到法律的承认,法律可以在当事人意思自治不够充分的情况下对法律行为进行补充。从这个意义上可以说,当事人取得权利义务是

---

① 参见李永军:《从〈民法总则〉第 143 条评我国法律行为规范体系的缺失》,《比较法研究》2019 年第 1 期,第 55—69 页。
② 参见谢鸿飞:《论创设法律关系的意图:法律介入社会生活的限度》,《环球法律评论》2012 年第 3 期,第 5—23 页。
③ 参见孙宪忠:《民法典总则编"法律行为"一章学者建议稿的编写说明》,《法学研究》2015 年第 6 期,第 53—64 页。

直接来自法律行为,而非来自法律规定。司法裁判机构应当尊重法律行为,把有效的法律行为援引为规范当事人行为的依据。因此,法律行为不仅仅是一个法律事实,也是当事人之间行为规范之来源。

三、法律行为与意思表示

法律行为理论发展的最早期,意思表示与法律行为系同义语。萨维尼在其著作《当代罗马法体系》中将"意思表示"和"法律行为"当成同义词来使用。这两个词在概念上的差异于后来出现,归功于 19 世纪后期德国罗马法学家贝克尔(Ernst Immanuel Bekker),并逐渐形成通说,但不同见解仍然存在。依据通说,意思表示是法律行为的核心要素。①

我国《民法典》"总则"编第六章同时使用法律行为和意思表示两个概念。从其文字上看,是将意思表示作为法律行为的核心要素对待的:民事法律行为是民事主体通过意思表示设立、变更、终止民事法律关系的行为(第 133 条)。

一项意思表示,只要法律规则愿意,即构成法律行为或者构成法律行为的一个要素。只要立法者愿意,法律行为也可以是将两个或多个意思表示集合在一起的整体,或者是在意思表示之外增加了一些要素(如书面形式、物的交付、登记等)。例如,《民法典》"总则"编规定:"民事法律行为可以基于双方或者多方的意思表示一致成立,也可以基于单方的意思表示成立"(第 134 条第 1 款),"民事法律行为可以采用书面形式、口头形式或者其他形式;法律、行政法规规定或者当事人约定采用特定形式的,应当采用特定形式"(第 135 条)。法律行为实质上是法律规则以意思表示为核心构筑的概念。

第二节 法律行为的类型

法律行为可以从不同角度,按不同标准加以分类,主要有如下类型。

---

① 参见朱庆育:《法律行为概念疏证》,《中外法学》2008 年第 3 期,第 325—372 页;谢鸿飞:《论创设法律关系的意图:法律介入社会生活的限度》,《环球法律评论》2012 年第 3 期,第 5—23 页;胡东海:《论法律行为的规范性》,《中外法学》2012 年第 6 期,第 1176—1189 页;窦海阳:《法律行为概念的再思考》,《比较法研究》2016 年第 1 期,第 109—125 页;李世刚:《中国债编体系构建中若干基础关系的协调——从法国重构债法体系的经验观察》,《法学研究》2016 年第 5 期,第 3—26 页。

一、单方法律行为、多方法律行为

分类标准：依其是否得由行为人一方的意思表示构成。

（一）单方法律行为

单方法律行为，指基于一方当事人的意思表示即能成立的民事法律行为。这种行为发生当事人所追求的法律效力是无须他人配合作同意的意思表示的，①如立遗嘱、委托授权、撤销委托代理人的行为、权利的放弃、放弃继承权、被代理人事后对无权代理的追认行为等。单方法律行为又可分为有相对人的单方法律行为和无相对人的单方法律行为。例如，有相对人的单方法律行为包括行使撤销权、解除权等形成权等，而无相对人的法律行为则包括订立遗嘱。

（二）多方法律行为

多方法律行为，指基于当事人各方的意思表示一致而结合成的法律行为。当事人各自的意思表示一致，又称"合意"。具体包括以下两种类型。

（1）双方行为

双方民事法律行为，指由双方当事人的意思表示一致才能产生法律效力的民事法律行为。双方法律行为极为常见，是民事生活中最为重要的法律行为。

对于双方行为，以往传统民法称其为"契约"，如买卖契约、租赁契约、借贷契约、结婚契约、收养契约等；称"共同行为"为"合同"。但是在现代民法中，"契约"也被称为"合同"。在我国立法上只提"合同"，不提"契约"。

双方当事人各自的意思表示是一致的，但也是相向的，即各自的方向（目的）相互对立，一方买一方卖；一方予，一方接；一方借，一方贷。

（2）共同行为

共同行为，指基于相互平行的两个或者多个意思表示一致而成立的法律行为，如设立社团的行为、股东会的决议行为等。②

共同行为与双方行为的区别主要在于两个方面：第一，共同行为的各个

① 参见许中缘：《论民法中单方法律行为的体系化调整》，《法学》2014 年第 7 期，第 59—71 页。
② 参见王雷：《〈民法总则〉中决议行为法律制度的力量与弱点》，《当代法学》2018 年第 5 期，第 3—14 页。

意思表示是平行的,方向(目的)是一致,而双方行为方向(目的)是相向的。①第二,有些共同行为的实施采用"多数决"方式,无须全体一致同意(如股东会决议),而双方行为需要双方完全同意。

(三) 区分单方法律行为和多方法律行为的意义

首先,此种区分便于判断法律行为是否成立,多方法律行为必须有"合意"。

其次,区分单方法律行为与双方法律行为可以判断法律行为生效的时间,这两种法律行为效力的变更或者解除方式不同。单方法律行为可因单方意思表示变更或解除(遗嘱设立以后,遗嘱人可仅凭自己单方意思表示改变或撤销之);多方法律行为必须顾及其他方意思,原则上须一致同意。

二、财产法律行为与身份法律行为

(一) 财产法律行为

财产法律行为是指以财产权利义务关系变动为目的的法律行为。

(二) 身份法律行为

身份法律行为是指直接以发生或者丧失身份关系为目的的法律行为,②例如缔结婚姻关系的行为、协议解除婚姻关系的行为、收养行为、非婚生子女的认领等。其特点在于具有浓厚伦理秩序与人身属性,不能由代理人代理,有瑕疵时原则上不得径直撤销之。③《民法典》"合同"编第 464 条第 2 款规定:"婚姻、收养、监护等有关身份关系的协议,适用有关该身份关系的法律规定;没有规定的,可以根据其性质参照适用本编规定。"

三、负担行为与处分行为

判断负担行为与处分行为的区别,要看其意思表示效果是设定债务还是直接处分权利。④

---

① 参见陈醇:《论单方法律行为、合同和决议之间的区别——以意思互动为视角》,《环球法律评论》2010 年第 1 期,第 49—58 页。
② 参见丁慧:《身份行为基本理论的再认识》,《法学杂志》2013 年第 1 期,第 37—47 页。
③ 参见施启扬:《民法总则》,中国法制出版社 2010 年版,第 204 页。
④ 参见陈卫佐:《〈民法总则〉中的民事法律行为——基于法律行为学说的比较法分析》,《比较法研究》2017 年第 4 期,第 75—94 页。

(一) 负担行为

负担行为,指一方当事人对另一方负担债务的法律行为,即设定债权债务的行为。如我国《民法典》"合同"编规定的所有类型的合同,其法律效果就是设定债权债务关系。①

(二) 处分行为

处分行为,指以直接使支配型权利设立、变更或消灭为内容的法律行为,如遗嘱、所有权的放弃等。②

四、有偿法律行为和无偿法律行为

(一) 有偿法律行为

有偿法律行为,指一方当事人向他方为财产上的给付时,他方对此应为对待给付的法律行为。有偿法律行为讲求对价,即让渡方有权要求对方向他履行相应的义务,双方之间在权利义务上存在对价关系。至于对价是否在客观上价值相当在所不问。

如买卖、互易、租赁、有利息的消费借贷等合同关系都是有偿法律行为。

(二) 无偿法律行为

无偿法律行为,指一方当事人向他方为财产上的给付而不从对方处获得财产上的对待给付的法律行为。一方向另一方有所付出,但不要求对方以"对价"方式给予相应报偿,同时对方只接受这种利益并不支付任何报偿。

例如,赠与合同、将笔记本电脑借给他人使用而不收取任何费用的行为都是无偿法律行为。

(三) 观察

无偿法律行为的分类仅对财产法律行为具有意义,身份行为的目的不在于取得对待财产利益,并无给付与对价的概念。③

对于某些法律行为而言,只能是有偿的或者无偿的,有偿或无偿决定了其在法律上的定性以及法律规则的适用。例如买卖、租赁都是有偿法律行为,如

---

① 参见陈卫佐:《处分行为理论之正本清源》,《政治与法律》2015年第7期,第105—122页。
② 参见崔建远:《处分行为理论真的那么美妙吗?——〈民法总则〉(草案)不宜采取负担行为与处分行为相区分的设计》,《中国政法大学学报》2016年第5期,第52—62页。
③ 参见施启扬:《民法总则》,中国法制出版社2010年版,第205页。

果改为无偿的,就变成赠与或借用。同样,赠与只能是无偿的,若变成有偿的,则行为性质由赠与变成买卖。有偿还是无偿,只要行为时已定,行为的性质就确定了。

对于其他法律行为而言,是否有偿对其在法律上的定性并无影响,不影响法律的适用,即既可以是有偿的,也可以是无偿的。例如,民间的保管、委托、消费借贷等具备有偿或无偿的两种可能性,是否有偿,由双方在法律行为中设定。

五、诺成法律行为和实践法律行为

（一）诺成法律行为

诺成法律行为,指双方当事人意思表示一致即可成立的法律行为。换言之,只要双方构成合意,即发生法律效力,无须有其他条件。绝大多数民事法律行为属诺成法律行为,例如买卖、租赁、承揽等合同都是诺成法律行为。

（二）实践法律行为

实践法律行为,指除双方意思表示一致外,还需交付实物方可成立的法律行为,也叫要物法律行为。① 对于此类行为而言,如果仅有双方意思表示一致,而无交付实物的行为,则法律行为不成立,自然也不能产生权利义务关系。例如,《民法典》"合同"编第890条规定:"保管合同自保管物交付时成立,但是当事人另有约定的除外。"因此保管合同为要物合同。传统民法认为借用合同、借贷合同和保管合同都是要物合同。如《民法典》"合同"编第679条规定:"自然人之间的借款合同,自贷款人借款时生效。"

实践法律行为的概念存在的考虑主要是基于传统、道德(如借用、民间借贷通常无偿,不能强迫允诺者一定出借,给予其在实际出借前反悔的空间)、法律行为的性质(如保管合同项下承担债务的根据是对方交付标的物)。

六、要式法律行为和不要式法律行为

（一）要式法律行为

要式法律行为,是指法律对行为的成立有特别的形式(即口头形式以外的

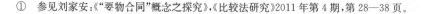

① 参见刘家安:《"要物合同"概念之探究》,《比较法研究》2011年第4期,第28—38页。

形式,如书面形式、公证形式、审批形式等)要求的法律行为。

例如,《民法典》第1105条规定:"收养应当向县级以上人民政府民政部门登记。收养关系自登记之日起成立。收养查找不到生父母的未成年人的,办理登记的民政部门应当在登记前予以公告。收养关系当事人愿意签订收养协议的,可以签订收养协议。收养关系当事人各方或者一方要求办理收养公证的,应当办理收养公证。县级以上人民政府民政部门应当依法进行收养评估。"第1106条规定:"收养关系成立后,公安机关应当按照国家有关规定为被收养人办理户口登记。"

关于外国公民在中国收养子女,《民法典》第1109条规定:"外国人依法可以在中华人民共和国收养子女。外国人在中华人民共和国收养子女,应当经其所在国主管机关依照该国法律审查同意。收养人应当提供由其所在国有权机构出具的有关其年龄、婚姻、职业、财产、健康、有无受过刑事处罚等状况的证明材料,并与送养人签订书面协议,亲自向省、自治区、直辖市人民政府民政部门登记。"上述证明材料"应当经收养人所在国外交机关或者外交机关授权的机构认证,并经中华人民共和国驻该国使领馆认证,但是国家另有规定的除外"。

(二)不要式法律行为

不要式法律行为,指法律对行为的成立没有形式上的要求。采用什么方式,由当事人自己决定。

七、主法律行为和从法律行为

彼此关联的法律行为之间如果具有主从关系,就有主法律行为和从法律行为的区分。

(一)主法律行为

主法律行为,指相互关联的法律行为中能够独立存在的行为。其无须其他法律行为的存在即可存续,单独发生效力,如借贷合同。

(二)从法律行为

从法律行为,指从属于主法律行为的法律行为。这一行为必以其他法律行为的存在为其自身存在的前提。例如,借贷合同的保证合同是保证人和债权人之间担保主合同(主法律行为)的从合同(从法律行为),从属于借贷合同这一双方由借贷引起的主法律行为。①

既然从行为以主行为为前提,因此与主行为同命运;主行为如果不成立、无效、被撤销或因其他原因消灭,从行为也随之。

第三节 法律行为的成立要件与有效要件

有意思表示并不一定就有法律行为,只有满足了相应的构成要件,法律行为才成立。

法律行为成立并不必然会引起权利义务关系的变动。立法者会设置相应标准对成立的法律行为的有效性进行考察,以确保当事人的意思自治不违反法政策。因此,只有法律行为满足法律要求的有效要件,才可能有符合意思表示之内容的权利义务关系变动。

接下来,我们主要从宏观上观察法律行为的成立要件和有效要件。

一、法律行为的成立要件

(一)法律行为的一般成立要件

法律行为的一般成立要件是指任何一个法律行为成立都不可或缺的要件。

传统理论认为有三个要件:行为人、意思表示、标的(或曰内容)。② 其实,三要件围绕"意思表示"展开。③ 因为意思表示是人为的,以意思表示为要件,就意味着有表意人的存在。同理,标的也当然包含在"意思表示"之中,因为不具有旨在使权利义务发生变动的内容的表示行为不是意思表示。

(二)法律行为的特别成立要件

特别成立要件包含对意思表示个数的要求(《民法典》"总则"编第134条),

---

① 参见最高人民法院指导案例120号"青海金泰融资担保有限公司与上海金桥工程建设发展有限公司、青海三工置业有限公司执行复议案":在案件审理期间保证人为被执行人提供保证,承诺在被执行人无财产可供执行或者财产不足清偿债务时承担保证责任的,执行法院对保证人应当适用一般保证的执行规则。在被执行人虽有财产但严重不方便执行时,可以执行保证人在保证责任范围内的财产。

② 参见王轶:《论合同行为的一般生效条件》,《法律适用》2012年第7期,第22—26页。

③ 参见马俊驹、余延满:《民法原论》(上),法律出版社1998年版,第247页;董安生:《民事法律行为——合同、遗嘱和婚姻行为的一般规律》,中国人民大学出版社1994年版,第189页。

如合同要求有两个相对的意思表示。

特别成立要件还包括对意思表示以外的其他要件的要求,此类法律行为被称为要式行为。

民事法律行为可以采用书面形式、口头形式或者其他形式;法律、行政法规规定或者当事人约定采用特定形式的,应当采用特定形式(《民法典》"总则"编第135条)。这里的特定形式除了常见的书面形式、公证形式以外,还有物的交付与受领。关于要物行为为必要之形式的规定,如依据《民法典》"合同"编第890条之规定,据此保管合同为要物合同。

二、法律行为的有效要件

满足成立要件的法律行为,还须经过比对法政策设定的有效要件。只有符合有效要件,法律行为才能有效,即意思表示的内容具有了法律上的效力。

(一)一般有效要件

法律行为的一般有效要件有三(《民法典》"总则"编第143条),分别对应前述三个一般成立要件。

第一,行为人须具有相应的行为能力;

第二,意思表示须真实且自由,或者说"健全"或"无瑕疵";

第三,标的须确定、可能、合法妥当。

(二)特别有效要件

特别有效要件,是指在一般有效要件之外,法律或者当事人对某类或某个法律行为之有效规定或约定了特别的要件。

法律针对具体情况,就某些法律行为的有效设定特别要件。例如,代理行为有效须有代理权。有代理权,代理行为方可有效;无代理权,则须经本人追认,方可对被代理人发生效力。

三、整体考察

(一)法律行为的成立与有效

法律行为的成立与有效的区别在于制度价值、判断尺度和存在时间上。①

---

① 参见董安生:《民事法律行为——合同、遗嘱和婚姻行为的一般规律》,中国人民大学出版社1994年版,第180页;易军:《法律行为生效要件体系的重构》,《中国法学》2012年第3期,第79—94页。

在制度价值方面,法律行为的成立是一个事实问题,其着眼点在于某一法律行为是否已经存在,是法律对私人行为在事实上予以确认的表现。而法律行为的有效意味着法律对一项法律行为有效性的判定,结果将影响当事人甚至他人的利益变动。

在判断尺度方面,判断法律行为是否成立的尺度非常简单,仅关注构成要件的形式存在与否即可。判断法律行为是否有效的尺度复杂、精密、严格。

在存在的时间上,有法律行为的成立,但不一定有法律行为的有效。在法律行为成立但无效、可撤销的情况下,无效或可撤销的法律后果溯及法律行为的成立之日。在法律行为既成立又有效的情况下,成立与有效可能同时,也可能不同时。

二者也存在着一定的联系,法律行为的有效离不开成立。只有法律行为成立,才能有法律行为的有效。法律行为有效的时间有时要依靠成立判断。一般说来,法律行为的效力开始于法律行为的成立(《民法典》"总则"编第136条第1款)。

此外,法律行为不成立与无效最终都会回到如同法律行为不存在的状态,均会回到当事人意思表示的内容如同不曾存在、不曾发生的状态(《民法典》"总则"编第157条)。①

(二)关于成立要件

成立要件的判断比较简单,只要满足成立要件,构成一项法律行为是十分容易的,这也体现了意思自治的理念。当然,如果法律对意思表示以外的特别成立要件(如公证、书面为成立要件)要求越多越普遍,就说明了对意思自治的干涉越广泛、越严厉。

成立要件需要等待法律对其有效性进行评判:符合有效要件,方可发生当事人期待的法律效果。

法律行为的成立对行为人有一定的拘束力,当事人不能撤回或者撤销其意思表示。

如果法律行为成立但不符合有效要件,将不产生当事人原先拟定的法律效果,而产生法律规定的后果。例如,合同无效可导致财产返还,如果一方恶

---

① 参见李世刚:《法国合同法改革——三部草案的比较研究》,法律出版社2014年版,第137页。

意磋商,还可能会导致缔约过失责任。①

（三）关于有效要件

有效要件是控制法律行为依其意思表示内容发生法律效果的条件。

对于法律行为的效力,通常说来,意思表示人是不需要单独对其进行表示的,只要表意人按照法律规定的方式表达了自己所追求的目的,即可见此效力的发生。

（四）有效与生效

这里我们还要注意区分法律行为的有效与生效。②

法律行为有效,仅表明该法律行为符合有效性标准,不会因为具有法律瑕疵而在效力上受到否定性的评价（如无效、被撤销）,它的判断时间节点在于法律行为成立要件构成之时。

至于有效法律行为的内容的变现时间则取决于法律行为的生效时间。虽然通常法律行为成立、有效、生效三者同时发生,但若当事人约定或者法律规定,生效时间会延后发生。例如,附生效条件、附始期的法律行为会导致其生效时间延后。因此当事人可以通过意思表示就某一法律行为的效力作出安排,为其设定特别生效要件。

确定不发生效力指向的便是生效要件欠缺的情形,即生效要件确定不可能实现的,该法律行为即确定不发生效力。

第四节　法律行为的核心要素：意思表示

一、意思表示的概念

意思表示,指表意人将其内心自由形成的、期望发生的民法效果的意思表示于外部的行为。简言之,即内心意思对外发表。

---

① 《民法典》"合同"编第500条规定："当事人在订立合同过程中有下列情形之一,造成对方损失的,应当承担赔偿责任：（一）假借订立合同,恶意进行磋商；（二）故意隐瞒与订立合同有关的重要事实或者提供虚假情况；（三）有其他违背诚信原则的行为。"

② 参见崔建远：《合同效力规则之完善》,《吉林大学社会科学学报》2018年第1期,第24—36页。

意思表示包括意思与表示。意思是内心的,无法为外人察知的。意思能被法律认可,必须对外表示。表示出来的意思必须是以权利、义务变动之效果为内容。不具有私法效果内容的意思的表达,不是意思表示。①

二、主观要件:意思

(一)意思

意思是指表意人经由情感和理性形成的追求特定目的的内心想法。在单方法律行为中,存在使特定法律效果发生的意思;在双方法律行为中,存在一方和相对方共同受到合同内容约束的意思;在多方法律行为中,存在共同使得特定的法律效果发生的意思。

(二)意思的构成

意思的形成是一个复杂的过程。根据表意人的心理过程,可以将"意思"分解成多个层次:动机、目的意思、效果意思、行为意思、表示意思。

(1)动机,是意思形成的最初推动力,每个意思表示产生的动机千差万别,反映了现实生活的多样性。动机原则上不会影响法律行为的效力。

(2)目的意思,是表意人以特定目的为内容的意思,即意思表示所包含的表意人在为意思表示时针对该表意的内容所期待的、但在其本人将承担义务以外的其他的法律效果。② 与动机的多样性不同,典型的交易目的不会因当事人的不同而有不同。每一类合同只能有一种债的原因,即取得债权的原因、清偿原因与赠与原因。③ 目的意思对于理解传统大陆法系中的约因以及学界讨论的法律行为有因、无因具有重要意义。

(3)效果意思,是表意人对目的所对应的法律效果(即特定权利义务关系变动的效果)的意思。④ 对法律行为的内容(或曰标的、客体)的讨论,如法律行

---

① 参见杨代雄:《意思表示中的意思与意义——重新认识意思表示概念》,《中外法学》2017年第1期,第121—142页;陈小君:《民事法律行为效力之立法研究》,《法学家》2016年第5期,第99—120页;陈信勇:《民事法律行为效力性能与生效样态区分论——兼及《民法总则》第136条的解读》,《浙江社会科学》2018年第7期,第57—66页。

② 参见[德]卡尔·拉伦茨:《德国民法通论》(下册),王晓晔等译,法律出版社2003年版,第444页。

③ 参见沈达明等编著:《德意志法上的法律行为》,对外贸易教育出版社1992年版,第67页;李永军:《合同法》(第三版),法律出版社2010年版,第180页。

④ 参见张翔:《论效果意思的辨别》,《法律科学》2019年第6期,第97—108页。

为标的的确定、可能、合法、妥当等,即针对此效果意思。

(4) 行为意思,是表意人对外实施"表示行为"的意思。只有具备了"行为意思","表示行为"才是自愿的、符合意思自治理念的。因此,讨论意思表示是否自由时,指向的便是"行为意思"。具有行为意思的例子如自愿在合同文本上签章、自行网络购票、主动举手招呼出租车。而不具有行为意思的例子如被麻醉后在合同上按手印、被胁迫签订合同、被强制举手表决通过公司决议等。

(5) 表示意思,是表意人对其所为的"表示行为"和其目的之间具有同一性的自我认识。表示意思的具有说明了表意人清楚自己的言行具有的法律上的意义。如表意人知道,在合同文本上签章意味着合同的成立;网络订票会完成机票的购买;举手招呼出租车会形成一个运输合同。不具有"表示意思"的例子则包括在一份合同文本上练习书法;网上查询时误触订票键;招手向出租车司机表示避让行人等。因此,讨论意思表示是否真实时,指向的便是"表示意思"。我们常说"意思与表示不一致"即属于表示意思欠缺的情形。

三、客观要件:表示行为

表示行为是表意人内心意思对外的客观表示。表示行为的样态主要是明示和默示,在个别情况下可以是沉默(缄默)(《民法典》"总则"编第140条)。

明示是积极地以直接语汇或肢体语言表示其意思,有不同的具体形式:口头形式、书面形式(又分一般书面形式与特别书面形式,后者如公证)以及特定形体(如举手招呼出租车、手语等)。

默示是指不直接使用单独理解的语汇进行的表示行为,而是经由一定行为间接表示内心意思,相对人必须根据特定行为进行推理才能了解行为人的意思。除非法律特别要求以明示为意思表示外,默示的意思表示与明示的意思表示具有同样的效力,例如向自动售货机投币、将车停放在收费停车场、登乘公共汽车、将超市商品携带至收银台、自助餐厅取餐、超期续住支付房费且房东接受。

单纯的沉默或者缄默是静态的消极行为,完全没有意思表示,无法从其行为推知内心意思,因此原则上不能产生意思表示的效力。但存在例外——"特定沉默",其来源可能是法律规定、当事人约定或者交易习惯(《民法典》"总则"

编第140条第2款)。① 依据法律规定的,如《民法典》"合同"编第503条关于对催告的沉默②,第621条关于试用买卖中试用期满,买受人对是否购买标的物的沉默③的情况。

根据当事人约定的,如约定届时不作为,视为同意。读书爱好者与某书店约定,新书到货即寄送到家,若该读者不想购买时七天退还。此约定项下的不退还,即为沉默,系基于当事人的约定而成为承诺的意思表示。

根据交易习惯,例如长期业务往来的供货商给工厂发消息后当天未收到回复的,即视为同意送货。

四、意思表示的效力

意思表示的效力为对表意人产生的拘束力:表意人不得擅自撤回或者变更其已经做出的意思表示的效力(《民法典》"总则"编第136条第2款),即受其约束的效力。④

(一)产生拘束力的时间

不是所有的意思表示做成以后立即发生这种拘束力,如书信写好放在抽屉内,或者在途。事实上,意思表示的成立和拘束力的产生常有时间上的先后。至于何时产生这种拘束力,视意思表示是有相对人的意思表示还是无相对人的意思表示而定。

依据表示行为是否有相对人,意思表示分为有相对人的意思表示和无相对人的意思表示。区分二者的意义在于拘束力的强弱不同、生效时间不同,以及解释的方式不同。

1. 无相对人的意思表示

无相对人的意思表示,除非法律另有规定,表示行为完成时生效(《民法典》"总则"编第138条)。以公告方式作出的意思表示,公告发布时生效(《民

---

① 参见杜景林:《民商事往来中沉默的法律责任》,《法学》2014年第2期,第62—70页;杨代雄:《意思表示理论中的沉默与拟制》,《比较法研究》2016年第6期,第155—171页。
② 《民法典》第503条规定:"无权代理人以被代理人的名义订立合同,被代理人已经开始履行合同义务或者接受相对人履行的,视为对合同的追认。"
③ 《民法典》第621条规定:"当事人约定检验期限的,买受人应当在检验期限内将标的物的数量或者质量不符合约定的情形通知出卖人。买受人怠于通知的,视为标的物的数量或者质量符合约定。"
④ 参见金可可:《〈民法总则〉与法律行为成立之一般形式拘束力》,《中外法学》2017年第3期,第656—666页。

法典》"总则"编第139条)。无相对人的意思表示如遗嘱、所有权的抛弃、悬赏广告。此类意思表示存在的原因在于意思表示的效果无涉他人利益(遗嘱、所有权的抛弃)或者无法确定合适的相对人(如悬赏广告)。无相对人的意思表示的拘束力比较弱,在不涉及他人信赖利益的情况下,常可以随意反悔;在涉及相对人的信赖利益时,就不可随意反悔。此外,无相对人的意思表示的解释,不能完全拘泥于所使用的词句,而应当结合相关条款、行为的性质和目的、习惯以及诚信原则,确定行为人的真实意思(《民法典》"总则"编第142条第2款)。

2. 有相对人的意思表示

有相对人的意思表示,如要约与承诺、合同的解除、授予代理权等,必须向相对人表示,否则不生效力。

依据表示方式进行时,相对人是否处于同步状态并直接交换意思表示,"有相对人的意思表示"可以再分为对话方式和非对话方式。

对话方式如面对面交谈、电话订立、电视电话、语音视频等;非对话方式则如书信交往、电子邮件、由使者传递等。①

以对话方式作出的意思表示,相对人知道其内容时生效(《民法典》"总则"编第137条第1款),采知道主义。

以非对话方式作出的意思表示,到达相对人时生效,采到达主义。以非对话方式作出的采用数据电文形式的意思表示,相对人指定特定系统接收数据电文的,该数据电文进入该特定系统时生效;未指定特定系统的,相对人知道或者应当知道该数据电文进入其系统时生效。当事人对采用数据电文形式的意思表示的生效时间另有约定的,按照其约定(《民法典》"总则"编第137条第2款)。

此外,有相对人的意思表示的解释,应当按照所使用的词句,结合相关条款、行为的性质和目的、习惯以及诚信原则,确定意思表示的含义(《民法典》"总则"编第142条第1款)。

3. 观察

无论"无相对人"还是"有相对人"的意思表示,在出现"他人之信赖利益"

① 参见周洪政:《网络时代电子要约和承诺的特殊法律问题研究》,《清华法学》2012年第4期,第162—176页。

需要保护的情况时,意思表示的拘束力才真正地展现出来,意思表示的撤销或者变更就变得困难了,意思表示便不再处于表意人完全独立的掌控之中。意思表示的拘束力是为了维护交易中的"信赖"。

(二)意思表示的撤回

在意思表示生效之前,表意人可以任意反悔,即行为人可以"撤回"意思表示,但是撤回意思表示的通知应当在意思表示到达相对人前或者与意思表示同时到达相对人(《民法典》"总则"编第141条、《民法典》"合同"编第475条)。

(三)意思表示的撤销

意思表示生效以后,产生拘束力,但法律并非绝对不允许当事人反悔,此时当事人反悔在中国法上被称为"撤销"。

《民法典》没有就意思表示撤销作出一般规定,但是在合同编就要约(合同订立中的特殊意思表示)的撤销进行了规定。

依据《民法典》的规定,要约可以撤销,但是有下列情形之一的除外:要约人以确定承诺期限或者其他形式明示要约不可撤销;受要约人有理由认为要约是不可撤销的,并已经为履行合同做了合理准备工作(《民法典》"合同"编第476条)。

并且,撤销要约的意思表示以对话方式作出的,该意思表示的内容应当在受要约人作出承诺之前为受要约人所知道;撤销要约的意思表示以非对话方式作出的,应当在受要约人作出承诺之前到达受要约人(《民法典》"合同"编第477条)。

五、意思表示瑕疵

意思表示瑕疵是指当事人的意思表示不自由或不真实。

如果意思表示自由且真实,那么就是健全的、无瑕疵的,法律允许这样的意思表示产生预期的法律效果。如果当事人的意思表示有瑕疵,就会影响法律行为的效力。①

理论上讲,意思表示瑕疵有两种类型:意思表示不真实;意思表示不自由。

(一)意思表示不真实

意思表示不真实,即意思与表示不一致,是指表意人外部的表示行为与其

---

① 参见冉克平:《民法典总则意思表示瑕疵的体系构造——兼评〈民法总则〉相关规定》,《当代法学》2017年第5期,第82—92页。

内心真实的效果意思不一致。以当事人是否"故意"使得内心真意与外部表示不一致,可分为"故意的不一致"与"无意的不一致"。

1. 表意人"故意的不一致":虚伪表示

表意人"故意的不一致"是指表意人在意思表示时作出了虚伪表示,分单独虚伪表示和通谋虚伪表示。

(1) 单独虚伪表示

单独虚伪表示是指表意人故意隐瞒其真意,表示一种与其真意不同的意思。① 单独虚伪表示的要件有三:为意思表示;意思与表示不一致;表意人自知意思与表示不一致。

单独虚伪表示的法律效果是意思表示有效;但相对人明知或可得而知意思与表示不一致(即知道对方的真实想法)的,依表意人的真意。

(2) 通谋虚伪表示

通谋虚伪表示是指表意人和相对人通谋而为虚假的意思表示。

通谋虚伪表示成立的要件有三:须有意思表示;意思与表示不一致;表意人与相对人通谋。通谋的意思是双方当事人故意合作制造这种不一致。当事人的动机通常是恶意的。例如,债务人逃避债务,与亲朋好友通谋制造假债权或者假让与财产。②

我国原有民事立法如《民法通则》《合同法》关于"虚伪表示"的规定不全面,仅涉及双方恶意串通损害国家、集体、第三人利益(通谋虚伪表示+标的非法、不妥当),以合法形式掩盖非法目的(隐藏行为+标的非法)。《民法典》"总则"编对此予以了完善,设立了一般规定,其第146条规定:行为人与相对人以虚假的意思表示实施的民事法律行为无效。以虚假的意思表示隐藏的民事法律行为的效力,依照有关法律规定处理。

第一,行为人与相对人以虚假的意思表示实施的民事法律行为无效,即通谋虚伪表示(即"表面行为"或曰"伪装行为")通常为无效,但不得以此对抗善

---

① 参见潘运华:《心意保留意思表示的效力——兼评三部〈民法总则专家建议稿〉的相关规定》,《现代法学》2016年第4期,第73—84页。

② 参见最高人民法院指导案例33号"瑞士嘉吉国际公司诉福建金石制油有限公司等确认合同无效纠纷案":债务人将主要财产以明显不合理低价转让给其关联公司,关联公司在明知债务人欠债的情况下,未实际支付对价的,可以认定债务人与其关联公司恶意串通、损害债权人利益,与此相关的财产转让合同应当认定为无效。

意第三人。不得对抗善意第三人是指,善意第三人可以主张该行为有效或无效,但当事人不得以相反的主张对抗之。①

第二,通常情况,表意人与相对人为通谋虚伪意思表示,隐藏着双方已知的真正的效果意思(即"隐藏行为")。将其隐藏的原因可能是碍于情面或为了规避法律。隐藏行为才是当事人对彼此权利义务的真实安排,此类"以虚假的意思表示隐藏的民事法律行为的效力,依照有关法律规定处理"(《民法典》"总则"编第146条第2款)。②

2. 表意人"无意的不一致":错误

(1) 错误与误解

错误是表意人对其内心真意与其所为意思表示的内容之间的差异并不知晓的情形。

错误为传统民法上的概念,③但是在比较法的立法例上有不同的认识,主要差别在于是否包含"表示错误"。传统理论认为,错误可以分两种情况:表示错误与受领错误。表示错误,例如错把家中的公猫当成母猫卖出。受领错误,学理上又称为"误解"(狭义),例如错把穿裙子的公猫当母猫买入。我国民事立法从《民法通则》第59条到《民法典》"总则"编第147条使用的术语是"误解"。但通说认为,这里的"误解"应作广义理解,指的就是传统民法理论上的"错误",④也适用于"表示错误"。

(2) 重大误解(重大错误)

《民法典》"总则"编第147条规定:基于重大误解实施的民事法律行为,行

---

① 比如,甲生前曾欠丙100万元。在偿还债务之前甲去世,其遗产为120万元银行存款,法定继承人仅有其子(乙)一人。法院另查明,在临终前,甲为了让其子乙多分得遗产,与之签订了虚假的借款合同:甲跟乙借款300万元。此借款合同如被认定为有效,则会损害第三人(丙)作为债权人的利益。丙有权主张该借款合同无效。
假设乙将借款合同项下的300万债权转让给了丁,甲不得以该借款合同系虚假意思表示为由对抗丁(《民法典》"合同"编"保理合同"章之第763条体现的便是此原理)。

② 例如企业间借贷被限制。企业A就与企业B约定,通谋买卖合同(价款100万,3个月后交付价值100万的电脑n台,如果不能交付,返还价款,并支付利息),双方实质上旨在借贷。
再比如,名为买卖,实为赠与。男友以买卖为名,将定情信物赠与女友。

③ 参见龙俊:《论意思表示错误的理论构造》,《清华法学》2016年第5期,第117—133页;班天可:《罗马法上的法律错误溯源》,《华东政法大学学报》2013年第3期,第138—154页。

④ 如原《民通意见》第71条规定:行为人因对行为的性质、对方当事人、标的物的品种、质量、规格和数量等的错误认识,使行为的后果与自己的意思相悖,并造成较大损失的,可以认定为重大误解。

为人有权请求人民法院或者仲裁机构予以撤销。换言之,错误在交易上被认为是重大的才会导致法律行为的撤销。

为什么要求"重大"?因为错误常因表意人本人的过失而发生。同时,错误还可能仅仅是对交易中的部分细节的认识错误,对整个交易而言无足轻重。如果连这种细微之处上存在的错误都会对意思表示的效力产生影响,则对交易秩序破坏作用甚大,而表意人因此获得的利益甚微,对善意相对人乃至第三人而言,利益受损,甚不公平。因此,只有发生重大错误(或者重要错误、实质性错误)的情况下,才允许行为被撤销,此为各国之通例。

关于是否重大的判断,学理上有主观标准和客观标准之区分。所谓主观标准是表意人本人不发生错误就不会为该法律行为;客观标准是一般人处在表意人的地位,假使非因错误,定不会做出该意思表示。

就重大错误的判断而言,主观标准对交易稳定性影响甚巨,采客观标准更为妥当。①

(3) 错误的对象

采客观标准,应依据社会交易一般观念判定。通常,错误的对象具有重要的参考意义。错误可能发生在不同的对象上。②

对内容发生错误,即对法律行为性质的错误,如"借"和"租","买"与"赠"。

对标的物发生错误,如把甲型号的笔记本电脑当成乙型号的。

对当事人发生错误,即把甲当成乙。通常而言,交易相对人的身份对交易而言并不重要,对相对人身份的错误认识也不构成重大误解,自然对法律行为的效力不生影响。但是,如果这种身份对交易具有特殊重要意义,则另当别论。如赠与合同、劳务合同、委托合同等法律行为中,相对人的身份和背景对行为的成立具有重要意义。

表示上的错误,是表意人所表示出来的符号与其本意不符,最典型的例子是写错了文字或说错了话,如将 1 000,写成 100;将"11 月 1 日"写成"11 月 11

---

① 学界有不同观点,相关讨论可参见韩世远:《重大误解解释论纲》,《中外法学》2017 年第 3 期,第 667—684 页。

② 参见陈华彬:《论意思表示错误及我国民法典对其的借镜》,《法学杂志》2017 年第 9 期,第 31—43 页;韩世远:《重大误解解释论纲》,《中外法学》2017 年第 3 期,第 667—684 页;龙俊:《论意思表示错误的理论构造》,《清华法学》2016 年第 5 期,第 117—133 页;梅伟:《民法中意思表示错误的构造》,《环球法律评论》2015 年第 3 期,第 61—78 页。

日"。通说以及实践中,表示错误都按照"误解"处理。

传达错误即误传,传统民法认为因误传成立的法律行为也是可撤销的。

此外,当事人可能出现动机上的错误,但动机是不能成为撤销法律行为的理由的。例如,对国家政策作出错误判断之人或对市场走向作出错误判断之人不能以此为理由要求撤销合同。又如,为女友出国购买礼物之人不能因为女友没有出国而撤销买卖合同。

(4) 法律效果

基于重大误解实施的民事法律行为,行为人有权请求人民法院或者仲裁机构予以撤销(《民法典》"总则"编第147条),适用有关法律行为撤销的规定。

此外,因重大误解撤销法律行为的,如果错误系撤销人自身过错导致的,应当对相对人进行保护,撤销人对造成的损失予以赔偿。

(二) 不自由

《民法典》"总则"编第143条虽然只使用了"意思表示真实",但意思表示自由乃是前提,《民法典》"总则"编第5条在规定自愿原则时就指出,民事主体从事民事活动,应当遵循自愿原则,按照自己的意思设立、变更、终止民事法律关系。

意思表示不自由的情况,如因遭遇欺诈、胁迫、暴利行为而进行意思表示,可以导致法律行为被撤销。

1. 欺诈

因欺诈而导致的意思表示不自由,是指他人故意传递错误信息使表意人陷于错误认识并进行意思表示。①

(1) 构成要件

因欺诈而导致意思表示不自由,要满足相应的要件。

第一,欺诈者必须有欺诈之行为,对客观事实传递了虚假的信息。因此,行为人的单纯的主观看法不构成欺诈。如售货员认为红绿配非常好看,买方因此而买红色家具和绿色壁纸,回家后遭到家人嘲笑和反对,买方不能以受到欺诈为由主张合同无效。

实践中需要注意的是,欺诈并非仅限于积极的行为,沉默也可能构成欺诈。尤其是根据法律规定、合同约定或者商业习惯,一方负有如实告知的义

---

① 参见许德风:《欺诈的民法规制》,《政法论坛》2020年第2期,第3—19页。

务,但是未为告知,构成欺诈。① 例如,卖二手车没有如实告知曾被水淹过,构成欺诈。餐馆转让时隐瞒隔壁将开家新餐馆的信息,则不构成欺诈。

第二,欺诈者有欺诈之故意:一方面要有手段故意,即故意使用欺诈之手段使得对方陷入错误认识;另一方面还要有目的故意,故意使对方基于错误认识而为意思表示。例如,判断商业广告宣传是否构成欺诈,关键常在于是否有对客观事实进行了虚假描述并有使普通消费者陷入错误认识的故意(即是否有手段故意)。再例如,影视作品捏造事实,虽有手段故意,但并无目的故意,因此即使有人因影视作品内容发生错误而对他人作出意思表示,也不能说受到影视剧的欺诈。

第三,被欺诈者必须因欺诈而陷入错误,并因错误而为意思表示,才构成意思表示不自由。

(2) 因欺诈而导致意思表示不自由的法律后果

如果一方以欺诈手段,使对方在违背真实意思的情况下实施了法律行为,即受欺诈方意思表示的相对人是欺诈方时,受欺诈方才有权请求人民法院或者仲裁机构予以撤销(《民法典》"总则"编第148条)。

如果第三人实施欺诈行为,使一方在违背真实意思的情况下实施了民事法律行为,对方知道或者应当知道该欺诈行为时,受欺诈方才有权请求人民法院或者仲裁机构予以撤销(《民法典》"总则"编第149条)。

法律对欺诈行为的法律效果有特别规定的,适用特别规定。例如,《消费者权益保护法》第55条第1款②针对经营者欺诈行为设立了惩罚性赔偿制度。③

2. 胁迫

因胁迫而作出意思表示属于意思表示不自由的另一种典型情况,具体是

---

① 参见最高人民法院指导案例17号"张莉诉北京合力华通汽车服务有限公司买卖合同纠纷案":原告张莉购买汽车系因生活需要自用,被告合力华通公司没有证据证明张莉购买该车用于经营或其他非生活消费,故张莉购买汽车的行为属于生活消费需要,为家庭生活消费需要购买汽车,发生欺诈纠纷的,可以按照《消费者权益保护法》处理。汽车销售者承诺向消费者出售没有使用或维修过的新车,消费者购买后发现系使用或维修过的汽车,销售者不能证明已履行告知义务且得到消费者认可的,构成销售欺诈。

② 该款规定:"经营者提供商品或者服务有欺诈行为的,应当按照消费者的要求增加赔偿其受到的损失,增加赔偿的金额为消费者购买商品的价款或者接受服务的费用的三倍;增加赔偿的金额不足五百元的,为五百元。法律另有规定的,依照其规定。"

③ 参见河南省濮阳市华龙区人民法院(2018)豫0902民初4635号"河南濮阳华龙法院判决张某诉上海绳艺公司网络购物合同纠纷案":商家以虚假的原价折扣形式宣传促销,构成欺诈,导致消费者陷入错误认识而达成交易,最终不仅要承担返还货款的义务,还应担负三倍商品价款的赔偿责任。

指表意人或者第三人非正当地提示危险而使相对人陷入恐慌并进行意思表示。①

(1) 构成要件

因胁迫而导致意思表示不自由应满足相应的要件。

第一,胁迫方应当为胁迫(使他人陷入恐慌)的行为,如以给对方或其亲友的生命健康、荣誉、名誉、财产等造成损害为要挟。

第二,胁迫方应当有胁迫之故意,包括手段故意(故意使用胁迫之手段使得对方陷入恐慌)和目的故意(使对方基于恐慌而为意思表示)。

第三,胁迫方法或者胁迫目的具有违法性、非正当性。

依据社会伦理标准判断,胁迫之人预告危险之目的具有非正当性,例如,以揭发相对人犯罪事实为名要挟其订立买卖合同或赠与合同等;或者胁迫者在方法上有不正当性,例如通过暴力、武力恐吓、揭露他人隐私的方式胁迫他人订立合同,均不具正当性。

如果一方通过向另一方施加压力的方式迫使对方订立合同,也不具正当性,构成胁迫。

第四,受胁迫方因胁迫行为而恐慌,因恐慌而为意思表示,才构成意思表示不自由。至于受胁迫方是否完全迎合胁迫者则在所不问。如甲胁迫乙出售全部资产,乙仅表示出售一半,也构成被胁迫。

此外,受胁迫方意思表示的相对人是否为胁迫方也在所不问。如受甲的胁迫,乙与丙签订合同,乙仍可以以被胁迫为由主张撤销合同。

(2) 因胁迫而导致意思表示不自由的法律后果

一方或者第三人以胁迫手段,使对方在违背真实意思的情况下实施的民事法律行为,受胁迫方有权请求人民法院或者仲裁机构予以撤销(《民法典》"总则"编第150条)。②

3. 暴利行为

(1) 暴利行为与乘人之危、单纯的显失公平

一方当事人因处于危难之境地而被他人利用被迫作出内容明显有失公允

---

① 参见干轶:《论我国合同法中的"胁迫"》,《四川大学学报(哲学社会科学版)》2019年第1期,第114—120页。

② 参见薛军:《第三人欺诈与第三人胁迫》,《法学研究》2011年第1期,第58—67页。

的意思表示,即为传统民法学上的暴利行为。它要求同时具备两个核心构成要件:乘人之危与显失公平。

但是,中国早先立法将这二者割裂开来,规定为两种可独立导致法律行为效力瑕疵的原因。依原《民法通则》的规定,被乘人之危作出的法律行为无效;显失公平的法律行为为可撤销、可变更的法律行为;① 原《合同法》将二者均独立作为合同可撤销、可变更的原因。②

将乘人之危与显失公平两个要件拆分,均单独作为法律行为效力瑕疵的一种原因,有不周全之处。例如,处于危难境地,因形势所迫作出的意思表示之内容未必严重损害表意人的利益,换言之,乘人之危未必显失公平。又如,单纯判断法律行为的内容是否显失公平,往往意味着以第三人的视角对他人交易的正当性进行评价,难为公允,也与私法自治和市场自身具有的波动性似有不符。③

为此,《民法总则》改变了这种立法模式,将二者结合起来,确立了暴利行为在中国法上的制度,并延续到《民法典》"总则"编第 151 条。④

(2) 构成与效力

根据《民法典》"总则"编第 151 条的规定,暴利行为的构成同时有乘人之危与显失公平两个要件。

第一,所谓乘人之危,要求一方利用对方处于危困状态、缺乏判断能力等情形。乘人之危与胁迫不同。乘人之危之人不必向表意人预告危害,只是利用后者既有的危险,顺势而为,如利用对方的经济困难而使之接受苛刻的合同条件。而胁迫则强调以预告危害相要挟。

第二,一方乘人之危致使民事法律行为成立时显失公平。所谓显失公平

---

① 原《民法通则》第 58 条规定,一方以"乘人之危,使对方在违背真实意思的情况下所为"的民事行为无效。第 59 条规定:民事行为显失公平的,一方有权请求人民法院或者仲裁机关予以变更或者撤销。
② 原《合同法》第 54 条规定,"在订立合同时显失公平的",当事人一方有权请求人民法院或者仲裁机构变更或者撤销;一方"乘人之危,使对方在违背真实意思的情况下订立的合同,受损害方有权请求人民法院或者仲裁机构变更或者撤销"。
③ 参见武腾:《显失公平规定的解释论构造——基于相关裁判经验的实证考察》,《法学》2018 年第 1 期,第 124—140 页。
④ 参见李双元、杨德群:《暴利行为比较研究——以"公序良俗原则"为视角》,《湖南师范大学社会科学学报》2015 年第 1 期,第 80—87 页。也有不同意见,参见冉克平:《显失公平与乘人之危的现实困境与制度重构》,《比较法研究》2015 年第 5 期,第 30—43 页。

是指意思表示的内容符合乘危之人的意思但对危难被乘之人严重不利。判断是否显失公平的时间节点为法律行为成立之时。

就法律效果而言,危难被乘之人即受损害方,有权请求人民法院或者仲裁机构予以撤销(《民法典》"总则"编第 151 条)。

六、意思表示解释

语义具有有限性,可能存在不清楚、不全面的地方,不同的人也可能产生不同的理解,因此常常需要对语义进行解释。

(一)民法上的解释

按照解释对象,民法上的解释有两类:法律解释与意思表示解释。①

法律解释,旨在探求法律规范的真实含义。

意思表示解释或法律行为解释,是指对意思表示之内容有争议之时,探求当事人意思表示的真实含义。只有在当事人就意思表示的真实含义发生争议的情况下,裁判者才有权对意思表示进行解释;否则,法官或者仲裁员不得按本人的想法解释当事人的意思。

这两种解释在解释的原因、方法、类型等方面有很多相似之处,当然差异是存在的,因为它们的解释对象不同,一个是全社会的规则,一个是当事人之间的规则。

按照解释发生的原因,民法上的解释还可以分为阐明解释与漏洞填补。阐明解释,系就语义不清的情况进行解释,此为严格意义上的解释。漏洞填补,系就语义没有覆盖到的内容(漏洞)进行解释。②

(二)意思表示解释的理论

意思表示解释的理论包括主观主义、客观主义以及折中主义。

根据《民法典》的规定,有相对人的意思表示的解释,应当按照所使用的词句,结合相关条款、行为的性质和目的、习惯以及诚信原则,确定意思表示的含义(《民法典》"总则"编第 142 条第 1 款),似采客观主义。因此合同的解释采客观标准(《民法典》"合同"编第 466 条第 1 款)。

---

① 参见崔建远:《合同解释与法律解释的交织》,《吉林大学社会科学学报》2013 年第 1 期,第 70—79 页。

② 参见崔建远:《论合同漏洞及其补充》,《中外法学》2018 年第 6 期,第 1449—1472 页。

而无相对人的意思表示的解释,不能完全拘泥于所使用的词句,而应当结合相关条款、行为的性质和目的、习惯以及诚信原则,确定行为人的真实意思(《民法典》"总则"编第142条第2款),似采主观主义。

事实上,基于意思自治的理念和对当事人意思自治的尊重,应当坚持主观主义,但是在无法探求当事人的内心真意的情况下,采客观主义。

(三) 意思表示解释的方法

《民法典》多处提及意思表示解释的方法。例如,"总则"编第142条就意思表示的一般解释、"合同"编第466条就合同的解释均有规定。

综合来看,意思表示的解释方法有文义解释、整体解释、目的解释、交易习惯解释、诚信解释等。①

解释方法之间并没有先后顺序,法官应当根据实际情况,综合运用之。

(四) 一些特殊情况的抉择方法

当解释存在多种可能时,如法律有具体规定,则从之。例如格式条款有多种解释时,按照《民法典》"合同"编第498条处理:对格式条款的理解发生争议的,应当按照通常理解予以解释。对格式条款有两种以上解释的,应当作出不利于提供格式条款一方的解释。格式条款和非格式条款不一致的,应当采用非格式条款。②

再比如,《民法典》"合同"编第466条第2款规定:合同文本采用两种以上文字订立并约定具有同等效力的,对各文本使用的词句推定具有相同含义。各文本使用的词句不一致的,应当根据合同的相关条款、性质、目的以及诚信原则等予以解释。③

---

① 参见王利明:《法律解释学》,中国人民大学出版社2016年版;梁慧星:《民法解释学》,法律出版社2015年版;杨仁寿:《法学方法论》,中国政法大学出版社2013年版;黄茂荣:《法学方法与现代民法》,法律出版社2007年版。

② 参见最高人民法院指导案例51号"阿卜杜勒·瓦希德诉中国东方航空股份有限公司航空旅客运输合同纠纷案":当不可抗力造成航班延误,致使航空公司不能将换乘其他航班的旅客按时运抵目的地时,航空公司有义务及时向换乘的旅客明确告知到达目的地后是否提供转签服务,以及在不能提供转签服务时旅客如何办理旅行手续。航空公司未履行该项义务,给换乘旅客造成损失的,应当承担赔偿责任。航空公司在打折机票上注明"不得退票,不得转签",只是限制购买打折机票的旅客由于自身原因而不得退票和转签,不能据此剥夺旅客在支付票款后享有的乘坐航班按时抵目的地的权利。

③ 参见天津市高级人民法院(2014)津高民四终字第79号"祖哈贸易公司诉邢台东方自行车有限公司、天津纺织集团进出口股份有限公司国际货物买卖合同纠纷案"。当事人对函件中不同文本条款的理解存在分歧时,可参照合同解释方法,充分尊重意思自治并兼顾合同正义,运用文义解释规则确定理解起点,运用整体解释规则探究合意形成过程,运用主观解释规则探求当事人真意。

（五）漏洞的填补

广义的解释包括对漏洞进行填补，以补足当事人的意思，使权利义务的内容达至圆满，便于义务的履行。由于漏洞的填补是明确当事人意思表示没有涉及的事项，因此较狭义的解释受到较为严苛的限制。例如《民法典》"合同"编第510条规定，合同生效后，当事人就质量、价款或者报酬、履行地点等内容没有约定或者约定不明确的，可以协议补充；不能达成补充协议的，按照"合同相关条款或者交易习惯"确定。

《民法典》"合同"编第511条进一步补充规定，当事人就有关合同内容约定不明确，依据前条规定仍不能确定的，适用下列规定：

（1）质量要求不明确的，按照强制性国家标准履行；没有强制性国家标准的，按照推荐性国家标准履行；没有推荐性国家标准的，按照行业标准履行；没有国家标准、行业标准的，按照通常标准或者符合合同目的的特定标准履行。

（2）价款或者报酬不明确的，按照订立合同时履行地的市场价格履行；依法应当执行政府定价或者政府指导价的，依照规定履行。

（3）履行地点不明确，给付货币的，在接受货币一方所在地履行；交付不动产的，在不动产所在地履行；其他标的，在履行义务一方所在地履行。

（4）履行期限不明确的，债务人可以随时履行，债权人也可以随时请求履行，但是应当给对方必要的准备时间。

（5）履行方式不明确的，按照有利于实现合同目的的方式履行。

（6）履行费用的负担不明确的，由履行义务一方负担；因债权人原因增加的履行费用，由债权人负担。

第五节　法律行为的标的

"法律行为的标的"，也称为"法律行为的内容"，是指行为人所期望发生的法律效果（权利义务关系的变动）。法律行为有效标准会对其标的提出一系列要求，如确定、可能，最重要的是合法、妥当。

一、标的确定

标的确定是指法律行为的标的在行为成立时应是确定的，或者在行为成立时不确定但嗣后可得确定。

这一要求旨在明确当事人之间的权利义务关系,以便实现法律行为的内容。因此,"确定"通常作广义理解,以便法律行为有效、交易能继续进行下去。

从时间上来看,标的的确定通常在行为成立时,但嗣后可得确定的也可。嗣后可得确定的情况主要是指,意思表示中包含了将来使之确定的方法,例如种类之债、选择之债由当事人选择;或者依照交易习惯确定,例如旅行社与宾馆签订包房合同时没有确定具体的房间,依习惯是客人到达以后由宾馆安排;或者依照法律规定的方法确定,如价款的确定[1]等。

也存在标的不确定也不得确定的例子,如范围无限制等协议,即一方允许他方的一切要求,意在使债务人负担无限之约束,或抵押担保中债权不确定,买卖标的物不确定等。

二、标的可能

标的可能指的是法律行为的标的具有实现之可能。

相对地,标的不能则是指法律行为的标的不可能实现的情况。

在法律行为成立时,标的可能,法律行为可有效。

如果当事人设定不能实现的标的(即所谓的自始不能[2]),于交易和市民社会没有任何实益,立法政策可有两种选择:一种选择是不认可其效力;另一种选择是,法律不干预当事人的自由,认可其效力,待嗣后当事人不能兑现自己的诺言则承担相应的法律责任。后一种选择更符合尊重当事人私法自治、鼓励交易的法政策。

三、标的合法、妥当

基于私法"法无限制即自由"的原则,标的合法、妥当是指,法律行为的内容不得违反法律或者行政法规的强制性规范,不得违反公序良俗,否则法律行

---

[1] 如前所述,依据《民法典》"合同"编第 510、511 条的规定,合同生效后,当事人就价款内容没有约定或者约定不明确的,可以协议补充;不能达成补充协议的,按照合同相关条款或者交易习惯确定。如果按照合同相关条款或者交易习惯仍不能确定的,价款或者报酬不明确的,按照订立合同时履行地的市场价格履行;依法应当执行政府定价或者政府指导价的,依照规定履行。

[2] "自始不能"是指法律行为成立时即已存在的不能,且是一种永远不能。而嗣后不能则是指标的不能出现在法律行为成立以后。

为无效(《民法典》"总则"编第 8 条、第 143 条、第 153 条)。除此之外,法律确定的任意性规范可以被当事人通过意思表示予以排除,即可以不遵守。

第六节　法律行为的附款:附条件、附期限

附款即所附加的条款。法律行为的附款是指法律行为中专门针对效力的发生或者消灭进行安排的意思表示。一般认为,它是法律行为的内部组成部分,而非独立的行为、非从行为。

广义的附款包括附条件、附期限和附负担。

附负担是指为保有法律行为效果而应承担的附加义务,如赠与合同或者遗嘱所附加的受赠人或受遗赠人应当承担的义务。《民法典》"合同"编赠与合同章第 661 条规定:赠与可以附义务;赠与附义务的,受赠人应当按照约定履行义务。《民法典》"继承"编第 1144 条规定:遗嘱继承或者遗赠附有义务的,继承人或者受遗赠人应当履行义务。没有正当理由不履行义务的,经利害关系人或者有关组织请求,人民法院可以取消其接受附义务部分遗产的权利。此外,附条件买回协议附加了买受人到期配合履行赎回的义务,实则为一种"附负担"的法律行为。

狭义的附款是指附条件、附期限,在《民法典》"总则"编中有专门一节的规定。

一、附条件的法律行为

法律行为附条件是指,当事人把"尚不确定将来是否发生的事实"的发生或者不发生作为条件,用于决定法律行为的效力的发生或者消灭。① 该法律行为被称为附条件的法律行为。

(一)"附条件的法律行为"相关概念与分类

实质上,所有的"附条件的法律行为"都可以转换成为"如果 A,那么 B"的表述。其中,A 段是关于某项未来的事实(发生或者不发生)的描述,B 段是关

---

① 参见翟远见:《〈合同法〉第 45 条(附条件合同)评注》,《法学家》2018 年第 5 期,第 170—191 页。

于法律行为效力(发生或者消灭)的表述。

1. 积极条件与消极条件

A 段中的描述,可能是某种事实的发生(现状改变);也可能是不发生某种事实(维持现状)。于前者,所附条件为"积极条件",于后者,所附条件为"消极条件"。

实际上,这种依据条件内容进行的理论分类并没有多少实务价值,反而常会扰乱我们的思维。

2. 生效条件与解除条件

B 段关于效力的表述可能是发生,也可能是消灭。如果是发生,这样的条件就是"生效条件"(《民法典》"总则"编第 158 条);如果是消灭,则是"解除条件"。

因此,学理上,生效条件和解除条件是根据当事人就条件成就所设定的效力进行的分类。

就附生效条件而言,法律行为设定的权利和义务在条件成就时才发生效力,理论上也被称为"附停止条件",因为法律行为从成立后到条件成就期间,其效力被"停止"发生。附生效条件的法律行为,已明确了当事人之间的权利和义务关系,法律行为已成立,但这种法律行为的权利义务是处于不确定的状态,因此又称"附延缓条件"。

附解除条件的法律行为针对已发生效力的法律行为,当事人已经开始享有权利或承担义务。当条件成就时,法律行为的效力消灭,权利义务终止。①

3. 条件的成就与不成就后的法律效力

附条件的法律行为成立以后,如果 A 段中的描述真实地出现了,我们就说"条件成就"了;如果没有出现,我们就说"条件不成就",因此,所谓条件的"成就"或"不成就",是指所附条件的内容真实出现或者没有真实出现。

(1) 条件成就

所附条件中假设的内容变成现实,条件成就。由此,法律行为的效力依从所附条件为生效条件或解除条件而发生或者消灭。

成就可能是顺其自然的,也可能来自法律的拟制。② 依据《民法典》,附条

---

① 参见崔建远:《附解除条件不同于合同解除》,《法学杂志》2015 年第 7 期,第 30—38 页。
② 参见尚连杰:《拟制条件成就的法理构造》,《法律科学》2017 年第 4 期,第 62—71 页。

件的民事法律行为,当事人为自己利益以不当行为故意阻止条件成就,且阻止行为与不成就具有因果关系,视为条件已经成就(《民法典》"总则"编第159条)。

(2) 条件不成就

条件不成就是指所附条件中假设的内容没有变成现实。其效力在于,法律行为的效力不依从所附条件而确定(不发生或者不消灭)。

不成就可能是顺其自然的,也可能来自法律的拟制。依据《民法典》,附条件的民事法律行为,当事人为自己的利益故意不正当地促成条件成就的,且促成行为与成就具有因果关系,视为条件不成就(《民法典》"总则"编第159条)。

(3) 条件成就与否未定期间的效力:期待权及其保护

条件成就与否尚未确定期间,因条件成就而受到利益的一方当事人对该利益之享有具有可能性,于是享有了一种所谓的"期待权"。这种权利受法律保护。此种权利可以被处分、被继承;如果受到侵害,可以主张损害赔偿。

(二) 所附"条件"的要件

附条件的法律行为的所附条件,指向将来是否发生尚不确定的事实,可以是人的行为,也可以是自然现象。这种事实需具备如下特点,才能实现当事人对法律行为效力的控制安排。①

1. 事实是由当事人选定的

事实必须是由当事人选定的。例如,就法律行为生效而言,法律规定或合同性质所要求的事实不能作为条件。

当事人选定的条件不得与法律行为的内容矛盾,否则会导致意思表示的标的不确定,进而使得法律行为被认定为无效。

2. 将来的事实

能作为条件的事实应在为法律行为时尚未发生。如既成的事实,不能作为条件。如果以过去客观上业已确定的事实为条件,表意人虽主观不知,也不称为"条件"。② 但是,附此种"条件"的法律行为是否有效,应准用有关条件的规定。

---

① 参见崔建远:《论法律行为或其条款附条件》,《法商研究》2015年第4期,第29—36页。
② 例如,哥哥对弟弟说"如果我得到父亲的全部遗产,我将赠与你一半"。但事实上,其父亲的遗嘱的确将财产全部留给哥哥,并且已经死亡,兄弟俩不知道这些事实。

3. 可能的事实

条件应当指向某件可能的事实：该事实可能发生，也可能不发生。如肯定发生或肯定不发生的事实，则不是"条件"。必定发生的事实被称为"期限"。

如果当事人所附条件指向不能的事实（即行为成立时，事实已经确定不能），法律行为的效力不能按照当事人事先的安排发生或者消灭。

附不能的生效条件的法律行为（例如当事人约定，如果天塌下来，则赠与10万元现金），该行为无效。

附不能的解除条件的法律行为（例如当事人约定，如果天塌下来，则租赁合同到期），视为无条件。

4. 合法、妥当的事实

该事实不能违反法律强制性规定或者违反公序良俗、侵害其他人合法权益，或者剥夺对方基本权利。附不法条件的法律行为无效。例如"如撞毁某建筑，则获得现金10万"，系以侵害他人合法权益为内容的条件。

（三）不得附条件的法律行为

有一些法律行为不得附条件（《民法典》"总则"编第158条）。

首先，身份行为不得附条件，例如，结婚、离婚、收养或者终止收养、非婚生子女的承认与否认等不得附条件。需要注意的是，虽然不能为身份行为附条件，但可以身份行为为条件。①

其次，形成权的行使不得附条件。这是因为，形成权的行使是一方按其意愿即可行使的行为，本身就具有不确定性，另附条件就会更加不确定。因此，就撤销权、承认权、抵销权、解除权、选择权等形成权的行使，不得附条件。

最后，特别法有规定的如票据行为等特殊行为，不得附条件。

二、附期限的法律行为

（一）概念

附期限的法律行为是指，当事人约定以一定期限的到来作为法律行为生效或失效根据的法律行为，其体现了当事人意思自治对法律行为效力的控制。

期限是将来确定发生的事实，条件是将来不确定发生的事实。因此，"下

---

① 参见李红玲：《论附条件遗嘱的调整规则》，《法学》2018年第11期，第86—101页。

一个2月29日"是期限,不是条件;"于某人60岁时"是条件,不是期限。

通常不可附条件的法律行为也不可附期限,但有例外,如票据行为可以附期限。

(二)所附期限的分类

依据期限到来的效力,期限可分为始期和终期。

始期(或曰生效期限)届至,将导致已成立的法律行为开始发生效力。

终期届满,将导致已生效的法律行为的效力终止。

(三)附期限法律行为的效力

1. 期限到来之后

期限到来之后,法律行为生效(如果是附始期)或者失效(如果是附终期)。

2. 期限到来之前

期限到来之前,法律行为的效力没有产生(如果是附始期)或者效力继续(如果是附终期)。

因期限到来而受有利益的一方当事人享有"期待利益",其同样受到法律保护,并且也可以成为处分或者继承的标的。

因期限未到来而享有的利益是"期限利益"。该利益享有者可以抛弃该利益,但不以损害相对人的利益为前提,如债务人提前清偿债务(一般来说,法律推定期限利益系为债务人而设)。

第七节 法律行为欠缺有效要件的法律评价与后果:无效、可撤销与效力待定

立法者会确立相关标准对法律行为的有效性进行评判,对欠缺有效要件者给予相应的否定性评价,例如无效、可撤销与效力待定。①

---

① 参见张俊浩:《民法学原理》(修订第三版)(上册),中国政法大学出版社2000年版,第272页;崔建远、吴光荣:《中国法语境下的合同效力:理论与实践》,《法律适用》2012年第7期,第9—14页;殷秋实:《论法律行为的效力评价体系》,《比较法研究》2017年第6期,第13—29页;李世刚:《法国合同法改革——三部草案的比较研究》,法律出版社2014年版,第132页。

一、有效要件瑕疵的类型

根据瑕疵的类型,法律行为欠缺有效要件可分为如下几种情况。

1. 主体行为能力瑕疵型

为了保证民事主体进行意思表示时具有相应的理性能力,民法设置了行为能力制度作为一项有效标准,如果表意人欠缺相应的行为能力,法律就会给予相应否定性的评价。

就行为能力瑕疵型法律行为,《民法典》确立的否定性评价的后果有两种。

一种是法律行为效力待定,这实际是给予表意人方面补救行为能力或者交易理性能力的机会。如限制民事行为能力人从事其不能独立实施的法律行为、无权代理人以被代理人名义从事的法律行为等,法律均留有补救的可能(《民法典》第145条、第171条)。

另一种是无效,此为例外。如《民法典》规定,无民事行为能力人所为的法律行为无效(第144条)。

2. 意思表示瑕疵型

意思表示是法律行为的核心要素,是私法自治的集中体现。民法必然会设置相应的有效性标准保证意思表示是真实且自由的。为此,对意思表示不真实、不自由的情况,法律会给予相应的否定性评价。

就意思表示瑕疵型法律行为,《民法典》确立的否定性评价的后果是法律行为可以被撤销。这实际上是允许表意人自行决定是否接受瑕疵意思表示可能带来的法律效果。

3. 标的瑕疵型

标的瑕疵型是指法律行为所拟创设法律关系的内容不合法、不妥当。其涉及当事人权利义务关系的具体设计,最为核心,也是立法者与法政策最为关心的对象。如果内容不合法、不妥当,会招致最为严重的否定性评价——无效。

二、无效

无效是指法律行为因法定重大瑕疵,自始、当然、确定地不发生当事人意思表示所设定之效果,在学理上也被称为"绝对无效"。

(一) 无效的含义

无效的后果是法律行为不发生当事人所预设的或者说固有的、预期的效果,但并非对当事人不发生任何其他法律效果。① 例如,如果当事人的行为构成侵权、不当得利、缔约过失,则依据相关规则发生法律效果。

就法律行为本身而言,无效的后果具有如下含义:

第一,无效是自始的,即无效自法律行为成立时即为确定。

第二,无效是当然发生的。无效不需要经由任何机关、程序确认,不待当事人自行主张。如有必要,任何人皆可主张其无效,法院、仲裁机构也有权力直接予以确认与宣告。

第三,无效是确定的,即不能通过任何补救形式而变为有效。

值得注意的是,《民法典》第155条使用的措辞是,无效的民事法律行为自始没有法律约束力。② 这里的"法律约束力"依立法本意,即是当事人通过法律行为所预设的法律效果。

(二) 法律行为无效的具体情形(类型)

法律行为绝对无效,通常是因为欠缺有效要件、事关公共利益或严重损及当事人或他人合法利益。无效对当事人利益和交易安定影响甚巨,因此应限于法律明定的情形。③ 一般确立的主要法定情形如下。

1. 标的不合法、不妥当

首先,违反法律、行政法规的效力性强制性规定的民事法律行为无效。违背公序良俗的民事法律行为无效④(《民法典》"总则"编第153条)。其实这两

---

① 有效、可撤销、效力待定及无效制度仅仅是法律行为效力评价规则,不妨碍其他民事、行政法、刑法规则的同时适用。参见李文涛:《合同的绝对无效和相对无效——一种技术化的合同效力评价规则解说》,《法学家》2011年第3期,第74—87页。
② 该表述延续了早前的《民法总则》第155条、《合同法》第56条的表述。
③ 参见朱广新:《法律行为无效事由的立法完善》,《政法论丛》2016年第3期,第62—73页。
④ 参见北京互联网法院(2019)京0491民初2547号"常某某诉许某网络服务合同纠纷案":"暗刷流量"行为属于欺诈性点击行为。该行为以牟取不正当利益为目的,置市场公平竞争环境和网络用户利益于不顾,触碰商业道德底线,违背公序良俗。一方面,该行为使同业竞争者的诚实劳动价值被减损,破坏正当的市场竞争秩序,侵害了不特定市场竞争者的利益;另一方面,该行为会欺骗、误导网络用户选择与其预期不相符的网络产品,长此以往,会造成网络市场"劣币驱逐良币"的不良后果,最终减损广大网络用户的福祉,属于侵害广大不特定网络用户利益的行为。因此"暗刷流量"合同违背公序良俗,损害社会公共利益,应属绝对无效。

种情形均指向法政策的旨在特别保护的利益,①如果法律行为的内容对其构成侵害,则应为无效。

再者,行为人与相对人恶意串通,损害他人合法权益的民事法律行为无效。换言之,法律行为的内容以损害他人合法权益为内容,该法律行为会被判定为无效(《民法典》"总则"编第154条),其原理也在于此类法律行为的内容有违法政策旨在特别保护的利益。

2. 反正义条款

免责条款严重损害合同当事人正当合法利益、违反正义时,条款无效。当事人约定造成对方人身损害的一方免责的,该免责条款无效(《民法典》"总则"编第506条第1项)。当事人约定因故意或者重大过失造成对方财产损失的一方免责的,该免责条款无效(《民法典》"总则"编第506条第2项)。

同理,对于格式条款,如果提供格式条款的一方不合理地免除或者减轻其责任、加重对方责任、限制对方主要权利,则该格式条款无效(《民法典》"总则"编第497条第2项)。如果提供格式条款的一方排除对方主要权利,则该格式条款无效(《民法典》"总则"编第497条第3项)。

此类内容实际上侵害的是当事人的个体利益,而非公共利益(一般利益),理论上而言,若允许受损害方自行决定是否撤销较法律直接规定为无效则更符合私法自治的要求。②

3. 通谋虚伪行为

通谋虚伪意思表示并非当事人的真实意思,不应当按照法律行为的规则使其发生效力,因此行为人与相对人以虚假的意思表示实施的民事法律行为无效(《民法典》"总则"编第146条),但是当事人不得以此对抗善意第三人,以保护善意第三人的信赖。③

---

① 参见耿林:《强制规范与合同效力——以合同法第52条第5项为中心》,中国民主法制出版社2009年版,第160页。

② 在法国合同合法性审查中,法官视应予保护的利益属于社会一般利益还是个体利益,判定违法合同绝对无效或相对无效。参见李世刚:《合同合法性的审查机制——以法国经验为视角》,《华东政法大学学报》2017年第4期,第139—153页。

③ 有学者认为虚假意思表示与恶意串通之情形包含于"违背善良风俗"之范畴,在法律适用上应限缩解释"恶意串通"和"虚伪意思表示",扩大"善良风俗"之适用范围,使"违背公序良俗"成为认定虚假意思表示和恶意串通损害他人利益之"一般条款"。当不同的无效原因"竞合"时,赋予当事人选择权。参见李永军:《法律行为无效原因之规范适用》,《华东政法大学学报》2017年第6期,第72—77页。

4. 无行为能力人实施的法律行为

无民事行为能力人实施的民事法律行为无效(《民法典》"总则"编第144条)。

5. 代表人、负责人超越权限且相对人为恶意

法人的法定代表人或者非法人组织的负责人超越权限订立的合同,除相对人知道或者应当知道其超越权限外,该代表行为有效,订立的合同对法人或者非法人组织发生效力(《民法典》"合同"编第504条)。

由此,代表人、负责人超越权限与恶意相对人订立的合同,不应成为有效合同,那么该合同是无效合同,还是可撤销合同,实际上是有解释空间的。无效说为有力说。不过我们认为,意思表示瑕疵以可撤销作为否定性评价更符合私法自治的要求。

三、可撤销

法律行为可撤销是指,法律行为因具有法定重大瑕疵,依据法律,当事人可依诉讼或仲裁程序撤销其效力,学理上也称为"相对无效"。

(一)效力

可撤销的法律行为可依当事人的意思表示而发生效力,但是附有一项"法定解除条件"。① 该条件是行为人依诉撤销,即行使撤销权这一法律事实。如果该法定条件成就,则法律行为的效力溯及既往地消灭。如果该法定条件不成就,则已经发生的效力保留并确定下来。

可撤销的行为主要包括:因重大误解而为的法律行为;因欺诈而为的法律行为;因胁迫而为的法律行为;因被乘人之危而显失公平的法律行为(《民法典》"总则"编第147—151条)。②

---

① 张俊浩:《民法学原理》(修订第三版)(上册),中国政法大学出版社2000年版,第283页。
② 参见四川省广汉市中级人民法院(2012)广汉民初字第191号"黄仲华诉刘三明债权人撤销权纠纷案"。原审法院认为原告在广汉市亿达胶合板厂已向德阳市劳动和社会保障局提交了工伤认定申请的情况下,自愿放弃工伤认定和伤残等级鉴定,和广汉市亿达胶合板厂就赔偿事宜作了一次性了断,该协议是双方的真实意思表示,认定当事人是在充分协商、自觉自愿的情况下签订了协议。但是,上诉人黄仲华伤残等级为十级,其应获得的一次性伤残补助金为7个月本人工资,一次性工伤医疗补助金和一次性伤残就业补助金(为10个月统筹地区上年度平均工资),被上诉人刘三明支付给上诉人的各项赔偿费用合计6 927.92元(含医疗费),显著低于上诉人应取得的工伤保险待遇。本案中,双方就工伤损害达成的赔偿协议虽具有一般合同的属性,但本案的处理并非针对简单的债权债务关系,而是涉及劳动者的生存权益。故综合考虑以上因素,二审法院认定双方签订的赔偿协议导致双方权(转下页)

(二) 撤销权的行使与消灭

撤销权是凭权利人单方意思表示即可使法律行为消灭的权利,性质上为"形成权"。被撤销的法律行为自始不产生效力,即溯及既往地不产生效力。

1. 撤销权的行使

可撤销法律行为类型的不同,享有撤销权的人也不同。通常可撤销法律行为起因是当事人存在意思表示瑕疵,因此撤销权会赋予意思表示有瑕疵的表意人。如因重大误解而为意思表示的表意人(《民法典》"总则"编第 147 条)、"受欺诈方"(《民法典》"总则"编第 148、149 条)、"受胁迫方"(《民法典》"总则"编第 150 条)、被乘危而作出显失公平意思表示的"受损害方"(《民法典》"总则"编第 151 条)。

撤销权应当通过诉讼或者仲裁程序行使,请求法院或者仲裁机构予以撤销。①

撤销权应当及时行使,即在法定期间内行使,否则撤销权消灭(《民法典》"总则"编第 152 条)。

2. 撤销权的消灭

撤销权消灭,法律行为确定地自始有效。可以导致撤销权消灭的原因主要有两种:除斥期间经过;权利人放弃。

(1) 除斥期间经过

撤销权应当在法定期间内行使。

该法定期间为除斥期间,不因任何事由而被缩短或加长,即是不变期间。设立除斥期间的目的在于促使权利人尽早行使权利,固定法律关系。

关于期限的长短,《民法典》设有两类起算点不同的除斥期间,任一期间届满,撤销权没有行使即告消灭(《民法典》"总则"编第 152 条)。②

(接上页)利义务不对等,使黄仲华遭受重大利益损失,构成显失公平。

《民法典》不再以单纯的显失公平作为可撤销的理由,我们认为,需要借助第 153 条"公序良俗"以及法律效果"无效"的解释,处理此类案件。

① 有学者认为撤销权的行使方法应包含诉讼撤销和自主撤销两种制度模式。参见薛军:《论可撤销法律行为撤销权行使的方法——以中国民法典编纂为背景的分析》,《法学家》2016 年第 6 期,第 45—56 页。

② 参见江苏省高级人民法院(2015)苏民再提字第 00118 号"雅德咨询公司诉金湖饮食服务公司等债权人行使撤销权超过法定期间被驳回案";案件审理适用《合同法》第 75 条的规定,即便如雅德咨询公司所说,华融南京办和雅德咨询公司因为不可归责于自己的原因确实不知道撤销事由(转下页)

一类起算点为法律行为发生之日,期间为 5 年:无论何种可撤销法律行为,当事人自民事法律行为发生之日起 5 年内没有行使撤销权的,撤销权消灭。

另一类起算点与期限视可撤销法律行为的类型不同而有所区别:

原则上,当事人自知道或者应当知道撤销事由之日起 1 年内行使撤销权。

作为例外,就胁迫导致的可撤销,受胁迫的当事人自胁迫行为终止之日起 1 年内应当行使撤销权。

同样作为例外,就重大误解导致的可撤销,重大误解的当事人自知道或者应当知道撤销事由之日起 90 日内应当行使撤销权。

(2)放弃撤销权

除了除斥期间届满撤销权不行使可以导致撤销权的消灭,当事人知道撤销事由后明确表示或者以自己的行为表明放弃撤销权的,也可以导致撤销权消灭。

四、效力待定

(一)意义

法律行为效力待定是指法律行为的效力有待第三人确认予以补正。

第三人确认,即第三人同意的意思表示,如对需辅助的法律行为的辅助、对狭义无权代理的追认。①

(二)类型

1. 限制行为能力人实施的待补正的行为

限制行为能力人可以独立完成纯获利益的法律行为,或者与其智力、精神状态相适应的法律行为。限制行为能力人单独完成的其他的法律行为,即为效力待定的法律行为,需要予以补正。

(1)法定代理人的补正:同意或追认

这里所谓的补正,就是法定代理人事先同意或事后追认(《民法典》"总则"

(接上页)已经发生,直到其起诉前才知道饮食服务公司处分财产的情形,但从债务人饮食服务公司就处分案涉财产签订最后一份相关协议的时间,即 2003 年 12 月至雅德咨询公司 2011 年 9 月起诉时,也已经远远超过了 5 年的撤销权期间,撤销权已消灭。

① 有学者认为效力未定的民事行为可以转换为可撤销和附条件的民事行为,如此设计更符合民法的私法属性。参见董学立:《论效力未定民事行为的法律属性》,《法学论坛》2012 年第 6 期,第 63—68 页。

编第 145 条第 1 款）。① 事先同意或者事后追认，既可以向未成年人作出，也可以向交易相对人作出。②

追认权由法定代理人来行使，其性质为形成权。如果法定代理人追认，那么法律行为溯及既往地有效；如果拒绝追认，那么法律行为溯及既往地无效。

(2) 相对人的权利：催告权与撤销权

在被追认之前，法律行为随时可能被否认，相对人因此处于一种不稳定的状态。为此，相对人也有一定的主动性，法律赋予其催告权与撤销权。

如果"善意"相对人不希望看到法律行为生效，可以在合同被追认之前，行使撤销权；撤销应以通知方式作出（《民法典》"总则"编第 145 条第 2 款）。

如果相对人希望看到法律行为生效，可以行使催告权，催告追认权人（即法定代理人）自收到通知之日起 30 日内予以追认：若追认权人予以追认，法律行为有效；若追认权人拒绝追认，法律行为无效；法定代理人未作表示的，视为拒绝追认（《民法典》"总则"编第 145 条第 2 款）。

(3) 观察

就效力待补正的法律行为而言，补正的决定权实际上是在法定代理人手中，以求保护限制行为能力人的利益。但是，为了防范法定代理人的拖沓，法律授予了相对人"加速"明确交易关系的主动性——"催告权"，并且允许善意相对人在合同被追认前，行使"撤销权"。

2. 无权代理

无权代理的基本规则与限制行为能力人实施的待补正法律行为的性质和规则类似。

在无权代理的情况下，被代理人享有追认权。具体说来，行为人没有代理权、超越代理权或者代理权终止后，仍然实施代理行为，被代理人追认的代理行为对其发生效力；未经被代理人追认的，对被代理人不发生效力（《民法典》"总则"编第 171 条第 1 款）。无权代理人以被代理人的名义订立合同，被代理

---

① 参见上海市第一中级人民法院(2012)沪一中民二(民)终字第 424 号"某甲与某丁房屋买卖合同纠纷案"：某甲作为限制民事行为能力人，不具备签约主体资格和能力，需要由某甲的法定代理人事前同意或事后追认。某甲的法定代理人对于某甲出售系争房屋的行为，持反对意见，故某甲与某丁就系争房屋所签订的《上海市房地产买卖合同》当属无效。

② 参见李永军：《民法总论》(第四版)，中国政法大学出版社 2018 年版，第 75 页。

人已经开始履行合同义务或者接受相对人履行的,视为对合同的追认(《民法典》"合同"编第 503 条)。

相对人也享有催告权和撤销权。

如果善意相对人不希望看到代理行为对其发生效力,在行为人实施的行为被追认前,善意相对人可以行使撤销权。撤销应当以通知的方式作出(《民法典》"总则"编第 171 条第 2 款)。如果相对人希望看到法律行为生效,相对人可以催告被代理人自收到通知之日起 30 日内予以追认;被代理人未作表示的,视为拒绝追认(《民法典》"总则"编第 171 条第 2 款)。

行为人实施的行为未被追认的,善意相对人有权请求行为人履行债务或者就其受到的损害请求行为人赔偿。但是,赔偿的范围不得超过被代理人追认时相对人所能获得的利益(《民法典》"总则"编第 171 条第 3 款)。

相对人知道或者应当知道行为人无权代理的,相对人和行为人按照各自的过错承担责任(《民法典》"总则"编第 171 条第 4 款)。

五、无效法律行为与可撤销法律行为的区别

可撤销法律行为最终可能会走向"无效",但并不确定,因此被称为"相对无效的法律行为"。而无效法律行为是自始确定的无效,被称为"绝对无效的法律行为"。二者之间具体区别如下:

(1) 主张无效的人不同。对无效法律行为,利害关系人都可主张无效,而可撤销法律行为由特定一方主张无效。

(2) 原因不同。无效法律行为主要针对的是标的瑕疵情形,常涉及公共利益或他人利益;可撤销法律行为主要针对的是意思表示瑕疵等涉及当事人个体利益的情形。

(3) 效力不同。无效法律行为自始、当然无效,非常单一、确定。可撤销法律行为的效力有多种可能,是否被撤销导致无效并不一定,如超过除斥期间撤销权不得行使,法律行为即可为确定的有效。

六、法律行为无效的法律后果

需要说明的是,"法律行为无效"与"无效法律行为"并非完全对应的关系。法律行为被认定为无效,可能是"无效法律行为"的当然无效,也可能是"可撤销法律行为"被撤销导致的无效,也可能是"效力待定法律行为"被拒绝追认后导致的法律行为确定无效。

法律行为无效,当事人意思表示所设想的权利义务关系不能获得法律的承认;无效并不妨碍依据法律产生其他的法律效果。需要说明的是,法律行为无效与法律行为不成立的法律后果一致,均会回到当事人意思表示的内容如同不曾发生、不曾存在的状态。

1. 停止履行,返还财产

既然法律行为绝对无效、被撤销或者确定不发生效力,当事人所表示的义务无须履行,尚未履行的不履行,正在履行的应立即停止履行。已经履行的,应当返还财产;财产已经不存在的,无法返还的,或者没有必要返还的,应折价赔偿。特别法另有规定的,①依照特别规定(《民法典》"总则"编第157条)。②

2. 赔偿损失

民事法律行为绝对无效、被撤销或者确定不发生效力后,有过错的一方应当赔偿对方因此所受到的损失,双方都有过错的,应当各自承担相应的责任;特别法另有规定的,③依照特别规定(《民法典》"总则"编第157条)。④

3. 解决争议条款效力的独立性

合同无效、被撤销或者终止的,不影响合同中独立存在的有关解决争议方法的条款的效力(《民法典》"合同"编第507条)。

---

① 例如有关无因管理的返还规则的《民法典》"合同"编第983条。
② 参见尹田:《论法律行为无效后的财产返还》,《时代法学》2010年第5期,第27—31页。
③ 例如《最高人民法院关于适用〈中华人民共和国民法典〉有关担保制度的解释》(法释〔2020〕28号)第17条规定:"主合同有效而第三人提供的担保合同无效,人民法院应当区分不同情形确定担保人的赔偿责任:(一)债权人与担保人均有过错的,担保人承担的赔偿责任不应超过债务人不能清偿部分的二分之一;(二)担保人有过错而债权人无过错的,担保人对债务人不能清偿的部分承担赔偿责任;(三)债权人有过错而担保人无过错的,担保人不承担赔偿责任。""主合同无效导致第三人提供的担保合同无效,担保人无过错的,不承担赔偿责任;担保人有过错的,其承担的赔偿责任不应超过债务人不能清偿部分的三分之一。"
④ 参见最高人民法院指导案例23号"孙银山诉南京欧尚超市有限公司江宁店买卖合同纠纷案"。消费者购买到不符合食品安全标准的食品,要求销售者或者生产者依照《食品安全法》规定支付价款十倍赔偿金或者依照法律规定的其他赔偿标准赔偿的,不论其购买时是否明知食品不符合安全标准,人民法院都应予支持。

第八讲　法律行为的代理

第一节　代理制度概述

一、代理的意义

（一）概念与特点

代理是在代理权限内,行为人(即"代理人")以被代理人(又称"本人")之名义实施意思表示,其拟设定的法律效果直接由被代理人承受的法律行为。①

代理的特点如下:

首先,法律行为中的意思表示由代理人完成,代理行为的实施以"本人"之名义展开。因此代理在性质上仍属于法律行为的范围,也适用法律行为的一般规则。

其次,代理行为引起代理关系,该关系由本人、代理人与相对人三方构成,两两一组。

最后,代理效果直接归属于"本人"。《民法典》"总则"编第162条规定:代理人在代理权限内,以被代理人名义实施的民事法律行为,对被代理人发生效力。这里所谓之"效力",依据本条的立法宗旨,即指承受法律行为之效果。②

法律行为中的意思表示由代理人进行,但效果归属于本人,那么代理人所为的意思表示是本人行为?是代理人行为?还是共同行为?抑或代表?我国

---

① 参见湖北省洪湖市人民法院(2020)鄂1083民初794号"王敦发与何明光、颜永军买卖合同纠纷案"。原告王敦发与被告何明光因买卖合同产生债权、债务,事实清楚,证据充分,法院判决被告何明光尚欠原告王敦发货款82 574元应予偿还。被告颜永军系被告何明光与原告王敦发买卖合同的代理人,其代理行为依法应由委托人被告何明光承担法律责任或后果。

② 有学者认为代理不具有独立成章的意义和必要。参见马新彦:《民法总则代理立法研究》,《法学家》2016年第5期,第121—138页。

通说采代理人行为说。①

（二）社会功能

代理具有扩展或补充私法自治的功能，乃高度发达市场经济所必需的制度之一。

对于完全行为能力人而言，他通过意定代理人可扩展其行为的范围，意定代理因此具有扩展私法自治的功能。

对于缺乏行为能力之人，法律为其设置法定代理人，以补充其参与社会经济生活之能力的欠缺，法定代理因此具有补充私法自治的功能。

（三）历史发展

罗马法强调"非本人不得订立契约"之原则，无代理制度。

欧洲中世纪，代理制度出现，在欧洲商人之间的商事代理逐渐发展，因此形成了相关的商事习惯。17世纪后，自然法学者致力于法律行为理论的构建，有力地促成了代理理论的形成。近代为了迎合市场经济的发展，交易者对可以扩充其参与市场范围的代理提出了制度需求。

1804年法国民法典；1807年法国商法典，1811年奥地利民法典都对代理作出了规定。但在上述立法中，代理与基础关系密不可分：代理与委托契约不分，代理被视为委托契约的效力，代理人进行代理活动被视为受托人对委托人的义务。

1900年德国民法典正式确立了独立的代理制度，借助代理权的概念将代理与其基础关系分离，并将其作为一种特殊的法律行为规定在总则编之"法律行为"一章的"代理与代理权"一节之下，建立起对各种代理都能适用的统一的代理制度。②

1896年日本民法典、1929年中华民国民法典均仿照德国民法典。1864年苏俄民法典、1994年俄罗斯民法典则将"代理与委托"上升为与"法律行为"并列的地位。

我国原《民法通则》第四章题为"民事法律行为与代理"。后来的《合同法》

---

① 代理人行为说认为，代理行为的主体是独立的代理人，即代理行为由代理人所实施，但是代理人所做出的代理行为的法律效果归属于被代理人。参见徐涤宇：《代理制度如何贯彻私法自治〈民法总则〉代理制度评述》，《中外法学》2017年第3期，第685—701页。

② 参见陈华彬：《民法总论》，中国法制出版社2011年版，第428页。

于第三章"合同的效力"中(第47条到第49条)对代理制度进行了进一步的补充,同时,第402条和第403条也与代理有关。

我国《民法典》整体上承袭了《民法通则》与《合同法》的立法内容,将代理作为一种独立的制度规定在了"总则"编与"合同"编中。①

二、代理的要件

代理或者代理行为应满足法律行为的一般成立要件,同时也应满足法律行为的一般有效要件,例如代理人有相应的行为能力,代理人意思表示真实且自由,代理行为标的确定、可能、合法、妥当。

除此以外,代理(行为)还有自己特别的成立要件与有效要件。

(一)代理的特别成立要件

1. 代理采名义主义

代理须代理人以本人名义为法律行为,效果方可归属于本人。

代理人直接向相对人表明本人名义,即予以"显名"代理,当然符合名义主义。行为人虽没有直接向相对人表明本人之名义,但是相对人知道或者应当知道行为人系代理他人而为法律行为的,即所谓的"隐名"代理,也符合名义主义。

需要说明的是,行为人假扮(冒充)他人而为法律行为,并非代理,不适用代理的规则。那么该行为是否有效、效果归于谁呢?端视相对人的意愿而定:如果相对人愿意此人成为法律关系当事人,即并不在乎其名义,则法律行为的效果归属于该行为人。如果相对人仅愿意被冒名之人成为法律关系当事人,即非常看重对方的名义,则准用无权代理规则处理。②

2. 代理只能是法律行为的代理

不是所有的行为都可以被代理。代理的只能是法律行为(《民法典》"总则"编第161条第1款),准法律行为(如催告、标的物瑕疵通告等)可类推适用代理制度。不能被代理的行为有事实行为、性质特殊的法律行为(如违法行

---

① 商法学者将《民法总则》第170条解读为商事代理,在起草《民法总则》时,有学者主张间接代理和职务代理应放在合同编分则或公司法等商法中规定。参见李建伟:《〈民法总则〉民商合一中国模式之检讨》,《中国法学》2019年第3期,第283—302页。

② 参见尹田:《民法学总论》,北京师范大学出版社2010年版,第282页。

为、身份行为等)、法律规定或当事人约定须由本人实施的行为(《民法典》"总则"编第161条第2款)。

事实行为,如占有、无主物占有、遗失物拾得、埋藏物发现,或侵权行为,不得适用代理制度,应分别适用占有辅助人或雇佣人侵权责任的规定。①

违法行为不得被代理。《民法典》"总则"编第167条规定:"代理人知道被委托代理的事项违法仍然进行代理活动的,或者被代理人知道代理人的代理行为违法不表示反对的,由被代理人和代理人负连带责任。"

身份(法律)行为,例如结婚登记、离婚登记、订立收养合同、订立遗嘱等,不得被代理。在离婚诉讼中,虽然当事人双方都可以委托代理人参加诉讼,但是离婚与否的意思表示必须由本人作出,不能被代理。

(二) 代理的特别有效要件

1. 本人的存在

代理原则上需要有本人的存在,在被代理人死亡或者作为被代理人的法人、非法人组织终止的情况下,代理权消灭,代理终止(《民法典》"总则"编第173条第4、5项,第175条第3项)。

但是作为例外,在被代理人死亡、终止的情况下,存在委托代理人实施的代理行为有效的一些情形(《民法典》"总则"编第174条):

授权中明确代理权在代理事务完成时终止。此种情况,系尊重被代理人的意思的体现。

被代理人的继承人予以承认。此种情况,系尊重继承人的意思的体现。

代理人不知道并且不应当知道被代理人死亡。在此情况下,代理人为善意。

被代理人死亡前已经实施,为了被代理人的继承人的利益继续代理。在此情况下,代理人基于本人利益最大化原则履职。

2. 代理人有代理权

只有经由本人对代理人的授权,代理行为的法律效果才能归属于本人。以代理权的有无确定代理的效力,其意义在于贯彻私法自治原则。

如果没有代理权,则或构成表见代理,或构成狭义无权代理(属于效力待

① 参见王泽鉴:《民法总则》,北京大学出版社2009年版,第350页。

定的法律行为)。

3. 委托代理是否需要特别的形式要件

《民法典》"总则"编第 165 条规定:"委托代理授权采用书面形式的,授权委托书应当载明代理人的姓名或者名称、代理事项、权限和期限,并由被代理人签名或者盖章。"我们认为这一条款为提示性的规范。委托代理可以采用书面形式,也可以采用口头形式。采用书面形式的,上述诸事项仅为提示性的,不宜认定为必要条件。① 例如,代理权限没有特别约定的,该代理会被认定为概括代理(一般代理)。因此,书面形式不过是证明当事人之间存在真实授权的一种方式。

三、代理与类似制度的区别

1. 代理与代表

代表行为是指法人的法定代表人以法人名义行事,其效果直接归属于法人。

二者实质上的区别在于代理人与被代理人人格不同,而代表与法人人格同一。具体说来,代理人的资格来源于授权,而代表来源于法律和章程的规定。② 代理行为是代理人自己的行为,代表行为是法人的行为。代理行为只能是法律行为或准法律行为,而代表行为既可以是法律行为,也可以是事实行为、侵权行为。③

2. 代理与使者(传达人)

使者是代本人传递本人已决之意思或者代本人接收第三人之意思表示并将其传递于本人的人。

第一,代理人表现的是自己的人格,使者是本人的意思表示机关,不表现自己的人格。

第二,代理人为意思表示,使者不为意思表示,仅为客观信息的传达。

---

① 代理本质上属于法律行为,也应适用《民法典》"总则"编第 135 条关于民事法律行为形式的一般规定。
② 参见蔡立东:《论法定代表人的法律地位》,《法学论坛》2017 年第 4 期,第 14—23 页。
③ 有学者认为我国法中的代理和代表并无本质区别,代表只是一种特殊的、适用于公司领域的代理。法定代表人真正的独特之处在于有其配套的登记制度,即其为具有法定公示意义的公司代理人。参见殷秋实:《法定代表人的内涵界定与制度定位》,《法学》2017 年第 2 期,第 14—27 页。

第三,代理人必须具有行为能力,而使者则不要求具有行为能力。

第四,代理的意思表示是否具有瑕疵以代理人为准进行判断,而使者的意思表示是否有瑕疵以本人为准进行判断。

3. 代理与居间(中介)

居间,也被称为"中介",是居中撮合当事人达成一笔交易的活动。居间人"牵线搭桥",不代任何一方为意思表示或受领意思表示。①

居间合同规定在《民法典》"合同"编第 26 章"中介合同"单元(第 961—966 条)。

4. 代理与行纪

行纪是指"行纪人"以自己的名义,为他人计算而行为,但法律效果直接归属于行纪人的行为。行纪人通过交易取得的利益会依其与本人之间的法律关系再转给本人。行纪合同的规定在《民法典》"合同"编第 25 章"行纪合同"单元(第 951—960 条)。

因与代理类似,行纪在学理上也被称"间接代理",真正的代理被称为"直接代理"。但就本质而言,行纪并非代理。②

首先,行纪行为是以行纪人自己的名义进行法律行为,而代理行为则是以本人的名义行为。

其次,行纪行为的法律效果直接归属于行纪人,而代理行为的法律效果直接归属于本人。

最后,行纪行为是典型的商事行为,通常要求行纪人有营业资格,而代理行为则无须取得特定的资格。

5. 代理与经销

经销为商业领域用语,指当事人以卖方与买方的身份,在一定期间和区域内就某种商品持续交易的商业模式。

无论"一般经销"还是"独家经销",货物从"供货商",经"经销商",到"第三

---

① 参见最高人民法院指导案例 1 号"上海中原物业顾问有限公司诉陶德华居间合同纠纷案"。房屋买卖居间合同中关于禁止买方利用中介公司提供的房源信息却绕开该中介公司与卖方签订房屋买卖合同的约定合法有效。但是,当卖方将同一房屋通过多个中介公司挂牌出售时,买方通过其他公众可以获知的正当途径获得相同房源信息的,买方有权选择报价低、服务好的中介公司促成房屋买卖合同成立,其行为并没有利用先前与之签约中介公司的房源信息,故不构成违约。

② 参见耿林、崔建远:《未来民法总则如何对待间接代理》,《吉林大学社会科学学报》2016 年第 3 期,第 21—29 页。

人",发生的是两个彼此独立的买卖关系。

6. 代理与夫妻间日常家事代理

夫妻之间日常生活所必要事项可不经他方特别授权,即可单独相互代理,此即所谓的夫妻间日常家事代理。

它是比较法上通行之制度,也符合日常生活之实际。《民法典》"婚姻家庭"编设有相关之规定:夫妻一方因家庭日常生活需要而实施的民事法律行为,对夫妻双方发生效力,但是夫妻一方与相对人另有约定的除外。夫妻之间对一方可以实施的民事法律行为范围的限制,不得对抗善意相对人(第1060条)。

夫妻间日常家事代理的主要特点有四:一是其代理权来自法律的直接规定;二是此代理无须以配偶他方之名义行使,非名义主义;三是代理仅以日常生活所必需之事项为限;四是夫妻一方的行为效果由夫妻双方来承担。

7. 代理与占有辅助人

占有辅助是指以他人名义为他人利益而占有财产,且此占有的效果直接归属于该他人的行为。雇员就其使用之设备为占有辅助人,雇主为占有人。

占有是指对物进行支配和管领的事实行为。占有辅助,只是在事实上协助本人占有物,无涉意思表示与法律行为,并不引起本人与第三人的权利义务关系变动,没有代理的三角关系。

8. 代理与财产代管

财产代管,指经法定机关指定之人或者当事人授权之人在法定权限内对他人财产进行综合管理的行为,如失踪人财产代管(《民法典》"总则"编第42—45条)、遗产管理(《民法典》"继承"编第1145—1149条)、破产管理(《企业破产法》第13条)。

综合管理的行为既包括事实行为,也包括法律行为,不能笼统地将其定义为"代理";只有以财产所有人的名义进行法律行为的情况才属于"代理"。

四、代理的类型

《民法典》所规定的代理是民法范畴内的代理,尤其是传统民法所谓的"直接代理"。

1. 民法上的代理与诉讼法上的代理

《民法典》中的代理是民法上的代理,非诉讼法上的代理。二者区别如下:

第一,就代理内容,民法上的代理的内容是法律行为,诉讼法上的代理的内容是诉讼行为。

第二,民法上的代理涉及三方平等主体,而诉讼法上的代理涉及四方,含争议解决机关。

第三,民法上的代理需要民事权利能力与行为能力,诉讼法上的代理需要诉讼行为能力。

第四,民法上的代理人可以是法人,诉讼法上的代理人只能是自然人。

2. 意定代理与法定代理、指定代理

意定代理也称为"委托代理",即代理权来自当事人意思表示的代理。《民法典》使用的术语是"委托代理"(第163条),①但实际上,委托代理容易使人误会其基础关系皆为委托合同,因此,意定代理更为可取。

法定代理,即代理权直接来自法律规定的代理。此外,指定代理,即权力机关依据法定授权指定代理人的代理,也属法定代理。

意定代理与法定代理的具体区别如下:

第一,意定代理的代理权来源于本人的授权,而法定代理的代理权来源于法律的规定。

第二,意定代理的范围由本人的授权行为的意思表示而定,而法定代理的范围需要根据法律的规定,通常具有概括性(全权代理)。《民法典》"总则"编第163条第2款规定,委托代理人按照被代理人的委托行使代理权。法定代理人依照法律的规定行使代理权。

第三,意定代理的代理权由本人监督和控制。而在法定代理中,被代理人不能对其进行控制和监督,不能撤销其代理权。

第四,意定代理人可以辞去代理,法定代理人不得任意放弃代理权。

第五,意定代理人仅在征得本人同意或者紧急情况下才享有复任权。而对于法定代理来说,通说认为,法定代理人享有复任权。

① 参见石宏主编:《〈中华人民共和国民法总则〉条文说明、立法理由及相关规定》,北京大学出版社2017年版,第386页。

3. 显名代理与隐名代理

显名代理是以本人名义实施的代理。《民法典》"总则"编所规定的代理为显名代理。①

隐名代理是行为人在行为时没有揭明本人名义,但是相对人知道或可得而知此行为为代理性质的代理。"隐名代理"其实并未否定"名义主义",因为虽未彰显本人名义,但相对人知道或可得而知其行为具有代理性质。因此,此种代理符合"名义主义"。隐名代理的代理效果归于本人。②

《民法典》"合同"编第925条规定了"隐名代理":受托人以自己的名义,在委托人的授权范围内与第三人订立的合同,第三人在订立合同时知道受托人与委托人之间的代理关系的,该合同直接约束委托人和第三人;但是,有确切证据证明该合同只约束受托人和第三人的除外。

4. 直接代理与"间接代理"

在中国《民法典》中存在有两类"间接代理":行纪、外贸惯例中的间接代理。

（1）行纪：传统欧陆法系上的间接代理

在传统欧陆法系,"间接代理"指向的是"行纪"制度。如前所述,行纪不是代理,仅是类似于代理而已,为了将其与代理区分,传统欧陆法系在学理上将其称为"间接代理",而将真正的代理称为"直接代理"。"间接代理"与真正的代理之间最为实质的区别：行为的法律效果是否直接归属于本人。③

中国《民法典》"合同"编在"行纪合同"一章规定了"行纪"制度。很显然,它区别于《民法典》"总则"编所规定的代理（仅为"直接代理"）。

（2）外贸惯例中的间接代理：来自英美法系与外贸实践

《民法典》"合同"编第926条所规定的受托人行为④来自英美法系与外贸

---

① 有学者认为隐名代理应当与显名代理一并作为代理的一般规则纳入民法典总则当中。参见尹飞："论我国民法典中代理制度的类型与体系地位",《法学杂志》2015年第9期,第12—23页。
② 参见尹飞：《代理：体系整合与概念梳理——以公开原则为中心》,《法学家》2011年第2期,第177—178页。
③ 参见胡东海：《〈合同法〉第402条（隐名代理）评注》,《法学家》2019年第6期,第176—190页。
④ 《民法典》"合同"编第926条规定：
"受托人以自己的名义与第三人订立合同时,第三人不知道受托人与委托人之间的代理关系的,受托人因第三人的原因对委托人不履行义务,受托人应当向委托人披露第三人,委托人因此可以行使受托人对第三人的权利。但是,第三人与受托人订立合同时如果知道该受托人就不会订立合同的除外。
"受托人因委托人的原因对第三人不履行义务,受托人应当向第三人披露委托人,第三人因此可以选择受托人或者委托人作为相对人主张其权利,但是第三人不得变更选定的相对人。
"委托人行使受托人对第三人的权利的,第三人可以向委托人主张其对受托人的抗辩。 （转下页）

实践,在我国学界也有学者将其称为"间接代理"或"隐名代理"。但实际上,这一制度既与"行纪"(传统欧陆法系中的"间接代理")不同,也与传统民法上的"隐名代理"不同,我们倾向于将其称为"外贸惯例中的间接代理"。①

外贸惯例中的间接代理具有如下特点:

第一,它适用的情形是交易合同成立时一方当事人隐藏了其背后已然存在的委托关系,不满足"名义主义"的要求。

其实,在委托人(本人)与受托人(代理人)之间,由于存在委托关系,委托人(本人)方面知道将来会存在与受托人(代理人)进行交易的第三人,此点与传统直接代理中本人与代理人的关系比较,并没有什么特别之处。

但同时,在受托人(代理人)与第三人之间,受托人(代理人)以自己名义与第三人订立合同,而且在订立合同时,第三人不知道也不能根据情况知道有本人的存在,因此,这一制度与前述的隐名代理不同。按照传统欧陆法系的"名义主义"的传统,这一点不满足代理制度的要求。

第二,就适用范围与法律效果而言,外贸惯例中的间接代理仅在出现合同债务不履行时,委托人(本人)才可能与第三人面对面地处理债务纠纷。也就是说,仅在合同纠纷发生以后,且受托人(代理人)向因违约受损害一方(本人或第三人)披露另一方(第三人或本人)以后,本人和第三人方可直接向对方主张合同项下的权利(第 926 条第 1 款、第 2 款)。而直接代理制度的法律效果在于本人承受代理行为的全部法律效果,而非仅限于参与合同不履行的纠纷环节。

第三,它是一种允许在交易进行当中的一方合同当事人突然披露曾隐藏的委托关系,进而可使合同当事人发生变化的机制;也因此法律会对毫不知情的当事人(即第三人)给予特殊的地位。在第三人违约的情况下,受托人(代理人)有义务向委托人(本人)披露第三人,从而委托人(本人)因此可以行使受托人(代理人)对第三人的权利。由于第三人不知道也不能根据情况知道有本人的存在,这对于该第三人构成一种突然袭击,为此,法律规定"第三人与受托人订立合同时如果知道该委托人就不会订立合同的"免受此种突袭(第 926 条第

(接上页)第三人选定委托人作为其相对人的,委托人可以向第三人主张其对受托人的抗辩以及受托人对第三人的抗辩。"

① 张俊浩:《民法学原理》(修订第三版)(上册),中国政法大学出版社 2000 年版,第 308 页。

1款)。直接代理制度采"名义主义",第三人知道委托人(本人)的存在,不会面临这种突然袭击。

而在本人违约的情况下,受托人(代理人)有义务向第三人披露委托人(本人)。由于第三人不知道也不能根据情况知道有本人的存在,因此对于是否要直面本人,该第三人享有选择的权利(第926条第2款)。如果第三人拒绝选择本人为合同相对人,那么受托人的行为即为"行纪",此种情形与代理无关。

我们认为,这一制度是对合同相对性的法定突破,赋予了委托合同与后续交易当事人一种穿透合同相对性的"直接"请求权,有利于提高法律争议解决的效率。

5. 积极代理与消极代理

区分二者的标准是代理行为的内容是代为意思表示(积极代理),还是仅代为受领意思表示(消极代理)。

6. 概括代理(一般代理)与限定代理(特别代理)

区分二者的标准是代理行为(或者说代理权)的范围是否被限定。

代理行为的范围受到限制的为限定代理,或曰特别代理。

代理行为的范围无特别限定的代理为概括代理,或曰一般代理。如果没有特别指明代理权限,代理被认定为概括代理。

7. 本代理与转代理(复代理)

参见第二节"代理权"之"代理权的行使"。

8. 有权代理与无权代理

区分有权代理与无权代理的标准是代理权的有无。

第二节 有权代理:代理权

有权代理人必须具有双重能力才能有效地为代理行为。这双重能力分别指"行为能力"和"代理权"。代理权是代理的核心要素。

一、代理权的意义

1. 含义

代理权是代理人可以本人(被代理人)名义与第三人实施法律行为并使得

该行为的效果直接归属于本人的法律资格或地位。

2. 性质

关于代理权的性质有多种理论判断。否认者有之,承认者有之;承认者中,有权力说、权利说、资格说等不同见解。

否认者认为代理权不过是本人与代理人之间的委托关系,采用此说的立法例只规定委托合同制度,而没有严格意义上的代理制度。反对者认为此种理论较为陈旧,没有发现代理与委托关系的区别与分层。

权力说认为代理权为一种法律之力。这种权力系由法律授予而非由本人授予,系法律规则根据代理人与本人之间的关系或者行为直接赋予代理人的。代理权允许代理人直接确定或改变本人与第三人之间的关系,且本人必须承担后果,这些都是法律直接规定的效果,是法律之力的体现。反对者指出,民事主体之间是平等的,彼此之间存在权力是不符合法理的;权力说虽然能很好地解释法定代理、指定代理和表见代理等现象,但是不能解释委托代理中代理权产生的原因:代理人与本人之间代理关系的成立与内容,均是当事人自愿的结果,非直接来源于法律的规定。[1]

权利说认为代理权为一种民事权利,如认为它是一种形成权。反对这种学说的学者指出,代理权本身不对应任何利益。按照代理权的内容而言,代理人只有义务,没有权利。即使有偿代理,代理人获得报酬并非根据其代理权,而是根据他与本人之间的基础关系——委托合同。代理权的赋予并不是为了代理人,而是为了本人的利益。

资格说认为代理权实质是一种法律上的能力,与民事权利能力、行为能力性质相同,但它不是代理人个人的能力,而是本人的法律能力在特定的交易或者交易范围内的延伸。[2] 依据此种资格,代理人可以本人名义为意思表示或者受意思表示,而使其效力归属于本人。这种资格,在意定代理中来源于本人的授权行为,在法定代理中来源于法律的直接规定,前者是意思自治的扩张,后者是意思自治的补充。

《民法典》"总则"编第162条采用的表述是"代理权限",对于其所表达的

---

[1] 参见尹田:《民法学总论》,北京师范大学出版社2010年版,第291页。
[2] 参见[德]卡尔·拉伦茨:《德国民法通论》(下册),王晓晔等译,法律出版社2003年版,第827—828页。

性质,学界有不同的认识,争议集中在权力说与资格说,后者为通说。

二、代理权的发生

代理权的产生可以有多种原因。①

(一) 基于法律规定而发生

法律可以直接赋予代理权,产生法定代理权(含指定代理权),如因监护关系而产生的法定代理权或指定代理权(《民法典》"总则"编第 20 条);财产代管情况下的代理权(《民法典》"总则"编第 43 条)。

(二) 基于本人的授权行为而发生

代理权还可因本人向代理人授予代理权的单方意思表示(授权行为)而发生。在实践中,本人向代理人授予代理权,常是基于他们之间的某种法律关系,如委托合同关系、合伙合同关系、承揽合同关系、雇佣合同关系等。

1. 授权行为的性质

对于授权行为的性质,有不同的几种学说。

委托合同说认为,代理权授权行为就是委托合同(也称为"委任合同")本身,代理权就是委托(任)合同应有之结果,与该合同同时成立或消灭;除了委托之外,没有任何单独的授权行为。它实际上是将授权行为与委托(任)合同等同,法国法采此观点。

无名合同说认为,代理权授权行为不过是以"我授予某某某代理权"为内容的无名合同。既然是合同,必须有双方的合意,因此需要代理人有"接受代理权"的意思表示。日本民法采此观点,是因为日本民法一方面(如同法国法)没有把代理与委任相互区别,无代理权授予的规定,但同时又担心采用委托合同说会出现"无委任就无代理"的不适当之推论。②

单独行为说认为,授权行为系被代理人的单方意思表示,不需相对人的承诺,也不必使代理人承担某种义务。德国民法采此观点。此说的特点在于,将代理权产生的根据(授权行为)与本人和代理人之间存在的基础法律关系(授

---

① 除代理权授予行为外,还可以来自法律的直接规定、社会一般观念或交易习惯以及当事人之间的基础关系。参见尹飞:《体系化视角下的意定代理权来源》,《法学研究》2016 年第 6 期,第 49—69 页。

② [日]山本敬三:《民法讲义》,北京大学出版社 2004 年版,第 233 页。

权行为的原因)相互区别,指出了它们之间并非是一一对应、不可分割的关系。单独行为说在中国现为通说。

2. 授权行为与基础法律关系

(1) 授权行为的独立性

在德国学者拉班德提出著名的区分论以前,授权行为被认为是来源于委托、雇佣、合伙等合同。如合伙人向合伙代表人授权是基于合伙合同关系,法人向其雇员授权是基于劳动合同关系等。学理上,将这些"原因"称为授权行为的基础法律关系。

后来拉班德撰文指出,授权行为与其基础法律关系是彼此独立的,不仅如此,授权行为并非一定伴有基础法律关系。它们之间可能有如下组合:授权行为伴有基础法律关系;①授权行为不伴有基础法律关系;②有基础法律关系,却无代理权的授予。③

(2) 授权行为的有因性或无因性问题

既然在观念上和法技术上,授权行为和基础法律关系是可以相互分开而独立存在的,那么是否意味着授权行为和基础法律关系在效力上彼此也是独立的呢?抑或说它们在效力上牵连在一起?换言之,如果作为授权行为原因的基础法律关系不成立、无效、被撤销或消灭,代理权的授予是否随之变化呢?这就是代理权授予行为的有因或无因问题。

国内学说意见有分歧。有支持无因性的,以求保护第三人利益和保护交易安全。④ 也有主张有因性的,以简化民事法律关系,以求保护本人利益,对于善意第三人可以通过表见代理的制度予以保护。⑤ 也有人认为应以授权行为的意思为断,不可一概而论,此为折中说。⑥

---

① 于此种情形下,授权行为与基础法律关可能同时诞生(委任合同常如此),也可能有时间先后(基于合伙、雇佣关系而为授权常常有时间先后)。

② 朋友甲请朋友乙代为某些法律行为(如代为购买电视、代为租赁等),乙有代理权,其所为法律行为的效果归属甲,但是甲乙之间系基于朋友之情,而没有建立起委任或者雇佣等法律关系。

③ 如工厂雇用清洁工人打扫卫生,商店雇员仅被要求负责安全保障、不得售货等。

④ 参见张俊浩:《民法学原理》(修订第三版)(上册),中国政法大学出版社 2000 年版,第 321 页;尹田:《民法学总论》,北京师范大学出版社 2010 年版,第 297 页;王泽鉴:《民法总则》,中国政法大学出版社 2001 年版,第 465 页。

⑤ 参见马俊驹、余延满:《民法原论》(第三版),法律出版社 2007 年版,第 234 页;谢鸿飞:《代理部分立法的基本理念和重要制度》,《华东政法大学学报》2016 年第 5 期,第 64—74 页。

⑥ 参见郭明瑞、房绍坤、唐广良:《民商法原理(一)》,中国人民大学出版社 1999 年,第 294 页。

3. 授权行为的方式

(1) 授权行为系单方法律行为,为不要式行为,明示或默示皆可。

明示的方式可以是口头的,也可以是书面的(《民法典》"总则"编第 165 条)。

默示的例子如商场安排某售货员站柜台。此外,某些法律行为,依其性质,本身就包含授权的默示,如委托合同、承揽合同,可推定委托人、定作人同时向受托人、承揽人进行了授权的意思表示,以便完成约定的任务,对于这些合同而言,代理权通常是完成约定任务所必需的。①

(2) 代理权授予行为中的意思表示,应当向被授权人实施——内部授予代理权。②

三、代理权的行使

代理权的行使应遵循为本人利益计的原则。代理人如有违反,应对不利的法律后果承担责任。

(一) 为本人利益计

为本人利益计,要求代理人在代理权限范围内尽到勤勉义务。

1. 在代理权范围内为代理行为

(1) 授权范围

授权范围决定着代理权的范围。代理人在代理权限内以本人的名义实施民事法律行为,本人才对代理人的代理行为承接法律效力(《民法典》"总则"编第 162 条)。

法定代理的代理权范围来自法律的授权,以法律规定为准;指定代理人的代理权范围以人民法院或者指定单位的指定为准;而意定代理的代理权范围,则以授权行为中的意思表示为准(《民法典》"总则"编第 163 条第 2 款)。

(2) 意定代理授权范围不明时的意思表示解释

《民法典》"总则"编第 165 条规定:"委托代理授权采用书面形式的,授权委托书应当载明代理人的姓名或者名称、代理事项、权限和期间,并由被代理人签名或者盖章。"此规定为提示性条款,授权文书不会因为欠缺上述某个要

---

① 参见尹田:《民法学总论》,北京师范大学出版社 2010 年版,第 297 页。
② 不过学界有观点认为,也可向被授权人实施代理行为的相对人实施——外部授予代理权。但外部授权似可适用表见代理制度。

素而无效,可以通过解释的方式予以填补。

对意思表示的解释,应以为本人利益计为原则。通说认为,如果代理范围不明,代理人仅可实施保全、改良和增益等管理行为,不可实施处分行为。

2. 代理人应尽勤勉义务

学理通说认为,无偿代理的义务人负担如同处理自己事务的注意义务;而有偿代理则要尽善良管理人的注意义务。代理人不履行或者不完全履行职责,造成被代理人损害的,应当承担民事责任(《民法典》"总则"编第164条)。

代理事项应当合法。代理人知道或者应当知道代理事项违法仍然实施代理行为,或者被代理人知道或者应当知道代理人的代理行为违法未作反对表示的,被代理人和代理人应当承担连带责任(《民法典》"总则"编第167条)。

3. 复代理

基于复任权,代理人在其代理权限内另行选任他人担任代理人,后者所实施的代理即为复代理(又称转代理)。① 相对应地,本人选任的代理人所为之代理被称为"本代理"。复代理人仍是本人的代理人,而非代理人的代理人。《民法典》"总则"编第169条对复代理进行了专门规定。

复代理的核心要件是代理人的复任权。②

就意定代理而言,代理人在两种情况下可获得复任权:其一,是取得了本人的同意或者追认;其二,是在紧急情况下,代理人为了维护被代理人的利益(例如代理人不能办理,且不能与本人及时取得联系)。

在有复任权的情况下,复代理人的代理行为的法律效果归属于本人,代理人仅就第三人的选任以及对第三人的指示承担责任(《民法典》"总则"编第169条第2款)。在没有复任权的情况下,代理人应当对转委托的第三人的行为承担责任③(《民法典》"总则"编第169条第3款)。

就法定代理而言,通说认为,法定代理人享有复任权。

---

① 参见徐海燕:《复代理》,《当代法学》2002年第8期,第45—47页。
② 有学者认为我国复代理的前提条件过于严格,需要扩张解释。参见方新军:《民法总则》第七章"代理"制度的成功与不足》,《华东政法大学学报》2017年第3期,第35—48页。
③ 参见重庆市高级人民法院(2004)渝高法民终字第48号"中国银行重庆市分行诉重庆川粤饮食服务有限公司、重庆市建设投资公司借款合同案":在中国银行总行与中行市分行所签订的总授权书中,总行授予中行市分行转授权的资格,中行市分行可以在被授予的权限范围内,对业务职能部门及下属地市分支行进一步转授权。据此,中行市分行是有复任权的,其与中行江北支行签订转授权书实际上就是在行使其复任权。

(二) 禁止非为本人利益计的代理(滥用代理权)

代理人行使代理权时,非为本人利益计实施的有损本人利益的行为,系滥用代理权的行为。具体可有多种表现形式,如自己代理、双方代理、利己代理等。

1. 自己代理

自己代理即代理人利用代理之便以本人名义与自己订立合同。自己代理也称为"自己契约"或"自己合同",其本质是一种单方行为。这种行为可能的危害在于,在处理本人的利益的过程中,任由代理人决断,有违合同系合意之本质,缺少竞争,难保公平,极有可能损害本人的利益,因此原则上应禁止自己代理,例外情况是本人同意此种行为。

《民法典》第168条第1款规定:代理人不得以被代理人的名义与自己实施民事法律行为,但是被代理人同意或者追认的除外。① 通说认为,就自己代理的法律效力而言,原则上,自己代理系效力待定的行为,将效力的决定权交给本人。

2. 双方代理

双方代理,指代理人以本人的名义与自己同时代理的其他人实施法律行为,即所谓的"一手托两家"。

原《民法通则》《合同法》都没有明确禁止双方代理,因此对此类行为的效力有不同认识。主流观点认为,双方代理系效力待定的行为,将效力的决定权交给本人。《民法典》第168条第2款规定:代理人不得以被代理人的名义与自己同时代理的其他人实施民事法律行为,但是被代理的双方同意或者追认的除外。②

3. 利己代理

利己代理指代理人利用代理权之便,实施有利于自己但是不利于被代理人的代理行为。

利己代理行为属于《民法典》"总则"编第164条所规范的对象:代理人不

---

① 原《经济合同法》(1981年)第7条曾规定,代理人"以被代理人的名义同自己或者同自己所代理的其他人签订的合同无效"。该规定缺乏弹性,但毕竟规定了这一重要制度。该法后来因1999年《合同法》而废止。于是,我国法律曾一度缺失有关自己代理的禁止规定。

② 参见于程远:《从风险规避到实质保护——目的论视角下对自我交易规则的重新建构》,《政法论坛》2018年第2期,第41—56页。

履行或者不完全履行职责,造成被代理人损害的,应当承担民事责任。代理人和相对人恶意串通,损害被代理人合法权益的,代理人和相对人应当承担连带责任。

四、代理权的终止

(一)意定代理终止的原因

《民法典》"总则"编第173条列举了意定代理终止的原因。

代理事务完成,代理权终止。

代理期限届满,代理权终止。

代理人辞去代理(只需单方意思表示即可辞去,辞去的意思表示到达本人时生效),代理终止。

作为代理人的自然人死亡,代理终止,这是因为代理人死亡,代理权不能以继承方式转移给继承人。同理作为代理人的法人、非法人组织消灭的,代理终止。代理人丧失民事行为能力,失去相应的资格,代理权面向将来发生终止。

被代理人取消委托,代理权终止。①

作为被代理人的自然人死亡或者作为被代理人的法人、非法人组织消灭,原则上代理终止。但是被代理人死亡或终止后,在有些情况下,基于被代理人的利益或者当事人的意愿,或者考虑到代理人的善意、鼓励代理人积极履职,委托代理人实施的代理行为有效。例如,代理人不知道且不应当知道被代理人死亡或终止;或者被代理人的继承人、继受者对相关代理行为予以承认;或者被代理人曾经在授权中明确指出代理权在代理事务完成时终止;或者被代理人死亡、终止前已经实施,为了被代理人的继承人的利益继续代埋。

(二)法定代理终止的原因

法定代理终止的原因视法律规定的情形。《民法典》第175条列举了一些主要原因,如代理人死亡、被代理人死亡,代理权不能以继承方式转移给继承人;代理人丧失民事行为能力或丧失监护资格;被代理人取得或者恢复完全行

① "取消委托"应解释为授权行为生效后非由于意思瑕疵被收回,而非意定代理内部基础关系的无效或失效。参见崔拴林:《论意定代理授权行为的取消——兼释〈民法总则〉第173条第2项前半句》,《法学家》2019年第2期,第72—83页。

为能力。

五、代理人的行为能力与意思表示瑕疵

（一）代理人的行为能力

上文说过，代理人得为代理行为，需要具备双重能力：行为能力和代理权。

法定代理人应为完全行为能力人。

意定代理人只须具有相应的行为能力即可，而无须为完全行为能力人，限制行为能力人也可为意定代理人。

（二）意思表示瑕疵的判定

代理行为系法律行为的代理，意思表示真实且自由乃代理行为有效的重要要件。由于代理行为由代理人实施，因此原则上，意思表示的瑕疵应当以代理人为断。对于意定代理而言，如果代理人所为之意思表示系依据本人指示而实施的，则可以理解为本人越过代理人直接为意思表示，应以本人为断。①

第三节 无权代理：表见代理与狭义无权代理

一、无权代理的含义与类型

1. 含义

广义上的无权代理，指行为人没有代理权却以他人的名义为代理行为，并具有将该行为的法律效果直接归属于他人的意思。

2. 特征

无权代理人所为的代理行为满足代理行为的一般要件，唯独欠缺代理权。欠缺代理权可有三种情况：未经授权、超越被授予的代理权、被授予的代理权

---

① 有学者指出，意定代理在本质上就是本人与代理人的共同参与。相应地，代理权授予行为与代理行为也应被统合为一个法律行为，由此生发出代理效果。参见王浩：《论代理的本质——以代理权授予时的意思瑕疵问题为契机》，《中外法学》2018 年第 3 期，第 609—631 页。

已经终止(《民法典》"总则"编第 171 条)。

无权代理与有权代理的唯一差别是,代理人没有代理权。

无权代理和滥用代理权不同。后者属于有权代理,仅是不当行使代理权,例如自己代理、双方代理、利己代理、代理人与第三人恶意损害被代理人利益等,法律制度设计的目的在于保护被代理人利益,制裁代理人的恶意。而"无权代理"制度,旨在实现相对人与被代理人之间的利益平衡。

3. 分类

无权代理分为"表见代理"与"狭义无权代理"。"表见代理"以外的无权代理都是"狭义的无权代理"。二者的区分标准在于是否有外观使得相对人有充分的理由信赖无权代理人有代理权。

对于表见代理,法律侧重于保护相对人,将其认定为有效代理。

对于狭义无权代理,法律则将其认定为效力待定,赋予被代理人追认权,同时赋予相对人以催告权和撤销权。

二、表见代理

(一) 表见代理的含义与特点

表见代理,即基于被代理人(或称本人)的行为,相对人(或称第三人)有充分的理由信赖无权代理人有代理权,相对人有权要求本人按照有权代理承担无权代理行为的法律效果的无权代理。

构成表见代理,代理行为有效(《民法典》"总则"编第 172 条),能在本人与相对人之间产生代理的法律效力。

表见代理中的"表见"也称为"表现",即"表面上所显现的"。

表见代理的本质是无权代理,但因本人的行为而使得无权代理人具有了拥有代理权的外观,且善意无过失的相对人基于该外观对无权代理人的代理权产生了合理信赖。对于这种情况,应当以有权代理处理本人与相对人相关的法律关系。其制度价值在于保护交易安全和相对人的信赖。

(二) 表见代理的特殊要件

表见代理是一种特殊的无权代理,就其构成而言,它与狭义无权代理的差异在于,本人的行为客观造就了授予代理权的外观,并引起善意相对人的信赖。具体而言,表见代理的特殊要件如下:

1."外表授权"

"外表授权"是指本人因其行为造就了代理权存在之外观,客观存在可使相对人相信无权代理人有代理权的外表或假象。这需要依据客观情况(如本人与无权代理人的关系、无权代理人的代理行为的依据、交易情形与场所等)综合考量。①

2.相对人善意且无过失

构成表见代理,相对人应是善意且无过失。② 善意是指相对人不知道也不应知道无权代理人的代理行为欠缺代理权;而无过失是指相对人的不知情或不应知情不能归咎于他本人的疏忽或懈怠,即相对人已经尽到了善良管理人的注意义务。

就其判断的时间点而言,应是相对人与无权代理人之间的法律行为发生之时。

如果相对人有恶意,即明知行为人是无权代理还与之为法律行为,则应依据《民法典》"总则"编第171条第4款的规定,与行为人一起对本人负担连带赔偿责任。

如果相对人是善意但有过失,那么就不能主张表见代理,只能依照狭义无权代理处理。

(三)表见代理的效力

如果一种无权代理满足表见代理的构成要件,法律基于保护相对人的信赖与善意,保护交易安全,允许表见代理发生与有权代理相同的法律效力。

1.对于本人的效力

代理行为的效果由本人承担。

---

① 参见天津市第一中级人民法院(2007)一中民四终字第1145号"贾静与肖德强等委托合同纠纷上诉案":认定构成表见代理,应从权利外观、合理信赖、本人予因三个方面进行综合分析,从正常的生活经验出发,以社会一般人的视角为标准,判断相对人是否有理由相信行为人有代理权,同时必须考虑本人对于代理权外观的形成是否具有可归责性。第一,两被告是父子关系,具有不同于一般委托的特殊信任关系;第二,被告肖德强掌握其父肖玉芬的股票账户、资金账户、交易密码等重要的资料信息,并且将这些信息完全告知原告;第三,在签订书面委托资产管理协议之前,被告肖德强曾经口头委托原告代为炒股,而且因为盈利已实际支付原告佣金2.8万元。根据这三个情节,从正常的生活经验出发,完全可以认为,被告肖德强有权代理其父肖玉芬对外签订委托炒股的协议,在认定构成表见代理的情况下,仅本人对善意相对人承担合同责任,无权代理人不向相对人承担责任。

② 关于举证责任,有观点指出:由本人负相对人非善意的证明责任,相对人则需证明自己无过失。参见张驰:《表见代理体系构造探究》,《政治与法律》2018年第12期,第127—138页。

本人当然也可以对表见代理主动追认。表见代理在性质上毕竟是一种无权代理,因此,在相对人主张表见代理之前,本人有权进行追认;一旦追认,溯及既往地使无权代理转换成有权代理。

2. 对于相对人的效力

构成表见代理,相对人即按代理行为的内容与本人之间产生权利义务关系。

问题在于善意相对人可否放弃主张表见代理,转而依据《民法典》"合同"编第503条有关狭义无权代理的规定,①主张无权代理无效呢?对此有争议。我们认为,表见代理制度的目的在于保护善意相对人的利益,因此应当允许其自愿选择,法律没有反对的必要。

3. 对于表见代理人的效力

在相对人主张表见代理,行为效果由本人承担的情况下,表见代理人与相对人之间没有任何权利义务关系。通说认为,本人因表见代理遭受损害的,依据他与表见代理人之间的基础法律关系(委托、雇佣、合伙等)予以救济,没有基础关系的情况下,依据侵权提出救济。

(四)表见代理的类型

表见代理发生的情形多种多样。例如,本人将印章、空白支票或空白授权书交由他人保管。又如,本人向第三人通知将派某人去全权谈判,但实际上未授权此人,但该第三人不知道;或者原来的授权范围被限缩但未通知第三人;或者原来的授权范围被撤销但未通知第三人。又如,本人知道无权代理人以自己名义从事代理行为但不作否认表示。② 又如,法人或者非法人组织对执行其工作任务的人员职权范围的限制,不得对抗善意相对人,这实际上也属于表见代理的一种情形。

(五)争议的问题

1. 表见代理是否适用于法定代理

对此有不同说法。通说认为,法定代理不发生表见代理。例如,精神病人

---

① 《民法典》第503条规定:"无权代理人以被代理人的名义订立合同,被代理人已经开始履行合同义务或者接受相对人履行的视为对合同的追认。"

② 有关类型化研究,可参见迟颖:《〈民法总则〉表见代理的类型化分析》,《比较法研究》2018年第2期,第117—130页。

的姑姑以法定代理人的身份将该精神病人的财产转让给邻居,该邻居不能以表见代理为由主张该合同的效力归属于该精神病人。在保护交易安全、保护相对人的信赖与保护无行为能力人或限制行为能力人的利益之间,法政策应更侧重后者。

2. 表见代理是否要求本人对代理权存在的表象具有过错

对此有争议。从《民法典》"总则"编第 172 条的表述看,无权代理时,"相对人有理由相信行为人有代理权的",代理行为有效。似乎是采否定说。

三、狭义无权代理(真正的无权代理)

(一)狭义无权代理的意义

所谓狭义无权代理,是指行为人无代理权却以本人名义实施法律行为且其不能满足表见代理要件的代理。相比较表见代理,狭义无权代理才是真正的无权代理。

(二)狭义无权代理的效果

没有代理权之人以他人之名义参与交易,法律自不应将毫不知情之人牵涉进其毫无准备的交易之中,除非其愿意并作出相应的意思表示。因此,狭义无权代理属于效力待定的法律行为,是否对本人发生效力,应首先由本人作出决定。

狭义无权代理涉及的三方当事人之间的具体关系构建如下。①

1. 本人与相对人之间

(1)本人的追认权

对于狭义无权代理,本人享有追认权。

经本人追认的,无权代理转换成有权代理,适用有权代理的规定。

而未经本人追认的,对本人不发生效力(《民法典》"总则"编第 171 条第 1 款)。

(2)相对人的催告权与撤销权

本人是否追认直接决定一项交易成立与否,对相对人影响甚巨。在本人

---

① 无权代理不由《民法典》第 597 条第 1 款(买卖合同效力不因欠缺处分权而受影响)调整,但无权代理伴有无权处分时,后者自然由其管辖。参见崔建远:《无权处分再辨》,《中外法学》2020 年第 4 期,第 865—882 页。

作出决定之前,相对人始终处于一种不确定的状态。为了使相对人尽早摆脱这种不确定性,法律赋予其相应的催告权与撤销权(《民法典》"总则"编第171条第2款)。

一方面,相对人可以催告被代理人自收到通知之日起30日内予以追认。被代理人未作表示的,视为拒绝追认。

另一方面,在无权代理人实施的行为被追认前,善意相对人有撤销的权利。撤销应当以通知的方式作出。恶意相对人,即知道或者应当知道行为人无权代理的相对人,是不享有撤销权的。

(3) 相对人的民事责任

相对人为恶意者,即相对人知道或者应当知道行为人无权代理的,相对人和行为人按照各自的过错承担责任(《民法典》"总则"编第171条第4款)。

2. 无权代理人与相对人之间

(1) 经本人追认

经本人追认,狭义无权代理与有权代理一样,在无权代理人与相对人之间没有效果归属关系。

(2) 本人拒绝追认

若本人拒绝追认,代理行为对本人确定不发生效力,不能产生代理效果。接下来的问题是:无权代理人与相对人之间具有怎样的权利义务关系呢?

立法例上有不同的选择方案。

一种方案是,无权代理人对善意相对人承担赔偿责任。其理由在于,既然本人拒绝追认,无权代理行为不仅对其不发生法律效力,法律行为也因欠缺相应的主体,不应发生法律效力。无权代理人并非设立法律行为、缔结合同的主体,不应当然承接。相对人即使是善意的,也不得请求无权代理人履行合同义务,而只能主张损害赔偿责任。至于该损害赔偿的性质是"法定特别责任"还是"侵权行为责任"抑或"缔约过失责任",对此有争议。这涉及此种责任的构成要件是否需要有过错以及损害赔偿的范围。如采缔约过失责任,则相对人应当赔偿的只能是信赖利益,而不能是履行利益。

另一种方案是,相对人有权要求无权代理人承接全部代理行为的法律效果,也可以要求无权代理人赔偿损失。这是《民法典》选择的方案,赋予相对人选择的权利。①

《民法典》"总则"编第 171 条第 3 款规定：行为人实施的行为未被追认的，善意相对人有权请求行为人履行债务或者就其受到的损害请求行为人赔偿。②但是，赔偿的范围不得超过被代理人追认时相对人所能获得的利益。

由此，如果相对人选择无权代理人履行债务，法律行为在相对人与无权代理人之间成立，此系法律的直接规定，无权代理人必须直接承接法律行为所创设的法律后果。如果无权代理人拒绝履行债务，将对相对人承担债务不履行的责任。

当然，相对人也可以选择无权代理人直接承担损害赔偿责任，此处损害赔偿责任应当被理解为"法定特别责任"。该种责任，一是不需要以过错为要件；二是损害赔偿不限于信赖利益，还包括履行利益（只是上限不得超过被代理人追认时相对人所能获得的利益）。"法定特别责任"的定性，可以使得相对人无论选择无权代理人损害赔偿，还是选择无权代理人履行债务，均可获得范围与程度相当的救济。

3. 本人与无权代理人之间

（1）经本人追认

若本人追认，即与一般有权代理无异，代理行为直接对本人生效，以本人与无权代理人之间的基础法律关系为准处理彼此关系。

（2）本人拒绝追认

在本人拒绝追认的情况下，以本人与无权代理人之间的基础法律关系为准处理彼此关系；在没有基础关系的情况下，可以依照无因管理或者侵权责任之规则处理。

如果事实上，无权代理人系为本人利益计，本人与无权代理人之间即成立

---

① 有学者指出，按一般合同法原理让无权代理人向相对人承担履行责任似难成立，但基于强化相对人保护之目的则不失为一种可选择的制度设计。如是则在脱离一般原理的意义上无权代理人的履行利益实属特别之规定。但这种特殊规定的解释或设计仍应受到现行法有关法律行为效果归属评价体系的约束。参见王浩：《论无权代理人的责任——对〈民法总则〉第 171 条的一种解读》，《华东政法大学学报》2017 年第 6 期，第 78—88 页。

② 参见上海市第一中级人民法院(2017)沪 01 民终 5107 号"孙永刚诉吕野民房屋买卖合同纠纷案"：行为人以自己名义与他人订立买卖合同，相对人知晓行为人代理意思的，构成间接代理，不适用无权处分规则。间接代理人无代理权而实施代理行为，本人不追认该代理行为的，行为效果不归于本人，由代理人对相对人负债务不履行责任，该责任不得超过合同履行后相对人可获得的利益，且与其过错程度相对应。

无因管理,适用无因管理的规定,即《民法典》"合同"编第 28 章的规定。

如果事实上,无权代理不是为本人利益计算,并使其受到损害,即可构成侵权,依据《民法典》"侵权责任"编的规定,无权代理人须对本人承担侵权责任。如果相对人为恶意,即相对人知道或者应当知道行为人无权代理的,相对人和行为人按照各自的过错承担责任(《民法典》"总则"编第 171 条第 4 款)。

第九讲　民法上的时间

时间在民法上具有重要意义,无论是对民事法律规范本身的效力产生或终止还是对民事权利义务关系变动而言,都是如此。我们先介绍民法上的时间(期限)的意义、分类与确定(第一节),随后阐述时间的经过(期间)对法律关系变动的影响(第二节到第四节)。

第一节　期限:期日与期间

一、期限在民法上的意义

期限是导致民事权利义务关系产生、变更、终止的时间。期限属于"事件",即一种"民事法律事实"。期限的到来与经过不因人的主观意志而改变。由于市民社会中人与人的关系是在一定的时间内发生和存在的,时间因素对于人与人之间的利益关系有着不可分割的影响。因此,民法必须重视和规制期限对当事人民事权利义务关系的影响。

就整体观之,期限在民法上的重要意义体现在如下几个方面。

第一,期限可决定民事主体的法律地位,即权利能力与行为能力。自然人民事权利能力始于出生,止于死亡;精神正常的自然人自成年之日享有完全的民事行为能力;下落不明经过一定期限,自然人可被宣告为失踪或死亡等。

第二,期限可决定民事权利、义务的变动。例如,继承自被继承人死亡时开始;父母在子女未成年期间负有抚养义务;诉讼时效期间届满,权利受保护的程度减损;在债权存在期间内,债务人负有给付义务。

第三,期限可决定法律规范的生效、失效。

二、期限的分类

期限可分期日和期间。

期日,是一个不可分或视为不可分的、特定的时间点,常为某时、某日、某月或某年,如某一事件发生之时、当事人提出请求之日等。

期间,是一个时间过程,即从某一时间(起始点)到另一时间(终止点)的过程,如从某年某月某日到某年某月某日。

比较二者,期日为点,期间为线。在多数情形中,期日以辅助于期间的形式存在,即期日仅具有确定期间起始点及终止点的辅助意义。

三、期间的计算

(一)期间计算方法的选择

期间的计算方法有两种。

一种是历法计算法,即按照公历(非农历)所定之日、星期、月、年进行计算的方法。对于月或年的计算而言,月有大小,年有平闰。《民法典》"总则"编第200条规定:"民法所称的期间按公历年、月、日、小时计算。"历法计算法为一般性的计算方法。

另一种是自然计算法,即按实际发生的时间精确计算的方法。按照此种方式,1日为24小时,1周为7天;对于月或年的计算而言,1月为30天,1年为365天。自然计算法在实践中也常被采用。

比较二者,可以发现,两种计算方法在月、年上存在出入。总体而言,历法计算法不够精确,但十分简便;自然计算法精确但不简便。历法计算法只能适用于连续期间,而不能适用到非连续期间;自然计算法则两者皆可适用,即可以计算非连续的期间,也可以计算连续期间。

比较法上立法例采取的方法是,对于连续计算的年、月依历法计算法来计算;若是非连续而且可以间断累加计算的期间,则使用自然计算法。①

我们认为,非连续期间只能采用自然计算法,而连续期间的计算,原则上采历法计算法,除非法律规定或者当事人有特别约定。详言之,除非法律另有

---

① 例如,《德国民法典》第191条规定:"某一时期以该时期无须连续经过的方式,按月或年确定的,每月按30天计算,每年按365天计算。"也是对非连续期间采自然计算法计算。

特别规定(如"15个工作日内"),法律上的期间都按照历法计算法。而对于当事人之间的约定期间,由当事人约定;在约定不明的情况下,推定适用历法计算法;非连续期间,只能适用自然计算法。

(二)期间起始点与终止点的确定

1.起始点

期间按小时计算的,从规定的时间开始计算。

期间按年、月、日计算的,原则上,开始的当天不算入,从第二天开始计算(《民法典》"总则"编第201条)。例如,3月15日订立的合同约定3天内交付货物,3月15日当天不应计算在内,应从3月16日起开始计算,因此,3月18日为最后一天。

作为例外,人的年龄自出生之时起算,出生当天也计算在内。

2.终止点

期间的最后一天是休息日、节假日的,以休假日结束的次日为最后一天。

期间的最后一天截止时间为24点,但有业务活动截止时间的,以业务活动结束的时间为截止时间(《民法典》"总则"编第203条)。

以星期、月、季度或者年确定期间的,以最后星期、月、季度或年与起算日相当日的前一日为最后一天(《民法典》"总则"编第202条)。

(三)期间的逆算

期间的逆算,准用期间的顺算的有关规定。例如,股东大会的召开应于20日前通知各股东,若开会日为3月27日上午9点,那么开会通知书应当在3月6日晚上12点以前邮寄出去。

第二节 时 效

一、时效概述

(一)时效的法律意义

时效,是特定的事实状态持续地经过一定的期间而发生特定法律效果的制度。

对于时效概念,需要把握如下几个方面。

其一,时效以某种事实状态的持续存在为要件。这里所谓的"事实状态",指"财产之占有"的事实或者"怠于行使请求权"的事实。

其二,时效需要经过一定的期间,即经过法律所规定的一段时间(时效期间)。需要注意的是,民法上有第三人善意取得制度①(学理上也称为"即时取得""瞬时取得"甚至"即时时效"),它并不以时间经过为构成要件,此种制度的价值、机制与"时效"完全不同。

其三,时效的法律效果,是发生某种尊重和延续事实状态的法律效果,如取得一定的权利,或者请求权不再受保护。换言之,时效的效果就是尊重长期存续的既成事实状态。

观察时效制度,需要把握如下几个方面。

首先,时效是一种实体法制度:时效应为实体法上的制度,因为它体现为法律事实(时间的经过)对民事权利义务关系变动的影响。

其次,时效是一种财产法制度。基于身份权而生并为身份权服务的、以财产给付为标的的权利,尤指亲属之间的抚养权、赡养权、扶养权,虽牵涉财产性质,但因与身份权紧密相关,不应过了诉讼时效而消灭。

最后,时效属于强行性规范。时效制度规则并非出自当事人的约定,而是基于社会整体利益和发展之考量而作出的安排,具有公共秩序的性质,为强行性规范,通常不允许当事人事先免除其适用。

(二)时效制度的价值

时效制度主要有如下几方面的价值:第一,时效制度可以维护法律和社会秩序;第二,时效制度可以促使当事人积极行使权利,充分发挥物质财富的

---

① 《民法典》第311条规定:
"无处分权人将不动产或者动产转让给受让人的,所有权人有权追回;除法律另有规定外,符合下列情形的,受让人取得该不动产或者动产的所有权:
(一)受让人受让该不动产或者动产时是善意的;
(二)以合理的价格转让;
(三)转让的不动产或者动产依照法律规定应当登记的已经登记,不需要登记的已经交付给受让人。
受让人依据前款规定取得不动产或者动产的所有权的,原所有权人有权向无处分权人请求损害赔偿。
当事人善意取得其他物权的,参照适用前两款规定。"

作用;第三,时效制度也有利于合理配置司法资源,节约司法成本。①

二、时效的种类:取得时效与消灭时效

"时效"分为"取得时效(占有时效)"和"消灭时效(诉讼时效)"。

(一) 概念

取得时效,指本无权利,占有人因公开、和平、继续地以自己所有的意思占有他人财产的状态达一定期间,而取得占有物所有权的制度。

消灭时效,指本有权利,权利人因不行使的状态达到一定期间,权利减损的制度。我国在1949年以后受苏联民事立法的影响,使用"诉讼时效",放弃了"消灭时效"的术语。"诉讼时效"一词强调与诉相关。②

两种时效的区别在于:第一,来源不同。取得时效来源于古罗马《十二铜表法》;诉讼时效来源古罗马法务官的命令。第二,事实内容不同。取得时效依据的是占有的事实;诉讼时效依据的是权利不行使的事实。第三,法律效果不同。取得时效的法律效果是权利的取得;诉讼时效的法律效果是权利的消灭。

两种时效的联系在于,时效的起算、中断等计算方法一样,在此方面,取得时效可准用诉讼时效的规定。

(二) 两种时效的立法类型

大陆法系国家的传统做法是同时设定这两种时效制度,只不过体例上有些差别。如有立法例将取得时效与诉讼时效分别规定,其中,诉讼时效规定于总则,取得时效规定于物权编;也有立法例除了分别规定取得时效与诉讼时效以外,还设有统一的、共同的规定。

我国1987年生效的《民法通则》只规定了诉讼时效制度,没有规定取得时效。后来颁布的《物权法》《民法典》也是如此。

取得时效是时效的一种,具有时效的基本价值,缺少了取得时效,法律制

---

① 参见朱晓喆:《诉讼时效制度的价值基础与规范表达〈民法总则〉第九章评释》,《中外法学》2017年第3期,第705—707页;杨巍:《反思与重构:诉讼时效制度价值的理论阐释》,《法学评论》2012年第5期,第43—48页。

② 有学者认为消灭时效和诉讼时效的直接效果均在于对义务人产生抗辩权,其最终效果均是实体权利本身或者其强制力的消灭,且均须通过权利人败诉而得以实现,二者并无实质区别。参见尹田:《我国诉讼时效之立法模式评价》,《河南省政法管理干部学院学报》2010年第5期,第1—2页。

度功能减损,立法上应予承认。

第三节 诉讼时效

一、诉讼时效的概念

诉讼时效是本有权利,但因权利人不行使的状态达到一定期间,义务人可以提出不履行义务的抗辩,其在不同法域或时期有不同之称谓,如有的称为"消灭时效"。①

在我国,诉讼时效主要适用于债权请求权。诉讼时效为强制性规范,当事人不能以协议更改之,也不能事先排除。诉讼时效为实体法上的制度,法院不能依职权主动适用诉讼时效。

二、诉讼时效的适用对象

对于一方的何种权利,对方当事人可以提出诉讼时效予以对抗?原则上诉讼时效制度可适用于几乎所有的请求权,尤其是债权请求权,当然不同法域的法律规定有所不同,学界也有不同意见。

在我国,最高人民法院《关于审理民事案件适用诉讼时效制度若干问题的规定》(法释〔2008〕11 号,2020 年修正,以下简称《诉讼时效解释》)第 1 条给出了基本的方向:诉讼时效的适用对象主要为债权请求权。

(一) 关于请求权

(1) 诉讼时效的适用对象,原则上是债权请求权。这里的"债权请求权",包括原权型的债权请求权和救济型的债权请求权。但对下列债权请求权提出诉讼时效抗辩的,人民法院不予支持:支付存款本金及利息请求权;兑付国债、金融债券以及向不特定对象发行的企业债券本息请求权;基于投资关系产生的缴付出资请求权;其他依法不适用诉讼时效规定的债权请求权(《诉讼时

① 参见朱庆育:《民法总论》,北京大学出版社 2016 年版,第 534 页。

效解释》第1条)。①

(2)如前所述,维持绝对权功能正常发挥的请求权本身不适用诉讼时效。

比如,物权的消极权能(即物上请求权)中的停止妨碍请求权(具体为停止侵害、排除妨碍请求权)、排除危险请求权(即所谓消除危险请求权)不受诉讼时效的限制(《民法典》"总则"编第196条第1项)。

不过,就物权返还请求权②,《民法典》作了区分性的规定:不动产物权和登记的动产物权的权利人的返还财产请求权,不适用诉讼时效。由此反推,其他的物权请求权(尤其是没有登记的动产物权返还请求权)适用诉讼时效的规定,权利人应当及时行使。

再比如,人格权受到侵害的,受害人的停止侵害、排除妨碍、消除危险、消除影响、恢复名誉、赔礼道歉请求权,不适用诉讼时效的规定(《民法典》"人格权"编第995条)。③

(3)基于身份关系的特殊性,支付抚养费、赡养费或者扶养费请求权不适用诉讼时效(《民法典》"总则"编第196条第3项)。

(二)关于其他权利

(1)支配权(如物权、人格权、身份权、知识产权)不适用诉讼时效。绝对权的积极权能不因时间流逝、不行使权利而消灭。如前所述,维持绝对权功能正常发挥的请求权本身也不适用诉讼时效。但这些支配权受到侵害后产生的损害赔偿请求权,性质为债权,因此适用诉讼时效制度。

(2)形成权(如撤销权、追认权、抵销权、解除权等)不适用诉讼时效,仅适用有关的除斥期间。《民法典》"总则"编第199条规定:法律规定或者当事人

---

① 参见最高人民法院指导案例65号"上海市虹口区久乐大厦小区业主大会诉上海环亚实业总公司业主共有权纠纷案":专项维修资金是专门用于物业共用部位、共用设施设备保修期满后的维修和更新、改造的资金,属于全体业主共有。缴纳专项维修资金是业主为维护建筑物的长期安全使用而应承担的一项法定义务。业主拒绝缴纳专项维修资金,并以诉讼时效提出抗辩的,人民法院不予支持。

② 物权返还原物请求权是否适用诉讼时效的相关讨论,参见丁宇翔:《返还原物请求权研究——一种失当物权关系矫正技术的阐释》,法律出版社2019年版,第326—327页;朱虎:《返还原物请求权适用诉讼时效问题研究》,《法商研究》2012年第6期,第117—125页;徐仲建:《简论诉讼时效对请求权的适用——以物权请求权为例》,《法学杂志》2011年第1期,第102—104页。

③ 学界有观点指出:人格权上请求权、身份权上请求权以及知识产权上请求权中,凡以财产给付为内容的债权请求权,当然适用诉讼时效。故如果将"消除影响、恢复名誉、赔礼道歉"三种请求权视为债权,则诉讼时效的适用范围仅为债权。参见尹田:《论诉讼时效的适用范围》,《法学杂志》2011年第3期,第28—32页;杨巍:《论不适用诉讼时效的请求权——我国〈民法总则〉第196条的问题与解决》,《政治与法律》2018年第2期,第12—24页。

约定的撤销权、解除权等权利的存续期间,除法律另有规定外,自权利人知道或者应当知道权利产生之日起计算,不适用有关诉讼时效中止、中断和延长的规定。存续期间届满,撤销权、解除权等权利消灭。

(3)抗辩权(如同时履行抗辩权、不安抗辩权、先履行抗辩权等)不适用诉讼时效。

三、诉讼时效的效力

有关诉讼时效的效力,主要有如下四种观点:一是胜诉权消灭说,如苏俄1922年民法典;二是请求权消灭说,如日本民法;三是抗辩权发生说,如德国民法;四是诉权消灭说,如法国民法。①

今天中国司法实践已经从早期的胜诉权消灭说转向了抗辩权发生说。时效届满,债务人取得抗辩权,是否行使由其自行决定,审判机构不得依据职权主动适用。

此外,《民法典》第198条还规定:法律对仲裁时效有规定的,依照其规定;没有规定的,适用诉讼时效的规定。

四、诉讼时效的计算

(一)诉讼时效期间的长短

诉讼时效的期间长短视法律之规定,各国不尽相同。在我国,一般诉讼时效期间为3年;特别法律规范另有规定的,适用特别法。但它们原则上不能超过最长诉讼时效期间20年。

1. 一般诉讼时效期间

一般诉讼时效期间,指在没有特别规定的情况下,向法院请求保护民事权利所适用的诉讼时效,即适用于一般情况的诉讼时效。《民法典》"总则"编第188条第1款规定:"向人民法院请求保护民事权利的诉讼时效期间为三年,法律另有规定的,依照其规定。"②此条规定即为一般诉讼时效期间。

① 理论上存在不同观点,参见师帆:《法国时效制度研究》,复旦大学法律硕士学位论文,2017年10月。

② 参见浙江省绍兴市中级人民法院(2018)浙06民终709号"周A等诉绍兴鲁迅纪念馆返还原物案":根据法律规定,向人民法院请求保护民事权利的诉讼时效期间为3年,诉讼时效期间自权利人知道或者应当知道权利受到损害以及义务人之日起计算。但是自权利受到损害之日起超过(转下页)

2. 特别诉讼时效期间

特别诉讼时效期间,指法律规定的、适用于特殊情况的诉讼时效期间。特别诉讼时效的期间,端视法律之规定。其期间可能长于或短于一般诉讼时效期间,前者称为"短期诉讼时效",①后者称为"长期诉讼时效"。例如,《民法典》"合同"编第 594 条规定:因国际货物买卖合同和技术进出口合同争议提起诉讼或者申请仲裁的时效期间为 4 年。

3. 最长诉讼时效期间

从权利被侵害之日起超过 20 年的,法院不予保护,但有特殊情况的,法院可以延长该期间(《民法典》"总则"编第 188 条第 2 款)。②

4. 观察

按照诉讼时效期间的长短和适用范围,"诉讼时效"分为"一般诉讼时效"与"特殊诉讼时效"。

从比较法的角度看,我国在原《民法通则》中规定的民事诉讼时效期间相对较短,对债权人要求过于苛刻。民事主体并非都是商人,基于情谊、碍于情面或基于生活之劳顿等原因,行使权利较为缓慢实属正常。因此,《民法典》适当增长了诉讼时效期间。

从《民法通则》到《民法总则》,一般诉讼时效期间从 2 年延长到 3 年。③

(接上页)20 年的,人民法院不予保护。周某一于 1991 年 9 月 20 日捐赠涉案信件之日起至周 A 等起诉之日,已超过了 20 年的诉讼时效,故周 A 等无权以周某一的捐赠行为侵犯了共有人权益为由,要求确认周某一于 1991 年 9 月 20 日出具的《捐献声明》无效。

① 例如,原《民法通则》第 136 条规定:"下列诉讼时效期间为一年:(1)身体受到伤害要求赔偿的;(2)出售质量不合格的商品未声明的;(3)延付或者拒付租金的;(4)寄存财物被丢失或者损毁的。"

② 有学者认为应放弃时效延长规则,而着重于诉讼时效规则的体系调整和细节完善。参见霍海红:《诉讼时效延长规则之反省》,《法律科学》2012 年第 3 期,第 86—94 页。

③ 为了更好地解决新旧法衔接中的法律适用,最高人民法院出台了《关于适用〈中华人民共和国民法总则〉诉讼时效制度若干问题的解释》(法释〔2018〕12 号,已废止)。该解释施行后,案件尚在一审或者二审阶段的,适用该解释;该解释施行前已经终审,当事人申请再审或者按照审判监督程序决定再审的案件,不适用该解释。

根据该解释,《民法总则》施行后诉讼时效期间开始计算的,适用《民法总则》第 188 条关于 3 年诉讼时效期间的规定。如果《民法总则》施行之日,诉讼时效期间尚未满《民法通则》规定的 2 年或者 1 年,当事人可以主张适用《民法总则》关于 3 年诉讼时效期间的规定。但是《民法总则》施行前,《民法通则》规定的 2 年或者 1 年诉讼时效期间已经届满,由于抗辩权实际已经产生,当事人不能再主张适用《民法总则》关于 3 年诉讼时效期间的规定。此外,《民法总则》施行之日,中止时效的原因尚未消除的,应当适用《民法总则》关于诉讼时效中止的规定。

(二) 诉讼时效期间的起算

诉讼时效期间的起算,指诉讼时效从什么时候开始计算。根据《民法典》"总则"编第 188 条的规定,诉讼时效期间从知道或者应当知道权利被侵害之时起计算。所谓"知道",即权利人明知。所谓"应当知道",即权利人虽不承认知道,但法律上推定其应当知道。①

实践中,诉讼时效期间的起算有各种复杂情况。根据司法解释和学理,诉讼时效期间的起算主要有如下几种情形。

1. 合同之债的诉讼时效起算

(1) 有履行期限的债权,从期限届满时起计算。

(2) 当事人约定同一债务分期履行的,诉讼时效期间从最后一期履行期限届满之日起计算②(《民法典》"总则"编第 189 条)。

(3) 没有约定履行期限的债权,又分为如下情形。

如果可以确定履行期限,从履行期限届满之日起计算。

如果不能确定履行期限,债权人请求债务人履行的,从宽限期届满之日起算,但债务人在债权人第一次向其主张权利时明确表示不履行的,从拒绝履行之日起算(《诉讼时效解释》第 4 条)。这一例外规定将诉讼时效的起算点提前,会使得诉讼时效提前经过,对于给予债务人机会(宽限期)的债权人不利,反而有利于不履行债务的债务人。可见,该规定旨在要求债权人在被拒绝的第一时间起及早行使权利,对于债权人的要求比较严苛。

如果不能确定履行期限,债权人没有请求债务人履行的,按照学理,应当从债权成立之日起算。

(4) 附生效条件的债权,从条件成就之日开始计算,但如果还定有履行期间,则从履行期限届满之日开始计算。附始期的债权,从始期到来之日开始计

---

① 《民法总则》关于诉讼时效期间的起算原则上采取了主观标准。参见房绍坤:《论诉讼时效期间的起算》,《法学论坛》2017 年第 4 期,第 5—13 页。

② 参见福建省泉州市中级人民法院(2017)闽 05 民终 7092 号:"泉州市洛江区民政局诉泉州市金辉汽车贸易有限公司房屋租赁合同纠纷案":金辉公司拖欠的 2013 年 11 月至 2014 年 12 月的租金属于同一租赁合同项下分期支付的租金,具有整体性,该期间的租金自最后一期租金应付期限届满之日即 2014 年 10 月 6 日起开始计算诉讼时效期间。对于继续性合同诉讼时效期间的起算,当权利人就给付全部债务起诉时,应从最后一期履行期限届满之日起算;当权利人分期起诉时,应从每一期履行期限届满之日分别起算,但对于属于连续不间断数期债务的起诉,则从该数期内最后一期债务履行期限届满之日起算。

算,但如果还定有履行期限,则从履行期限届满之日开始计算。

(5) 合同被撤销,返还财产、赔偿损失请求权的诉讼时效期间从合同被撤销之日起计算(《诉讼时效解释》第5条第2款)。

在这里,需要注意撤销权除斥期间与诉讼时效的关系。根据《诉讼时效解释》第5条的规定,享有撤销权的当事人一方请求撤销合同的,应适用有关除斥期间的规定。对方当事人对撤销合同请求权提出诉讼时效抗辩的,法院不予支持。合同被撤销,返还财产、赔偿损失请求权的诉讼时效期间从合同被撤销之日起计算。

2. 侵权行为产生的损害赔偿请求权的诉讼时效期间起算

(1) 侵权行为引发的人身损害赔偿请求权,诉讼时效期间从受伤害之日起计算。如发生损害之日与发现损害之日不同,从发现损害之日计算,一般以医院诊断之日为准(原《民通意见》第168条)。

(2) 持续侵权行为,诉讼时效期间从侵权行为终了之日起算。

(3) 在侵权发生时不知道加害人的情况下,诉讼时效期间从权利人知道或者应当知道加害人之日起算。

(4) 有关旅客人身伤害的请求权,诉讼时效期间自旅客离船或者应当离船之日起计算(《海商法》第258条第1项)。

(5) 未成年人遭受性侵害的损害赔偿请求权的诉讼时效期间,自受害人年满十八周岁之日起计算(《民法典》"总则"编第191条)。

3. 不当得利返还请求权的诉讼时效期间起算

返还不当得利请求权的诉讼时效期间,从当事人一方知道或者应当知道不当得利事实及对方当事人之日起计算(《诉讼时效解释》第6条)。

4. 因无因管理而产生的请求权的诉讼时效期间起算

就管理人而言,管理人因无因管理行为产生的给付必要管理费用、赔偿损失请求权的诉讼时效期间,从无因管理行为结束并且管理人知道或者应当知道本人之日起计算。就本人而言,本人因不当无因管理行为产生的赔偿损失请求权的诉讼时效期间,从其知道或者应当知道管理人及损害事实之日起计算(《诉讼时效解释》第7条)。

5. 对法定代理人的请求权的诉讼时效期间起算

无民事行为能力人或者限制民事行为能力人对其法定代理人的请求权的

诉讼时效期间,自该法定代理终止之日起计算(《民法典》"总则"编第 190 条)。

（三）诉讼时效期间的中止

诉讼时效期间的中止,指在诉讼时效期间进行中,由于发生了某种法定事由,使诉讼时效期间暂时停止进行,待中止事由消除后,诉讼时效期间继续计算。①

根据《民法典》"总则"编第 194 条的规定,在诉讼时效进行的最后六个月,因不可抗力或者其他障碍不能行使请求权的,诉讼时效中止。

诉讼时效期间的中止,需要满足如下条件：

第一,中止只发生在诉讼时效进行的最后六个月。

第二,法定事由是不可抗力,或者其他障碍,如无民事行为能力人或者限制民事行为能力人没有法定代理人,或者法定代理人死亡、丧失民事行为能力、丧失代理权；继承开始后未确定继承人或者遗产管理人；权利人被义务人或者其他人控制等。

（四）诉讼时效期间的中断

诉讼时效期间的中断,是指在诉讼时效期间进行中,由于发生了法定事由,使已经经过的诉讼时效期间归于无效,待中断事由消除后,诉讼时效重新起算(《民法典》"总则"编第 195 条)。

1. 法定事由

诉讼时效期间中断的事由是与权利人不行使权利相反的事实,因此只能有两种情况,②即：

（1）权利人积极主张权利

A. 起诉

当事人一方向人民法院提交起诉状或者口头起诉的,诉讼时效从提交起诉状或者口头起诉之日起中断(《诉讼时效解释》第 10 条)。③

---

① 在立法例上,诉讼时效停止包括开始停止、进行停止、完成停止三种类型。我国现行法仅规定了诉讼时效进行停止(诉讼时效中止)。参见房绍坤：《诉讼时效停止制度的立法选择》,《广东社会科学》2016 年第 1 期,第 215—226 页。
② 这两种情况也可概括为权利行使型中断和债务承认型中断。参见冯洁语：《诉讼时效正当理由和中断事由的重构》,《法律科学》2018 年第 4 期,第 126—136 页。
③ 我国目前关于起诉中断诉讼时效的基本规则明确以提交起诉状或者口头起诉之日为时间点,在理论上有不同观点。参见曹志勋：《起诉中断诉讼时效规则的理论展开》,《当代法学》2014 年第 6 期,第 115—124 页。

B. 实施与起诉具有同等时效中断之效力的行为

《诉讼时效解释》第 11 条列举了一些与提起诉讼具有同等诉讼时效中断效力的事项,如申请支付令;申请破产、申报破产债权;为主张权利而申请宣告义务人失踪或死亡;申请诉前财产保全、诉前临时禁令等诉前措施;申请强制执行;申请追加当事人或者被通知参加诉讼;在诉讼中主张抵销。

C. 诉外向其他机关提出保护之请求

a. 向非司法机关提出请求的:权利人向人民调解委员会以及其他依法有权解决相关民事纠纷的国家机关、事业单位、社会团体等社会组织提出保护相应民事权利的请求,诉讼时效从提出请求之日起中断(《诉讼时效解释》第 12 条)。

b. 向法院以外的司法机关提出请求的:权利人向公安机关、人民检察院报案或者控告,请求保护其民事权利的,诉讼时效从其报案或者控告之日起中断,上述机关决定不立案、撤销案件、不起诉的,诉讼时效期间从权利人知道或者应当知道不立案、撤销案件或者不起诉之日起重新计算;刑事案件进入审理阶段,诉讼时效期间从刑事裁判文书生效之日起重新计算(《诉讼时效解释》第 13 条)。

D. 诉外向对方当事人提出请求

根据《诉讼时效解释》第 8 条的规定,当事人一方直接向对方当事人送交主张权利文书,对方当事人在文书上签字、盖章或者虽未签字、盖章但能够以其他方式证明该文书到达对方当事人的,诉讼时效中断。该项情形中,对方当事人为法人或者其他组织的,签收人可以是其法定代表人、主要负责人、负责收发信件的部门或者被授权主体;对方当事人为自然人的,签收人可以是自然人本人、同住的具有完全行为能力的亲属或者被授权主体。

当事人一方以发送信件或者数据电文方式主张权利,信件或者数据电文到达或者应当到达对方当事人的,诉讼时效中断。

当事人一方下落不明,对方当事人在国家级或者下落不明的当事人一方住所地的省级有影响的媒体上刊登具有主张权利内容的公告的,诉讼时效中断,但法律和司法解释另有特别规定的除外。

当事人一方为金融机构,依照法律规定或者当事人约定从对方当事人账户中扣收欠款本息的,诉讼时效中断。

(2) 义务人同意履行

根据《诉讼时效解释》第 14 条的规定,义务人作出分期履行、部分履行、提供担保、请求延期履行、制定清偿债务计划等承诺或者行为的,应当认定为义务人同意履行义务。

2. 诉讼时效期间中断的法律后果

出现上述法定事由,诉讼时效中断,即诉讼时效期间重新计算。诉讼时效中断可以数次发生,但要受到 20 年最长诉讼时效的限制。

就诉讼时效期间中断有如下特殊情况,需要特别注意:

(1) 可分债权:原则上,部分时效中断及于其他。①

(2) 连带债权和连带债务:时效的中断及于他人。②

(3) 代位诉讼:时效的中断及于两个债权。③

(4) 债权让与和债务承担:诉讼时效到达债之相对人之日起中断。④

3. 诉讼时效期间的中止与中断的区别

(1) 条件的法定事由不同。中断的法定事由皆为债权人积极主张权利或债务人主动承认的事实行为;中止的法定事由皆是在客观上存在的、阻碍债务人主张权利的事件。

(2) 条件的时间限制不同。

(3) 效力不同。中止事由消除后,诉讼时效期间继续计算;中断事由消除后,诉讼时效期间重新起算。

五、诉讼时效的援引

(一) 法院不得主动适用诉讼时效规则

时效只能由当事人自己主张,法官不得主动援引,是自罗马法以来的重要

---

① 《诉讼时效解释》第 9 条规定:"权利人对同一债权中的部分债权主张权利,诉讼时效中断的效力及于剩余债权,但权利人明确表示放弃剩余债权的情形除外。"

② 《诉讼时效解释》第 15 条规定:"对于连带债权人中的一人发生诉讼时效中断效力的事由,应当认定对其他连带债权人也发生诉讼时效中断的效力。对于连带债务人中的一人发生诉讼时效中断效力的事由,应当认定对其他连带债务人也发生诉讼时效中断的效力。"

③ 《诉讼时效解释》第 16 条规定:"债权人提起代位权诉讼的,应当认定对债权人的债权和债务人的债权均发生诉讼时效中断的效力。"

④ 《诉讼时效解释》第 17 条规定:"债权转让的,应当认定诉讼时效从债权转让通知到达债务人之日起中断。债务承担情形下,构成原债务人对债务承认的,应当认定诉讼时效从债务承担意思表示到达债权人之日起中断。"

原则。

抗辩分为需要主张的抗辩和不需要主张的抗辩。

在我国,诉讼时效的抗辩只能由当事人自己提出,法院不得对诉讼时效问题进行释明,不得主动适用诉讼时效制度进行裁判。《诉讼时效解释》第2条规定:"当事人未提出诉讼时效抗辩,人民法院不应对诉讼时效问题进行释明。"

时效抗辩被规定为"需要主张的抗辩",使得是否主张抗辩交由抗辩权人来决定,毕竟因时效而取得权利或者免除义务可能在其本人看来或者在"某些交易圈子中被视为是不名誉的事情",①应当由其本人自行判断获取经济上的利益与内心的安稳、人们的评价哪个更值得拥有。

(二)援用诉讼时效抗辩之人的范围

可以援用诉讼时效抗辩之人,当为因时效而直接受益之人。

首先,债务人可援用诉讼时效。

其次,保证人可援用诉讼时效。保证人所负担的债务(即保证债务)是主债务的从属,随其命运。因此,如果主债务已经过诉讼时效,则保证人应当可以援引。《民法典》"合同"编第701条规定:"保证人可以主张债务人对债权人的抗辩。债务人放弃抗辩的,保证人仍有权向债权人主张抗辩。"《诉讼时效解释》第18条第1款规定:"主债务诉讼时效期间届满,保证人享有主债务人的诉讼时效抗辩权。"

但是,如果保证人因自己的原因而没有主张诉讼时效进行抗辩,而支付了超过诉讼时效的债务,他将丧失对主债务人的追偿权。《诉讼时效解释》第18条第2款规定:"保证人未主张前述诉讼时效抗辩权,承担保证责任后向主债务人行使追偿权的,人民法院不予支持,但主债务人同意给付的情形除外。"

(三)何时提出诉讼时效抗辩

在我国,在诉讼中,除二审期间发现新证据能够证明对方当事人的请求权已过诉讼时效期间外,原则上当事人只能在一审判决前提出诉讼时效抗辩。②

---

① 参见[德]迪特尔·梅迪库斯:《德国民法总论》,邵建东译,法律出版社2001年版,第85—86页。

② 有学者认为援引诉讼时效抗辩权的行为性质属行使权利之表意行为,但在诉讼外、诉讼程序中和执行程序中具有不同的法律意义,适用不同的法律规则。参见杨巍:《论援引诉讼时效抗辩权的三种场合》,《法学评论》2018年第6期,第84—86页。

《诉讼时效解释》第 3 条规定:"当事人在一审期间未提出诉讼时效抗辩,在二审期间提出的,人民法院不予支持,但其基于新的证据能够证明对方当事人的请求权已过诉讼时效期间的情形除外。当事人未按照前款规定提出诉讼时效抗辩,以诉讼时效期间届满为由申请再审或者提出再审抗辩的,人民法院不予支持。"

(四)诉讼时效可否由当事人约定

这里具体涉及三个问题:当事人可否约定排除诉讼时效的适用?当事人可否改变诉讼时效期间的长度?受益人可否放弃诉讼时效抗辩权?我们依次予以回答如下。

第一,当事人是否可以排除诉讼时效规则的法律适用?时效制度规则并非出自当事人的约定,而是基于社会整体利益和发展之考量而作出的安排,具有公共秩序的性质,时效制度作为强行性规范,不允许当事人免除其适用。①

第二,当事人可否缩短或延长时效期间?② 对此,《德国民法典》第 225 条规定,时效期间可以通过约定缩短之,因为缩短更符合时效制度的立法理由,但是当事人自行延长诉讼时效则有违其立法宗旨。《法国民法典》在 2008 年修订后,其普通诉讼时效调整为 5 年(第 2224 条),与此同时,第 2254 条规定,经当事人协商一致,可以延长或者缩短时效期间,但是最短不得少于 1 年,最长不得超过 10 年。

对于这两个问题,我国强调诉讼时效制度为强制性规范,因此当事人既不能排除其适用,也不能改变诉讼时效期间的长短,仅允许当事人事后放弃诉讼时效利益(即诉讼时效抗辩权)。《民法典》第 197 条规定:"诉讼时效的期间、计算方法以及中止、中断的事由由法律规定,当事人约定无效";"当事人对诉讼时效利益的预先放弃无效"。

第三,受益人可否放弃诉讼时效抗辩权?为保护处于弱势地位的债务人

---

① 学界对此有不同观点,参见金印:《诉讼时效强制性之反思——兼论时效利益自由处分的边界》,《法学》2016 年第 7 期,第 122—136 页;高圣平:《诉讼时效立法中的几个问题》,《法学论坛》2015 年第 2 期,第 28—36 页;郑永宽:《诉讼时效强制性的反思》,《厦门大学学报(哲学社会科学版)》2010 年第 4 期,第 43—50 页。

② 参见赵德勇、李永锋:《诉讼时效期间可约定性问题研究——兼评最高院〈诉讼时效解释〉第 2 条》,《西南民族大学学报(人文社科版)》2015 年第 6 期,第 94—99 页;刘应民:《当事人约定诉讼时效的效力分析——兼评〈中华人民共和国民法总则〉第 197 条》,《江汉论坛》2017 年第 8 期,第 120—127 页。

的利益，防止债权人利用优势地位强迫债务人放弃时效利益，禁止债务人事前放弃诉讼时效抗辩权，但法律允许受益人事后放弃诉讼时效抗辩权，因为时效利益的放弃涉及受益人自己的利益，其有权自行处分。我国司法实践对此也是予以认可的。

对于受益人放弃诉讼时效抗辩权，需要把握如下两方面：第一，一旦放弃，不能反悔。"诉讼时效期间届满，当事人一方向对方当事人作出同意履行义务的意思表示或者自愿履行义务后，又以诉讼时效期间届满为由进行抗辩的，人民法院不予支持。"（《诉讼时效解释》第19条第1款）①第二，放弃不得对抗第三人的利益。例如《民法典》"合同"编第701条规定：保证人可以主张债务人对债权人的抗辩。债务人放弃抗辩的，保证人仍有权向债权人主张抗辩。

第四节 除斥期间

一、除斥期间的概念

除斥期间，指法律规定的实体权利（形成权）的存在时间。②

例如，《民法典》就可撤销法律行为的撤销权设立了行使期限，该期限在性质上就是除斥期间。《民法典》第152条规定："有下列情形之一的，撤销权消灭：（一）当事人自知道或者应当知道撤销事由之日起一年内、重大误解的当事人自知道或者应当知道撤销事由之日起九十日内没有行使撤销权；（二）当事人受胁迫，自胁迫行为终止之日起一年内没有行使撤销权；（三）当事人知道撤销事由后明确表示或者以自己的行为表明放弃撤销权。无论何种情况，如果当事人自民事法律行为发生之日起五年内没有行使撤销权的，撤销权消灭。"

---

① 《诉讼时效解释》第19条第2、3款规定："当事人双方就原债务达成新的协议，债权人主张义务人放弃诉讼时效抗辩权的，人民法院应予支持。""超过诉讼时效期间，贷款人向借款人发出催收到期贷款通知单，债务人在通知单上签字或者盖章，能够认定借款人同意履行诉讼时效期间已经届满的义务的，对于贷款人关于借款人放弃诉讼时效抗辩权的主张，人民法院应予支持。"

② 有学者指出，除斥期间是须行使的权利的存在期间，属于特殊的权利期间。参见耿林：《论除斥期间》，《中外法学》2016年第3期，第613—645页。

就除斥期间而言,如法律规定或者当事人约定的撤销权、解除权等权利的存续期间,除法律另有规定外,自权利人知道或者应当知道权利产生之日起计算,不适用有关诉讼时效中止、中断和延长的规定。存续期间届满,撤销权、解除权等权利消灭(《民法典》"总则"编第199条)。

二、除斥期间的特点

为了更好地理解除斥期间,我们将除斥期间与诉讼时效从如下几方面进行比较。①

第一,二者适用的对象或者说领域不同,除斥期间的适用对象为形成权;而诉讼时效适用对象为请求权,这是二者最为实质的差别。

第二,二者在制度功能与目的上有所差异。除斥期间制度的功能与目的,在于促使形成权人尽早将当事人之间的法律关系明确和稳定下来;而诉讼时效的制度设立,在于督促债权人尽早行使财产给付请求权,尽快完成财产的流转,消灭当事人之间原有的法律关系。

第三,二者的构成要件不同。除斥期间为权利的法定存在期间,只需经过法定之时间而不再需要其他事实状态作为要件,构成要件极为简单;而时效强调某种事实状态持续一段时间才能发生法律关系的变动,诉讼时效以请求权息于行使为要件。

第四,法律效果产生的路径不同。形成权的性质是一种行使单方意思表示的权利,由权利人自己决定行使与否。单纯的时间经过,即除斥期间届满,就会导致形成权"当然"消灭的法律效果,当事人即使不援引,法官也得依职权调查作为裁判的资料。而诉讼时效经过,债务人取得抗辩权,抗辩权必须经过行使才能导致懒惰的债权人的主张被对抗,因此,诉讼时效的法律效果须经受益人本人的主张,法官不得主动依据职权适用。

第五,期间长短或者期间的弹性不同。除斥期间届满对形成权人造成的利益影响相对而言较为温和,且能使法律关系尽早得以稳定,因此除斥期间的期间较短,且确定(不因法定事由而发生所谓的中止、中断、延长)。诉讼时效

① 参见李开国:《民法总则研究》,法律出版社2003年版,第427—428页;陈华彬:《民法总论》,中国法制出版社2011年版,第439—471页;王利明主编:《民法学》,高等教育出版社2019年版,第108页。

期间届满对债权人造成的利益影响重大,且因法律关系早已处于确定状态,并不具有紧迫性,因此诉讼时效期间通常较长,且受到影响的因素较多(可因法定事由发生中止、中断、延长)。

第六,二者的起算点不同。通常而言,除斥期间自形成权成立之日起算;而诉讼时效期间从知道或者应当知道权利被侵害之日起算。

第七,效力后果不同。除斥期间届满,形成权消灭,因此实体权利消灭;诉讼时效期间届满,债务人产生抗辩权,但是债权人的实体权利并不消灭。

第八,可否事后抛弃利益不同。除斥期间经过,形成权当然消灭,并无利益可以放弃;而诉讼时效期间届满,受益人可以放弃诉讼时效之利益。

下 篇

民事法律关系的规范：民法

调整民事法律关系的规范即为民法,本篇介绍中国民法的现状(第十讲)与历史(第十一讲)。

第十讲　中国现行民法之全貌

第一节　什么是民法

民法,是调整平等民事主体之间的人身关系和财产关系的法律规范的总称(《民法典》"总则"编第 2 条)。

一、民法规范的特征

1. 民法是私法

公法与私法的区分是对法律最为基础的分类。民法属于私法,具有平等性、自治性、私法上的责任补偿性与可协商性。

民法调整的对象是市民社会私人之间的关系,主体之间彼此没有强权或权力,调整的对象具有平等性,主体对利益的处分与行动的自由依据意思自治进行,因此民法规范以任意性规范为主。秩序的恢复强调恢复原状态,因此民事责任具有补偿性,而且基于意思自治,允许当事人对责任方式与内容进行协商。

2. 民法是权利法

私法领域强调"法不明文禁止即自由"。既然民法属于私法,那么为什么民法不采取仅仅列举禁止的行为而没有列举的领域人们便可以自由行动的立法模式?原因在于,民法坚持"法不明文禁止即自由"的理念,但不妨碍民法通过利益分配的预设规范指导人们如何享有和充分有序地实现权利;民法授权性规范也并非意味着只有授权的权利人们才能享有和行使。民法只是对最为常见的人的自由作出指引和规划,对最为常见的利益分配和变动作出预先安排,以求减少纷争,充分保障人行动的自由。

3. 民法是实体法

民法对当事人的权利、义务作出安排,涉及实体利益的得失与变动,是典型的实体法。不过民事权利的实现与保障离不开程序性规则与举证责任分配的安排。因此民法制度的安排与适用,应当重视与程序规则及举证责任分配机制的衔接。

4. 民法是行为规范兼裁判规范

民法规范对不同法律事实下当事人权利义务关系作出规定,相当于告知人们在不同情况下可能有的利益得失。由此,根据民法规范,人们可以提前知道自己行为的法律后果并作出行动的安排与选择。也是基于同样的理由,裁判者可以根据民法的规定,对不同情况下的利益得失作出裁判。因此,我们说民法是行为规范兼裁判规范。

二、民法与其他部门法的关系

1. 民法与宪法

在比较法上曾出现过一个特别的现象,即法国从1791—1875年间共颁布了11部宪法,这与1804年《法国民法典》的稳定性形成了鲜明的对比。加之《法国民法典》对法国社会的影响深远,有人将其描述为具有宪法地位的法典。但实际上,很显然,宪法与民法的调整对象与功能迥异,各司其职。

当然民法与宪法的关系是密切的。① 有关民法和宪法的关系,最具争议的话题是:宪法上的规定可否成为民事判决的依据? 对此,理论上有直接效力说、间接效力说、否定说等多种不同观点,现阶段我国司法实践所采取的是否认说。

2. 民法与商法

长期以来,学界关于民商合一还是民商分立争论不休。②

民法与商法二者在理论上是比较容易区分的:民法是市民社会与市场经济的基本法,商法是针对商事主体商行为的法律。通常而言,除非另有特别的

---

① 参见薛军:《"民法—宪法"关系的演变与民法的转型——以欧洲近现代民法的发展轨迹为中心》,《中国法学》2010年第1期,第78—95页;韩大元:《宪法与民法关系在中国的演变——一种学说史的梳理》,《清华法学》2016年第6期,第151—167页;张红:《方法与目标:基本权利民法适用的两种考虑》,《现代法学》2010年第2期,第3—15页。

② 参见李建伟:《民商合一立法体例的中国模式》,《社会科学研究》2018年第3期,第67—75页;施鸿鹏:《民法与商法二元格局的演变与形成》,《法学研究》2017年第2期,第75—94页;季立刚:《我国近代关于民商立法模式的三次论争》,《法学》2006年第6期,第155—160页;郭锋:《民商分立与民商合一的理论评析》,《中国法学》1996年第5期,第42—50页。

规范,民法规范一般同时适用于商事领域,因此民法也被称为民商法。

但是在具体制度构建中,如何安排和设计一般规范(民法)与特殊规范(商法),是非常考验立法者水平的一个议题。① 与之对应的是,如果制度建构中没有明晰地对商事特别规范予以标记,那么识别一个规范是纯商事的还是非纯商事的并非易事。

在我国现有的法律体系中,除非存在特别的商事规范,否则民法规范一般不会被排除适用于商事领域。

3. 民法与经济法

从1978年到1986年,民法和经济法的关系经历了8年的论战。以《民法通则》的出台为标志,经济法退缩到纵向关系领域。后来随着建立社会主义市场经济体制的目标的确立,商法学得以快速地独立发展,经济法与商法的关系也成为重要的理论议题。② 现在通说认为经济法以对市场的调控规制为范畴。

4. 民法与国际私法

国际私法主要解决涉外民事法律关系的法律适用问题,因此与民法有紧密联系,甚至不乏学者认为,国际私法是民法的一个分支或者说组成部分。

我们认为,虽然国际私法是决定涉外民事法律关系适用的法律,但其调整对象、调整方法以及具体内容与民法差距较大。

三、民法的调整对象

民法的调整对象是民事法律关系,即民事主体之间的民事权利义务关系。

人们常从民事权利角度去表述一项民事法律关系,例如一项债权的存在即表明了在债权人与债务人之间存在一种债权债务关系,或者说,债之关系。民事权利在民事法律关系中居于核心和主导的地位。

从目的和任务的角度看,规制和保护民事权利是民法的任务与目标。

---

① 参见赵万一:《民商合一体制之困境思考》,《法学杂志》2020年第10期,第42—50页;张力:《民法典与商法通则对完善市场法制的分工:中心化与去中心化》,《当代法学》2020年第4期,第3—14页;周林彬:《商法入典标准与民法典的立法选择——以三类商法规范如何配置为视角》,《现代法学》2019年第6期,第55—76页。

② 参见吕艳辉:《论经济法与商法的关系》,《当代法学》2002年第5期,第10—12页;邱本:《重思民法与经济法的关系——写在中国民法典制定之际》,《社会科学战线》2012年第4期,第194—201页;史际春:《社会主义市场经济与我国的经济法——兼论市场经济条件下经济法与民商法的关系问题》,《中国法学》1995年第3期,第52—59页。

从技术角度看,民法从民事权利入手和统筹全局。民事权利的体系决定了民事法律规范的性质与排列组合,亦即决定了民法的体系与部门法之间的分工。

由此可见,民法是以主体之间的民事权利义务关系为规范对象的法律规范,以权利为本位,可以说,民法是权利法。这表明,把握权利体系,对于学习民法极为重要。虽然从法律分析和法律学习的角度而言,权利与义务都是基本的分析工具,但我们通常从权利尤其是请求权入手,厘清当事人之间的民事法律关系。

四、民法的渊源

调整民事法律关系的法律规范来源于哪里?这涉及民法的渊源问题。在我国,民法的渊源主要有:国际条约、国内制定法、国家机关的有权解释、司法解释与法院判决、习惯与法理。① 其中,"法理"又称"条理",即法的原理,不是我国法律明确指明的法律渊源。

《民法典》自2021年1月1日起施行以后,成为中国民法最为主要的法律渊源。此前颁行的《婚姻法》《继承法》《民法通则》《收养法》《担保法》《合同法》《物权法》《侵权责任法》《民法总则》同时废止(《民法典》"附则"编第1260条)。

随后,最高人民法院陆续出台的相关司法解释、指导性案例,进一步丰富了民法的法律渊源。与《民法典》配套的第一批7件司法解释已经于2021年1月1日起生效。②

需要讨论的问题在于,此前针对上述已废止法律的司法解释是否也同时、当然地废止呢?我们认为,不宜简单、机械地否定此前司法解释的效力。这是因为司法解释针对的是原来法律条文在适用中所产生的问题,这些问题不会因为法律被废止就当然消灭,一方面这些条文可能被原封不动或略加修改后

---

① 参见王利明:《论习惯作为民法渊源》,《法学杂志》2016年第11期,第1—12页;石佳友:《民法典的法律渊源体系——以〈民法总则〉第10条为例》,《中国人民大学学报》2017年第4期,第12—21页。
② 即最高人民法院《关于适用〈中华人民共和国民法典〉时间效力的若干规定》《关于适用〈中华人民共和国民法典〉物权编的解释(一)》《关于适用〈中华人民共和国民法典〉婚姻家庭编的解释(一)》《关于适用〈中华人民共和国民法典〉继承编的解释(一)》《关于审理建设工程施工合同纠纷案件适用法律问题的解释(一)》《关于审理劳动争议案件适用法律问题的解释(一)》《关于适用〈中华人民共和国民法典〉有关担保制度的解释》。

吸收到《民法典》中,相应的民事规则仍然存在,伴随产生的司法实践问题会延续下来;另一方面即使原来的条文没有被编纂、被吸收到《民法典》(如被彻底删除),司法解释中对相关问题的描述,由于基本法律与价值选择没有变化,也可以作为法律渊源以回应实务。

《民法典》颁布后,最高人民法院随即对司法解释及相关规范性文件(共计591件)进行全面清理。其中与民法典规定一致的(共364件),未作修改、继续适用;对标民法典,需要对名称和部分条款进行修改的(共111件),经修改颁布后自2021年1月1日起施行;决定废止的(共116件),自2021年1月1日起失效。同时,最高人民法院还对2011年以来发布的139件指导性案例进行了全面清理,决定2件指导性案例不再参照适用。①

五、民法的时间效力

《民法典》编撰前后,民事法律规范适用的时间效力问题随即成为审判实践的重要议题,尤其是法典施行前的法律事实引起的民事纠纷案件的法律适用问题。为此,最高人民法院《关于适用〈中华人民共和国民法典〉时间效力的若干规定》(法释〔2020〕15号)给出了审判机关在此问题上的意见。

依据该司法解释,原则上"民法典施行前的法律事实引起的民事纠纷案件,适用当时的法律、司法解释的规定"(第1条第2款),即适用旧法。② 但同时,该司法解释(第1—5条)也规定了若干情况下《民法典》具有溯及既往效力。

第一,按照有利原则,适用《民法典》的规定更有利于保护民事主体合法权益,更有利于维护社会和经济秩序,更有利于弘扬社会主义核心价值观的,适用《民法典》(第2条)。例如,《民法典》施行前成立的合同,适用旧法合同无效而适用《民法典》的规定合同有效的,适用《民法典》的相关规定(第8条)。又如,《民法总则》施行前,侵害英雄烈士等的姓名、肖像、名誉、荣誉,损害社会公共利益引起的民事纠纷案件,适用《民法典》第185条的规定(第6条)。

---

① 参见"最高法全面完成司法解释清理并发布首批民法典配套司法解释",中国法院网,https://www.chinacourt.org/article/detail/2020/12/id/5687050.shtml。
② 尤其是《民法典》施行前已经终审的案件,当事人申请再审或者按照审判监督程序决定再审的,不适用《民法典》的规定(该司法解释第5条)。

第二,旧法没有规定而《民法典》有规定的,可以适用《民法典》的规定,但是明显减损当事人合法权益、增加当事人法定义务或者背离当事人合理预期的除外(第3条)。例如,《民法典》施行前,受害人自愿参加具有一定风险的文体活动受到损害引起的民事纠纷案件,适用《民法典》第1176条的规定(第16条)。《民法典》施行前,受害人为保护自己合法权益采取扣留侵权人的财物等措施引起的民事纠纷案件,适用《民法典》第1177条的规定(第17条)。

第三,旧法仅有原则性规定而《民法典》有具体规定的,虽适用旧法,但是可以依据《民法典》具体规定进行裁判说理(第4条)。

第四,《民法典》施行前的法律事实持续至《民法典》施行后,该法律事实引起的民事纠纷案件,适用《民法典》的规定,但是法律、司法解释另有规定的除外(第1条第3款)。例如,侵权行为发生在《民法典》施行前,但是损害后果出现在《民法典》施行后的民事纠纷案件,适用《民法典》的规定(第24条)。被继承人在《民法典》施行前立有公证遗嘱,《民法典》施行后又立有新遗嘱,其死亡后,因该数份遗嘱内容相抵触发生争议的,适用《民法典》第1142条第3款的规定(第23条)。

第五,法律、司法解释另有明确规定的,从之。该司法解释第6—27条即为具体情形下的法律适用。例如,其第19条规定:《民法典》施行前,从建筑物中抛掷物品或者从建筑物上坠落的物品造成他人损害引起的民事纠纷案件,适用《民法典》第1254条的规定。

整体观察,民法规范具有很强的所谓"溯及既往"之效力,值得特别关注。

六、民法的体系

民法规则涵盖平等主体之间的人身关系与财产关系,内容十分丰富。学者通过观察与整理,从体系上对民法进行了分析。

从法律关系的视角切入,通常我们将民法的体系归纳如下:民法规则分为民事法律关系的构成规则以及变动规则。民事法律构成规则又包含了民事主体制度、权利与义务制度。变动规则主要是有关各种法律事实的规则(尤其是法律行为的规则)。

如果从权利的视角切入,通常我们将民法的体系归纳如下:债(权)法、物权法、知识产权法、人格权法、婚姻家庭(身份权)法、继承(权)法。

民法总论(或曰民法引论)是对全部民事法律规范的整体考察的课程,引领初学者进入到民法规则的学习路径中。

第二节 民法的基本原则

一、民法基本原则的意义

民法的基本原则,是民事法律规范内涵的核心价值,是民事立法和民法适用应遵循的最高指导标准。

民法的基本原则具有如下之功能:其一,昭示民法的立法宗旨;其二,指导民法的适用;其三,填补法律的漏洞,即通过对民法基本原则的解释,填补具体规则的漏洞,解决民事纠纷,法官不得借口没有法律而拒绝裁判;其四,指引民商事交易(行使权利、履行义务),解释评价和填补当事人意思。

民法基本原则是可以从民法规范中观察和提炼出来的,并非一定要体现在法律的规定中,但将其写入法律,更有利于其对应的价值的彰显。

此外,在我国的民法教材中,民法的基本原则占据重要地位,这有历史的原因和现实的需要。原《民法通则》通过的时候,公众对民法的功能和价值的认知不充分,需要学者对此予以阐释;对私法、私权的重视程度,民法所遵循和追求的核心价值被公众,尤其是公权力持有者所认同和尊重的程度,都有待加强。因此,有必要对此予以强化和阐释,以求实现法治之精神。①

二、民法基本原则的适用

民法基本原则对于法律规则的适用、解释与完善具有不可缺失的作用,规则的理解与适用、法律漏洞的填补不能脱离和背离民法的基本原则。值得探讨的是,在没有法律明文规定的情况下,法官可否直接援引民法的基本原则作为裁判的依据?对于这一问题,有不同观点。

否定说认为,基本原则高度抽象,仅具有宣示意义,并不确定具体的权利

---

① 参见于飞:《民法基本原则:理论反思与法典表达》,《法学研究》2016年第3期,第99—101页。

义务的具体规则,因此不能直接用来作为裁判根据。基本原则不具备构成要件,也缺少法律效果的规定。①

肯定说认为,否定说在技术层面的担心是可以解决的。法官可以通过解释基本原则的含义来确定某一事实是否符合基本原则。世界各国的普遍经验已经越来越多地直接援引民法基本原则。

我们认为,以牺牲法的稳定性为代价而追求个案中所谓的妥当,应当慎重。在填补法律存有的漏洞的情况下,在具体法律规定穷尽以后仍无相应规定的时候,方可以对基本原则加以适用。这样可以避免法官忽视具体规范而直接适用基本原则的简单方法,以求维护法的稳定性和尊严。②

三、《民法典》规定的基本原则③

民法基本原则有哪些?对于这个问题的回答,应当从民法的功能出发。《民法典》开篇第一章"基本规定"即列明了若干项民法基本原则,例如民事权益不可侵犯原则(第3条)、平等原则(第4条)、自愿原则(第5条)、公平原则(第6条)、诚实信用原则(第7条)、公序良俗原则(第8条)、绿色原则(第9条)。

这些基本原则,我们可以大体划分为以下三类。

(一) 私法的基本逻辑前提

1. 平等原则

平等原则强调民事主体在民事活动中的法律地位一律平等(第4条)。民事法律关系的建立与存续,应坚持主体之间的平等地位,任何一方没有决定另一方意志或压榨另一方的特权。

平等原则是私法自治的基础,是民事法律关系展开的前提。

2. 民事权益不可侵犯原则

民事权益不可侵犯原则,具体指民事主体的人身权利、财产权利以及其他合法权益受法律保护,任何组织或者个人不得侵犯(第3条)。国家机关不仅

---

① 参见赵秀梅:《民法基本原则司法适用问题研究》,《法律适用》2014年第11期,第66—70页。
② 在法律存在具体规则时,一般不必援引基本原则,以避免"向一般条款逃逸";唯在极端案型,应审慎发挥基本原则的修正功能。参见韩世远:《民法基本原则:体系结构、规范功能与应用发展》,《吉林大学社会科学学报》2017年第6期,第8—13页。
③ 民法基本原则应是一个开放的体系,可随社会发展而得到丰富、发展。

应当依法行事、不得越界侵害民事权益,而且还应当依法履行职责保护自然人、法人或其他组织的民事权益。民事主体对自己权益享有行使的自由,并可以通过公力救济与私力救济两种路径实现对自己民事权益的保护。

民法类型化民事权益并对其提供一体的保护,因此民事权益不可侵犯原则是整套民事法律规范发挥作用的逻辑前提和基本前提。

(二)围绕私法核心机制"私法自治"展开的基本原则

私法自治是私法的核心机制,它分为两个方面:意思自治与责任自负。它们当然会被列为民法的基本原则。

此外,有些所谓的民法基本原则可以说是紧密围绕着私法自治展开、为其服务的,例如公平原则。①

1. 意思自治原则

意思自治原则,或曰自愿原则,强调民事主体按照自己的意思设立、变更或终止民事法律关系(第5条)。这一原则体现了私法领域最为核心的价值,突出体现了私法的特点。民法中有关法律行为、合同、遗嘱的规则均是意思自治机制的具体展开。

2. 责任自负原则

意思自治的必然逻辑结果是责任自负。民事主体权利行使、义务履行的结果应当由其本人承受和负责,尤其是在民事主体对他人权益造成损害具有过错的情况下(《民法典》"侵权责任"编第1165条)。这一原则虽然没有写在《民法典》第一章中,但确是贯穿《民法典》最后一编"侵权责任"编的核心内容,如把"侵权责任"编看作统摄全部法典民事权益的救济规则单元,称之为基本原则其也当之无愧。

3. 公平原则

公平原则即民事主体从事民事活动,应当遵循公平原则,合理确定各方的权利和义务(第6条)。无论是在意思自治领域还是责任自负领域,我们都能看到有关要求权利义务内容公平的规范,因此,这一原则可以说是为私法自治

---

① 有学者认为,民法基本原则是"意思自治"通过演绎逻辑推演而形成的体系,是构造民法上的"人格体"的框架性原则,其外延包括意思自治、私权神圣、个人责任、人格平等、诚实信用和公序良俗八条原则,这些原则通过对"意思自治"的演绎推理得到识别、解释和定义。参见侯佳儒:《民法基本原则解释:意思自治原理及其展开》,《环球法律评论》2013年第4期,第81—97页。

服务的。

（三）围绕"私法自治"边界展开的基本原则

个体权益与他人权益、公共利益的关系是社会关系中永恒的主题,民法必然要从整体上作出安排和平衡。许多基本原则其实就是围绕着这一主题被归纳和提炼出来的。

1. 诚实信用原则

诚实信用原则,简称诚信原则,在《民法典》中被表述为"民事主体从事民事活动,应当遵循诚信原则,秉持诚实,恪守承诺"(第7条)。

诚信原则,要求民事主体在参与民事活动中,恪守诺言,诚实不欺,在不损害他人利益和社会利益的前提下追求自己的利益。该原则是在市民社会和市场经济中形成的道德规范的成文化。它为民事主体树立了一个诚实商人的道德标准,反映了市场经济的客观要求。① 例如,债务人在履行期限最后一日午夜23点前往交付,便是违反诚实信用原则的行为。这一原则主要是与债务履行紧密相关的,但是其适用范围不限于债务履行,已经成为整个民法在法律关系变动与民事权利行使、义务履行等方面应当全面贯彻的原则。诚实信用原则常被描述为民法上的"帝王条款"。

各国民法典普遍规定了这一原则。诚实信用原则肇端于罗马法之"一般恶意抗辩诉权",其实质为法律对道德的吸收。《法国民法典》采罗马法的一般恶意抗辩诉权。《法国民法典》第1104条规定:"合同的磋商、订立以及履行都必须秉承善意原则。"此处所谓"善意"(法文 bonne foi/英文 Good faith),即被后世解读为"诚实信用"。后续诚实信用原则出现在许多国家的民法典中。②

2. 公序良俗原则

公序良俗原则,在《民法典》中被表述为,民事主体从事民事活动,不得违反法律,不得违背公序良俗(第8条)。其适用范围集中在民事法律行为的生效要件以及对权利行使的限制方面。公序良俗是"公共秩序"与"善良风俗"的简称。

---

① 梁慧星:《民法解释学》,中国政法大学出版社2000年版,第295页。
② 《德国民法典》第242条规定:"债务人须依诚实与信用,并照顾交易习惯,履行其给付。"《瑞士民法典》第2条规定:"无论何人行使权利履行义务,均应依诚实信用为之。"日本战后《民法典》第1条第2项将诚信上升为民法的基本原则。

(1) 善良风俗

"善良风俗"是指社会中作为诚实之人的品行,违反者将侵害社会整体的实质价值。它是具有司法意义的规范标准概念,但并非裁判者所处社会背景下的任何风俗。

从功能上看,"善良风俗"概念本质上是供法官维护在其看来应予维系的社会根本价值,让民事行为满足社会需要的情感,维护社会整体利益,因此也可以被认识是一种"公共秩序"。如果公共秩序既可以来自成文法,也可来自司法裁判,那么善良风俗在来源上其实与公共秩序并无区别,可以由后者所涵盖。

不仅如此,其实对个体的品行进行法律指引,常易构成对个体生活的侵占,有时边界不清,容易导致纷争,而品行的自由与个人生活应当体现人的尊严。因此,在司法实务中,善良风俗的适用应受到严格的限制。

(2) 公共秩序

"公共秩序"规则通常被界定为法官所在国家地区所处时代所判断的实质的社会状态。① 它既可能来自立法者的明确指示,也可能来自法官的裁判。"公共秩序"触及范围十分宽泛,有多个层次,代表着不同方面的利益,有待进一步的类型化与体系化研究。

第一,有一部分公序与公法重合,维护公法上的政治秩序。这包括了大部分与国家机关和公共机构有关的秩序规则,涉及宪法、行政法、刑法方面的规则。例如,涉及选举腐败的合同无效;当事人就未来争议放弃国家司法管辖的协议无效,法律对和解协议予以认可的除外;公职人员接受报酬而利用职务之便从事某项行为,即使这一行为是合法的,与此相关的合同也归于无效。②

第二,部分公序旨在维护家庭关系和人身自由、人格尊严与基本权利。例如,《民法典》有关特留份的规定"遗嘱应当为缺乏劳动能力又没有生活来源的继承人保留必要的遗产份额"(第 1141 条)和"人格权不得放弃、转让或者继承"(第 992 条)的规定均为公序规则。

---

① M. Fabre-Magnan, Droit des obligations (I): Contrat et engagement unilatéral, 3e éd., PUF, 2012, p. 389.

② F. Terré, P. Simler, Y. Lequette, Les obligations, 10e éd., Dalloz, 2010, n° 376-381, p.393-396; J. Flour, J.-L. Aubert, E. Savaux, Droit civil, Les obligations (1): L'acte juridique, Dalloz, 14e éd., n° 281-299, p. 259-276.

第三,部分公序为经济性公序,指引着经济活动,往往是积极地、具体地要求人们应当做什么,而不是禁止做什么,并且具有很强地变化性与不确定性。如以公共利益为名对价款征税、对生产进行配额以控制个体意愿。

此外,还有社会性公序,即为了保护弱者从而限制那些在经济上被认为极为强大的当事人的能力,以保护如消费者、劳动者、租赁者、被保险人等免受职业机构、雇主、出租人、保险人等的"欺凌"。①

3. 绿色原则

绿色原则写入《民法典》成为中国民法的一个特色,其被表述为,民事主体从事民事活动,应当有利于节约资源、保护生态环境(第9条)。它体现在一些具体规则设置中。例如《民法典》"合同"编规定,对于合同履行,当事人在履行合同过程中,应当避免浪费资源、污染环境和破坏生态(第509条第3款)。当事人对包装方式没有约定或者约定不明确,无法按照合同解释的方法确定包装方式且没有通用包装方式的,应当采取足以保护标的物且有利于节约资源、保护生态环境的包装方式(第619条)。《民法典》"物权"编规定,业主应当遵守法律、法规以及管理规约,相关行为应当符合节约资源、保护生态环境的要求(第286条)。

4. 如何看待权利滥用原则

《民法典》第一编第一章没有直接列明此原则,但是在第一编第五章"民事权利"规定"民事主体不得滥用民事权利损害国家利益、社会公共利益或者他人合法权益"(第132条)。

实际上,关于禁止权利滥用是否为一项基本原则是有争议的。权利滥用,是指民事主体在行使权利时超出权利本身的目的和社会所容许的界线。② 一方面,此种行为通常是违反诚实信用或者公序良俗的,故为民法所不容。例如,可以让债务人较为便利地履行债务,但是却选择不便利的履行方式,以小

---

① 参见李世刚:《合同合法性的审查机制——以法国经验为视角》,《华东政法大学学报》2017年第4期,第139—153页。
② 参见北京市第二中级人民法院(2017)京02民终3858号"张娟诉陈燕财产损害赔偿纠纷案":异议登记系一种物权行使方式,界定"异议登记不当"需结合《民法总则》之禁止权利滥用规则,从严格区分权利滥用与权利正当行使的界限出发,判断异议登记是否构成权利滥用。异议登记不当损害责任的内涵:异议申请人在行使法律规定的权利时,主观上背离权利设立之目的,客观上造成国家利益、社会公共利益或他人合法权益损害而需要承担之赔偿责任。

瑕疵拒绝对方给付等,既违背权利目的,也是违反诚信原则的。① 恶意打井取水、使得邻居无水可用的行为,违背权利目的,也是违反公序良俗的。另一方面,民事权利的全面保护正处在加强阶段,似更应以突出权利的实现为重点。因此,权利滥用是否为一项民事基本原则,的确值得商榷。②

(四)如何看待近代欧陆法系的民法三原则

狄骥曾提出,民法以所有权神圣、契约自由、过失责任为民法三原则。对此,有学者指出,它们适用的范围仅为物权法、合同法、侵权责任法的部门法领域,而不是贯穿全部民法,似难谓基本原则。

这三者对应的实际是社会交往中的利益流动与市场经济运行的核心机制,缺失一样,正常社会交往与市场运行就会被中断,它们彼此构成了相互衔接与咬合的齿轮。与此对应,民法所谓的各个部门法也是一个有机整体,相互支撑,不易简单地将三者的作用限于民法的部门法的狭小范围之中。同时,它们是民法长期实践经验的累积和学者潜心观察的结果,其重要性得到学界较为普遍的认可。上述核心机制也体现在中国民法之中。

第三节 民法的解释

一、民法解释

凡法律均须解释。萨维尼曾谓:"解释法律,系法律学的开端,并为其基础,系一项科学性的工作,但又为一项艺术。"③而"民法解释学"在历史上曾与"民法学"是同义语。④

一般而言,民法的解释是阐明民法应有含义的工作。换言之,就是发现民

---

① 参见最高人民法院指导案例 82 号"王碎永诉深圳歌力思服饰股份有限公司、杭州银泰世纪百货有限公司侵害商标权纠纷案":当事人违反诚实信用原则,损害他人合法权益,扰乱市场正当竞争秩序,恶意取得、行使商标权并主张他人侵权的,人民法院应当以构成权利滥用为由,判决对其诉讼请求不予支持。

② 参见林诚二:《民法理论与问题研究》,中国政法大学出版社 2000 年版,第 4—17 页。

③ 参见王泽鉴:《法律思维与民法实例》,中国政法大学出版社 2001 年版,第 212 页。

④ 参见梁慧星:《民法解释学》,中国政法大学出版社 2000 年版,序言。

法应有规则的工作。广义上的民法解释包括对法律漏洞的填补。

法律解释与法律行为解释的区别主要在于：其一，解释的对象不同；其二，对法律行为的解释不能采用扩张解释的方法。

之所以需要民法的解释，主要是由于以下几方面的原因：首先，民法规范是一般性规定，具体案件多种多样，将一般性规定适用于具有多样性的案件，必然需要解释；其次，民法具有相对的稳定性，而社会处于不断的发展之中，某些民法规范随着社会的发展可能过时，社会发展出现的新情况要求对法律作出扩大解释或对法律漏洞作出补充；最后，成文法的制定本身也难免出现不周延甚至不准确之处，需通过诸如类推适用、目的性限缩或扩张等方式予以纠正。

对于法律规则的解释，有的是来自有权机关的解释，具有法律效力，有的仅是学理解释，不具有法律效力。

有权解释可能来自立法机关。例如，有关范围的表述，《民法典》"附则"第1259条就直接给出解释性规定：民法所称的"以上""以下""以内""届满"，包括本数；所称的"不满""以外"，不包括本数。又比如，全国人民代表大会常务委员会于2014年11月1日通过的《关于〈中华人民共和国民法通则〉第九十九条第一款、〈中华人民共和国婚姻法〉第二十二条的解释》，是全国人大常委会在民法领域首次作出的立法解释，其内容已被《民法典》"人格权"编第1015条所吸收。① 当然在中国最为常见的有权解释来自最高审判机关——最高人民法院作出的司法解释。

二、狭义民法解释的方法

民法解释的方法，是阐明民法确切含义的技术。狭义民法解释方法，主要包括如下诸种：

（1）文义解释，即对民法规范用文法分析的方法阐明其确切含义。

（2）逻辑解释，即通过逻辑分析的方法阐明民法规范的含义。

---

① 第1015条规定："自然人应当随父姓或者母姓，但是有下列情形之一的，可以在父姓和母姓之外选取姓氏：（一）选取其他直系长辈血亲的姓氏；（二）因由法定扶养人以外的人扶养而选取扶养人姓氏；（三）有不违背公序良俗的其他正当理由。少数民族自然人的姓氏可以遵从本民族的文化传统和风俗习惯。"

(3)体系解释,即依据法律规范在法律体系中的地位阐释法律规范的意旨。如依据编、章、节、条、款、项的立法体例或相互条文的前后顺序等判定某一法律条文所应具有的含义。

(4)历史解释,即探求立法者制定法律时所作价值判断及其所欲实现的目的,以推知立法者的意思。

(5)目的解释,即探求法律规范的目的,并以此对法律规范的具体含义作出解释。

(6)合宪性解释,即以宪法规范的含义阐释低位阶法律规范的含义。解释法律的结果,不应违背宪法规范的含义。

(7)社会学解释,即考虑和衡量社会效果,对法律规范进行解释。①

(8)利益衡量解释,即对规则涉及的各方利益进行比较,经过权衡或取舍以后,对规则进行解释。

(9)民法基本原则解释,即依据民法基本原则所对应的价值与精神对民法规则予以解释。

(10)比较法解释,即参考在功能上具有类似性的域外法律制度或司法裁判,对规则进行解释。

(11)当然解释,即法律规定虽未直接涵盖所涉事实,但此事实与该法律规定之事项比较更有适用的理由,径行适用该法律规定。换言之,"举重以明轻,举轻以明重"。例如,公园告示标明"禁止踩踏草坪",当然在草坪上开车也属于被禁止的范畴。

(12)反对解释,即依据法律之规定,推反面之结论。换言之,根据不同之构成要件,推论出不同之法律效果。

三、法律漏洞填补的方法

社会关系错综复杂又变化万千,制定法难免会出现不能提供解决方案的情形,此即所谓的存在"漏洞"。② 法律漏洞的填补即为法律续造,其依据主要

---

① 比较法上的一个经典案例是,在一起妇女劳工权益保护案件中,美国联邦最高法院接受了布兰代斯律师的分析,认为长时间劳动有害妇女健康,支持俄勒冈州立法限制妇女劳动的工作时间。

② 参见[德]卡尔·拉伦茨:《法学方法论》(第6版),黄家镇译,商务印书馆2020年版,第460—547页;王利明:《法律解释学》(第2版),中国人民大学出版社2016年版,第330—463页;梁慧星:《民法解释学》,中国政法大学出版社2000年版,第243—285页。

有:其一,依习惯补充;其二,依判例补充;其三,依法理补充。其方法包括类推适用、目的性限缩、目的性扩张、依据法之原则填补、依据比较法填补等。

(1)类推适用,即争议案件缺乏法律规定,比附援引与之最相类似案件所适用的法律规范。例如未经许可使用模特手部照片刊登广告,可类推适用有关肖像权的规定予以保护。

(2)目的性扩大解释,即在法律条文之文义较窄,不足以展示立法真意,于立法真不符的情况下,扩张其文义使之与立法真意相符的解释方法。例如,对于《民法典》"总则"编第121条无因管理中的"由此支出的必要费用"是否包括管理人因管理事务所遭受到的损失,便可以采取扩大解释的方法。

(3)目的性限缩解释,即在法律条文之文义较宽,不足以展示立法真意,与立法真意不符的情况下,缩小其文义使之与立法真意相符的解释方法。

(4)依据法之原则填补漏洞,即从法律的一般原则出发,填补法律漏洞的解释方法。所谓原则乃事法律规范中所包含、应贯彻的最为核心的价值理念或曰要素。此种方法因为赋予法官极大的自由裁量空间而被视为一种具备位性质的方法,只有在其他漏洞夭不方法无法填补漏洞的情况下才可使用。

(5)依据比较法填补漏洞,即参考和借鉴域外立法与判例确立的制度经验,结合本国法制与社会实际情况,填补法律漏洞的解释方法。

意思表示解释中的漏洞填补,受尽可能少的干涉当事人意思的私法自治观念的指导,填补方法受到较为苛刻的限制。而法律解释中的漏洞填补,因要满足法官不得拒绝裁判私法纠纷的理念与实务,应尽可能地采用多元化的解释方法,以求规则之尽可能之圆满。

最后需要说明的是,上述解释方法之间原则上并无固定的顺序,但也不是毫无关联的并列关系。例如,扩大解释与反对解释并用时,应先采扩大解释再采反对解释。我们认为,法解释方法,就是提供给适用法律之人使得法律规则更加符合正义的工具。

第十一讲　中国民法发展之回顾

民法典的制定是一个梳理法律关系、整合与优化规范、进行高度抽象作业的庞大的系统工作,这需要长期的实践经验以及法学理论的沉积。在历史上中国曾多次尝试制定民法典,这凝结了数代人的心血,也为新时代中国民法典的编纂工作积累了宝贵的经验与教训。

一、历史经验

(一) 1949 年 10 月之前

中国历史上第一次尝试制定民法典在清朝末年。清末变法维新及修订法律最直接、最重要之原因,乃在于废除领事裁判权。① 1907 年,清政府委派沈家本、俞廉三、英瑞为修律大臣,设立修订法律馆,主持起草民法典。及至 1911 年,《大清民律草案》完稿,但未及公布,清王朝即告覆灭。

《大清民律草案》由总则、债权、物权、亲属、继承五编组成,共计 1 569 条。② 其中,前三编由日本学者松冈义正起草,后两编因涉及礼教,由修订法律馆和礼学馆起草。

这次尝试受邻国日本影响较深,以复制模仿欧陆民法典为主要制定路径。在形式上,将大陆法系民法的编撰体例、基本概念、制度体系等整体引入,确立了中国近现代民法体系的方向与架构,具有深远的历史意义。但是,由于时间

---

①　参见杨与龄:"民法之制定与民法之评价",《法学论集》,台北中国文化大学出版部 1983 年版,第 280 页。

②　第一编为总则,共计八章 323 条。具体包括:法例、人、法人、物、法律行为、期间及期日、时效、权利之行使及担保。第二编为债权,共计八章 654 条。具体包括:通则、契约、广告、发行指示证券、发行无记名证券、管理事务、不当得利、侵权行为。第三编为物权,共计七章 339 条。具体包括:通则、所有权、地上权、永佃权、地役权、担保物权、占有。第四编为亲属法,共计七章 143 条。具体包括:通则、家制、婚姻、亲子、监护、亲属会、扶养之义务。第五编为继承法,共计六章 110 条。具体包括:通则、继承、遗嘱、特留财产、无人承认之继承、债权人或受遗人之权利。参见杨立新点校:《大清民律草案·民国民律草案》,吉林人民出版社 2002 年版,第 3—200 页。

仓促,未经较为充分和成熟的比较法讨论,加之社会层面上欠缺相应的市场机制和市民社会理念,《大清民律草案》仍然具有一定的局限性,尤其是亲属、继承二编,带有浓厚的传统封建礼教色彩。

中华民国成立以后,北洋政府于1914年设立法律编查会着手修订民律草案。1918年,法律编查会改为修订法律馆,继续修订民律草案。此次民律草案的修订以大清民律草案为基础,在参照各国立法、广泛调查各省民事习惯的基础之上,开启了中国近代以来的"第二次民法编纂"。

及至1925年,第二次民律草案修订完成,共计1 522条。主要由总则、债、物权、亲属、继承五编组成。第二次民律草案在总体上继承《大清民律草案》,对部分内容予以修改。除了债编参考了瑞士债务法做了较大改动外,对《大清民律草案》中饱受诟病的亲属、继承编也作了较大的改变。① 但是,"由于当时北洋政府内部矛盾,国会解散,该草案未能完成立法程序而成为民法典,仅由北洋政府司法部于1926年11月通令各级法院在司法中作为法理加以引用"。②

这次立法离不开之前清朝民法典制定的经验积累。此次修法也是以整体移植为主,另外市场与社会的发展以及理论研究的进步也为此次修法奠定了较为良好的基础,但受制于历史条件,比较法研究仍不充分,第二次民律草案仍然具有一定的局限性。

南京国民政府成立后,于1929年设立民法起草委员会。该委员会由傅秉常、史尚宽、焦易堂、林彬、郑毓秀(辞职后由王用宾继任)组成,聘请司法院院长王宠惠、考试院院长戴传贤与法国人宝道为顾问,以何崇善为秘书,胡长清为纂修。及至1930年亲属编与继承编公布后,中国历史上第一部民法典正式编撰完成。

《中华民国民法典》由总则、债、物权、亲属、继承五编组成,共计1 225条。这一法典广泛参考德国、日本与瑞士等国的立法经验,相较于前两次民律草案,有较大进步。梅仲协先生称其"采德国立法例者,十之六七;瑞士立法例

 参见梁慧星:《民法总论》,法律出版社2017年版,第17—18页;杨立新点校:《大清民律草案》,吉林人民出版社2002年版,第3—200页。

 参加叶孝信:《中国民法史》,上海人民出版社1993年版,第608页。

者,十之三四;而法、日、苏联之成规,亦曾撷取一二"。①《中华民国民法典》在广泛借鉴各国先进立法经验的基础之上,确立了人人平等、契约自由、私权神圣、过失责任、公序良俗等基本精神,具有重要的历史意义。1949年新中国成立后,这一法典被命令废除,目前仅我国台湾地区仍继续沿用。

(二) 1949年10月之后

新中国成立以后,我国先后五次尝试制定民法典,但前四次均未有生效的法典。

新中国成立后,国民政府时期的六法全书被废止。新中国成立初期除了1950年颁布了第一部婚姻法外,我国民事立法几乎处于空白地带。随着经济建设的发展,制定一部统一的民事基本法的呼声越来越高。1954年全国人大常委会组织民法起草小组,新中国第一次民法典起草工作由此正式展开。及至1956年12月,民法草案全部起草完成。此一草案以1922年《苏俄民法典》为蓝本,由总则、所有权、债、继承四编组成,共计525条。这表明中国民法转向继受苏联民法,不过《苏俄民法典》仍与欧陆民法具有相通性。②

1962年全国人大常委会组织了第二次民法典起草工作。1964年《中华人民共和国民法草案(试拟稿)》起草完成。此草案由总则、财产的所有、财产的流转三编组成,共计262条。第二次民法典起草工作随后被迫中断。

民事立法取得飞跃发展始于改革开放。1979年,全国人大常委会法制委员会成立了民法起草小组,由此拉开了第三次民法典起草的序幕。及至1982年,《中华人民共和国民法草案(第四稿)》编撰完成。该草案的体例与内容主要参考1962年的《苏联民事立法纲要》、1964年的《苏俄民法典》和1979年的《匈牙利民法典》,主要由民法的任务和基本原则、民事主体、财产所有权、合同、智力成果权、财产继承权、民事责任、其他规定八编组成,共计465条。但考虑到经济体制改革刚刚开始,社会生活处于变动之中,一时难以制定一部完善的民法典,全国人大常委会决定暂停民法典起草工作,改采先行制定单行法,待条件成熟再制定民法典的方针。③

随着经济体制改革目标的确立以及依法治国方略的提出,1998年全国人

---

① 参加梅仲协:《民法要义》,中国政法大学出版社2004年版,序言。
② 参见梁慧星:《民法总论》,法律出版社2017年版,第18—24页。
③ 参见梁慧星:《民法总论》,法律出版社2011年版,第21页。

大常委会重新组建民法典起草工作小组,第四次民法典起草工作由此正式展开。2002年12月23日九届全国人大常委会第三十一次会议对委员长会议讨论通过并提请审议的民法典草案进行审议,该草案由总则、物权法、合同法、人格权法、婚姻法、收养法、继承法、侵权责任法、涉外民事关系的法律适用法九编组成,共计1 209条。这是新中国第一部提交审议的民法典草案,但考虑到相关准备仍不够充分、部分问题争议较大,这一草案没有成为法律。

二、宝贵积累

尽管新中国成立以来的前四次民法典编撰工作未能带来生效的法典,但各方的探索为民事立法与理论研究的发展带来了宝贵的经验积累与丰富的知识储备。

(一)民事立法

中国的法治建设在不断探索之中完善,立法者注意到民事立法的复杂性与社会生活的变动性,短期内民法典编撰难以实现,因而改采制定单行法的方式。彭真同志提出制定民法可以同制定单行法同时并进(实则是先制定单行法)的策略。他认为,一方面要制定民法;另一方面要制定单行法。可以把民法草案中较成熟的部分作为单行法先行审议、公布。等理论研究成熟了再将单行法吸收到民法中来。① 与之同时,学者起草了大量的民法草案建议稿,为立法部门决策提供了宝贵的参考资料。

改革开放以前,与民法有关的法律主要是1950年的《婚姻法》。改革开放后,民事立法发展迅猛。在20世纪80年代,我国颁布了《婚姻法》《继承法》《经济合同法》《涉外经济合同法》《技术合同法》《商标法》《专利法》等单行法律法规。尤其是1986年《民法通则》成为民事基本法。1998年中央提出建设社会主义市场经济体制,民商事立法加快推进。1999年《合同法》替代了原来的三部合同法,《担保法》(1995年)、《物权法》(2007年)、《侵权责任法》(2010年)、《收养法》(1991年)、《涉外民事关系法律适用法》(2011年),加上早期出台的《婚姻法》(1980年)、《继承法》(1985年)、《商标法》(1982年)、《专利法》(1984年)、《著作权法》(1990年),民法体系已完备。此外,商事领域的特别法

---

① 参见刘松山:《当代中国处理立法与改革关系的策略》,《法学》2014年第1期,第82页。

如《公司法》(1993年)、《保险法》(1995年)、《劳动法》(1994年)、《劳动合同法》(2008年)、《海商法》(1993年)、《票据法》(2004年)等也不断得到完善、丰富。2013年第十二届全国人民代表大会第一次会议中,全国人大常委会委员长吴邦国宣布以宪法为统帅,以宪法相关法、民法、商法、行政法、经济法、社会法、刑法、诉讼与非诉讼程序法等多个法律部门的法律为主干,由法律、行政法规、地方性法规三个层次的法律规范构成的中国特色社会主义法律体系已如期形成。① 在民事单行立法健全体系的同时,中国民法学研究取得了丰硕的成果。②

(二) 学术储备

具有代表意义的是,近年来多份民法典或民法总则的专家建议稿相继诞生。③ 这些建议稿广泛借鉴各国先进的立法经验,无论是体例安排还是条文设计等都成为立法机关决策的重要参考依据,极大地提高了我国民事立法的科学性与合理性。

这样的百花齐放、百家争鸣为立法者决策提供了坚实的理论基础。专家学者为民法典建言献策,建议稿中大量条文成为《民法总则》的重要参考依据。

---

① 参见人民网,http://theory.people.com.cn/n/2013/0308/c49150-20726969.html,最后访问时间:2018年7月19日。
② 有关内容可参阅王利明、姚辉:《人大民商法学:学说创见与立法贡献》,《法学家》2010年第4期,第43页;柳经纬:《回归传统——百年中国民法学之考察之一》,《中国政法大学学报》2010年第2期,第37—43页;柳经纬:《改革开放以来民法学的理论转型——百年中国民法学之考察之二》,《中国政法大学学报》2010年第3期,第18—19页。
③ 梁慧星教授主持的《中国民法典草案建议稿附理由:总则编》共计八章。具体包括:一般规定,自然人,法人与非法人团体,权利客体,法律行为,代理,诉讼时效,期日与期间。
王利明教授主持的《中国民法典学者建议稿及立法理由(总则编)》共计十章。具体包括:一般规定,自然人,法人,合伙,民事权利客体,法律行为,代理,诉讼时效,期间与期日,民事权利的行使和保护。
杨立新教授主持的《中华人民共和国民法·总则编(建议稿)》共计十章195条。具体包括:一般规定,自然人,法人与非法人团体,权利客体,民事权利与义务,法律行为,代理,时间与时效,附则。
李永军教授主持的《中国民法典总则编草案稿及理由》共计五章213条。具体包括"一般规定""自然人""法人、非法人团体""法律行为""民法上的时间"。
徐国栋教授主持的《绿色民法典草案》采用法学阶梯模式,具体涵盖市民社会的组织(人法)和对稀缺资源的利用(物法)两个方面的内容。具体包括:序编、人身关系法、财产关系法、国际私法。
龙卫球教授主持的《中华人民共和国民法典·通则编(草案建议稿)》共计八章222条。具体包括"本法的适用和基本原则""民事主体:自然人""民事主体:法人及其他""法律行为:一般规定""法律行为:代理""民事权利的有关规定""期日、期间与诉讼时效""附则"。
于海涌教授编著的《中国民法典草案立法建议(提交稿)》共计九编1918条。具体包括总则、人格权、婚姻家庭、物权、债权、继承、民事责任、涉外民事关系的法律适用、附编。

三、民法典的编纂

党的十八届四中全会的决议：指出加强市场法律制度建设，编纂民法典。新时代民法典编纂的序幕由此拉开。2015年民法典编纂工作正式启动，由全国人大常委会法制工作委员会牵头最高人民法院、最高人民检察院、国务院法制办、中国社会科学院、中国法学会等五家单位共同参加编纂工作。

按照立法机关的规划，编纂民法典按"两步走"的工作思路进行。民法典由总则编和各分编组成，民法总则在2017年3月由全国人民代表大会审议通过，其余各分编陆续提请全国人大常委会审议，最终合拢后提请全国人民代表大会审议通过民法典。

（一）第一步工作

2017年3月8日，民法总则草案提请十二届全国人大五次会议审议。2017年3月15日第十二届全国人民代表大会第五次会议审议通过了《中华人民共和国民法总则》。审议通过的《民法总则》共计十一章、206条，具体包括：基本规定、自然人、法人、非法人组织、民事权利、民事法律行为、代理、民事责任、诉讼时效、期间计算、附则。

《民法总则》确立了民法典的基本制度、框架，有效协调了民法与商法之间的关系，消除了原先存在的《民法通则》与有关单行法律之间的冲突和矛盾，规范了社会生活的基本规则，标志着我国民法典编纂的第一步已经顺利完成。①

《民法总则》来之不易，积聚多方智慧，产生多份草案，经过多次审议，广泛征询意见。它的出台凝聚起全国学界的力量，彰显着中国法治进程对立法科学和民主决策的重视，形成了民法典编纂工作的中国思路和方法，为后续民法典的编纂作了重要的理论上和立法实践上的准备。

（二）第二步工作

紧接着，中国民法典编纂工作进入到了"第二步"。全国人大常委会法制工作委员会与最高人民法院、最高人民检察院、司法部、中国社会科学院、中国法学会几家民法典编纂工作参加单位全力推进，形成了民法典分编草案（征求意见稿），并于2018年3月开始广泛征询意见，反复修改，同年8月十三届全

---

① 参见梁慧星：《民法总则的时代意义》，《海南人大》2017年第5期，第48页。

国人大常委会第五次会议首次审议了民法典各分编草案,之后根据实际情况就分编分别审议和修改完善。①

2018年12月、2019年4月、6月、8月、10月,第十三届全国人大常委会第七次、第十次、第十一次、第十二次、第十四次会议对民法典各分编草案进行了拆分审议,对全部六个分编草案进行了二审,对各方面比较关注的人格权、婚姻家庭、侵权责任三个分编草案进行了三审。2020年4月,全国人大宪法和法律委员会召开会议,根据各方意见对民法典草案作了进一步修改完善并形成了提请全国人大审议的《中华人民共和国民法典(草案)》。②

2020年5月28日,十三届全国人大三次会议表决通过《中华人民共和国民法典》。这是新中国历史上首个以"典"命名的法律。法典共7编、1 260条,各编依次为总则、物权、合同、人格权、婚姻家庭、继承、侵权责任,以及附则。

---

① 参见沈春耀:"关于《民法典各分编(草案)》的说明——2018年8月27日在第十三届全国人民代表大会常务委员会第五次会议上"。
② 参见王晨:"关于《中华人民共和国民法典(草案)》的说明——2020年5月22日在第十三届全国人民代表大会第三次会议上"。

参 考 文 献

[1] 陈朝璧:《罗马法原理》,法律出版社 2006 年版。
[2] 陈华彬:《民法总论》,中国法制出版社 2011 年版。
[3] 陈甦主编,谢鸿飞、朱广新副主编:《民法总则评注》,法律出版社 2017 年版。
[4] 崔建远、韩世远、申卫星、王洪亮、程啸、耿林编著:《民法总论》(第三版),清华大学出版社 2019 年版。
[5] 崔建远:《物权:规范与学说——以中国物权法的解释论为中心》(上),清华大学出版社 2011 年版。
[6] 崔建远主编:《合同法》(第六版),法律出版社 2016 年版。
[7] 董安生:《民事法律行为——合同、遗嘱和婚姻行为的一般规律》,中国人民大学出版社 2002 年版。
[8] 段厚省:《请求权竞合要论——兼及对民法方法论的探讨》,中国法制出版社 2013 年版。
[9] 高富平主编:《民法学》(第二版),法律出版社 2009 年版。
[10] 耿林:《强制规范与合同效力——以合同法第 52 条第 5 项为中心》,中国民主法制出版社 2009 年版。
[11] 郭明瑞、房绍坤、唐广良:《民商法原理(一)》,中国人民大学出版社 1999 年。
[12] 黄茂荣:《法学方法与现代民法》,法律出版社 2007 年版。
[13] 黄薇主编:《中华人民共和国民法典总则编释义》,法律出版社 2020 年版。
[14] 江平主编:《民法学》(第四版),中国政法大学出版社 2019 年版。
[15] 李开国:《民法总则研究》,法律出版社 2003 年版。
[16] 李适时主编,张荣顺副主编:《中华人民共和国民法总则释义》,法律出

社 2017 年版。
[17] 李永军主编：《民法总论》，中国政法大学出版社 2019 年版。
[18] 李永军：《合同法》（第五版），中国人民大学出版社 2020 年版。
[19] 李宇：《民法总则要义：规范释论与判解集注》，法律出版社 2017 年版。
[20] 梁慧星：《民法总论》（第五版），法律出版社 2017 年版。
[21] 梁慧星：《民法总则讲义》（修订版），法律出版社 2021 年版。
[22] 梁慧星：《民法解释学》，法律出版社 2015 年版。
[23] 林诚二：《民法理论与问题研究》，中国政法大学出版社 2000 年版。
[24] 刘士国主编：《民法总论》，上海人民出版社 2001 年版。
[25] 龙卫球、刘保玉主编：《中华人民共和国民法总则释义与适用指导》，中国法制出版社 2017 年版。
[26] 马俊驹、余延满：《民法原论》（第四版），法律出版社 2016 年版。
[27] 梅仲协：《民法要义》，中国政法大学出版社 2004 年版。
[28] 彭诚信：《现代权利理论研究》，法律出版社 2017 年版。
[29] 沈达明、梁仁洁编著：《德意志法上的法律行为》，对外贸易教育出版社 1992 年版。
[30] 石宏主编：《〈中华人民共和国民法总则〉条文说明、立法理由及相关规定》，北京大学出版社 2017 年版。
[31] 石佳友：《民法法典化的方法论问题研究》，法律出版社 2007 年版。
[32] 施启扬：《民法总则》，中国法制出版社 2010 年版。
[33] 王利明、杨立新、王轶、程啸：《民法学》（第六版），法律出版社 2020 年版。
[34] 王利明主编：《民法学》，高等教育出版社 2019 年版。
[35] 王利明：《人格权法研究》（第三版），中国人民大学出版社 2018 年版。
[36] 王利明：《法律解释学》，中国人民大学出版社 2016 年版。
[37] 王泽鉴：《民法总则》，北京大学出版社 2009 年版。
[38] 王泽鉴：《债法原理（三）：侵权行为法（1）》，中国政法大学出版社 2001 年版。
[39] 王泽鉴：《法律思维与民法实例——请求权基础理论体系》，中国政法大学出版社 2001 年版。
[40] 魏振瀛主编，郭明瑞副主编：《民法》（第八版），北京大学出版社 2021

年版。

[41] 谢怀栻著,程啸增订:《外国民商法精要》(第三版),法律出版社2014年版。

[42] 杨立新主编:《〈中华人民共和国民法典〉条文精释与实案全析》,中国人民大学出版社2020年版。

[43] 杨立新、郭明瑞主编:《〈中华人民共和国民法典·总则编(含附则)〉释义》,人民出版社2020年版。

[44] 杨立新点校:《大清民律草案·民国民律草案》,吉林人民出版社2002年版。

[45] 杨仁寿:《法学方法论》,中国政法大学出版社2013年版。

[46] 叶孝信主编:《中国民法史》,上海人民出版社1993年版。

[47] 尹田主编:《民法学总论》,北京师范大学出版社2010年版。

[48] 张俊浩主编,刘心稳、姚新华副主编:《民法学原理》(修订第三版),中国政法大学出版社2000年版。

[49] 张新宝:《〈中华人民共和国民法典·总则〉释义》,中国人民大学出版社2020年版。

[50] 郑玉波:《民法总则》,中国政法大学出版社2003年版。

[51] 朱庆育:《民法总论》(第二版),北京大学出版社2016版。

[52] [德]迪特尔·梅迪库斯:《德国民法总论》,邵建东译,法律出版社2000年版。

[53] [德]卡尔·拉伦茨:《德国民法通论》,王晓晔、邵建东、程建英等译,法律出版社2013年版。

[54] [法]雅克·盖斯旦、吉勒·古博著,缪黑埃·法布赫-马南协著:《法国民法总论》,陈鹏、张丽娟、石佳友等译,法律出版社2004年版。

[55] [日]山本敬三:《民法讲义》,解亘译,北京大学出版社2012年版。

图书在版编目(CIP)数据

民法总论概要/李世刚著. —上海：复旦大学出版社，2021.8
ISBN 978-7-309-15710-9

Ⅰ.①民… Ⅱ.①李… Ⅲ.①民法-中国-教材 Ⅳ.①D923

中国版本图书馆 CIP 数据核字(2021)第 101131 号

民法总论概要
李世刚 著
责任编辑/张 炼

复旦大学出版社有限公司出版发行
上海市国权路 579 号 邮编：200433
网址：fupnet@fudanpress.com　http://www.fudanpress.com
门市零售：86-21-65102580　团体订购：86-21-65104505
出版部电话：86-21-65642845
上海崇明裕安印刷厂

开本 787×960　1/16　印张 15.5　字数 245 千
2021 年 8 月第 1 版第 1 次印刷

ISBN 978-7-309-15710-9/D・1092
定价：54.00 元

如有印装质量问题,请向复旦大学出版社有限公司出版部调换。
版权所有　侵权必究